"왜 우리는 중독에서 자유로울 수 없는 걸까?" 이 답답하고 무기력한 질문에 이 책은 도발적이고도 정직한 답을 내민다. 도파민이 우리 삶에서 어떤 감정적 권력을 쥐고 있는지를 섬세히 추적하는 이 책은 신경생물학적 메커니즘에서 인간 심리의 사회적 구조를 거쳐 명상과 자기 관찰에 이르는 놀라운 스펙트럼을 아우른다. 특히 스마트폰, 소셜미디어, 게임, 담배 중독 등으로부터 자유롭기 위해서는 단순한 질책이 아닌 '뇌와의 협상'이 필요하다고 역설한다. 저자는 도파민이 '쾌락'의 분자가 아니라 '갈망'의 분자라는 현대 뇌과학의 통찰을 기반으로, 중독을 무력한 반복이 아닌 '갈망이 지나치게 각성된 상태'로 바라본다. 이 책이 반복적으로 상기시키는 핵심은 명료하다. 갈망은 억제의 대상이 아니라, 이해의 대상이라는 것! 도파민은 우리가 세계와 상호작용하는 언어이며, 중독은 어쩌면 그 언어를 이해하지 못한 '감정의 문해력 부족'일지도 모른다. '자기조절의 뇌과학'을 새롭게 정의하고 있는 이 책에서 우리는 중독에 무모하게 도전하지 않고 현명하게 대처하는 법을 배우게 될 것이다. 만족을 모르고 갈망의 수레 위에 겁 없이 올라탄 모든 현대인들에게 이 책을 권한다.

_**정재승**(KAIST 뇌인지과학과 교수)

중독은 뇌를 어떻게 바꾸는가

THE CRAVING MIND
: From cigarettes to smart phones to love—Why we get hooked & how we can break bad habits
© 2017 by Judson Brewer
Originally published by Yale University Press
All rights reserved.

Korean translation copyright © 2025 by RH Korea Co., Ltd.
Korean translation rights arranged with Yale University Press London through EYA Co., Ltd.

이 책의 한국어판 저작권은 EYA Co., Ltd를 통한 Yale University Press London과의 독점계약으로 ㈜알에이치코리아가 소유합니다. 저작권법에 의하여 한국 내에서 보호를 받는 저작물이므로 무단전재 및 복제를 금합니다.

The Craving Mind

중독은 뇌를 어떻게 바꾸는가

충동에
사로잡힌
이들을 위한
처방전

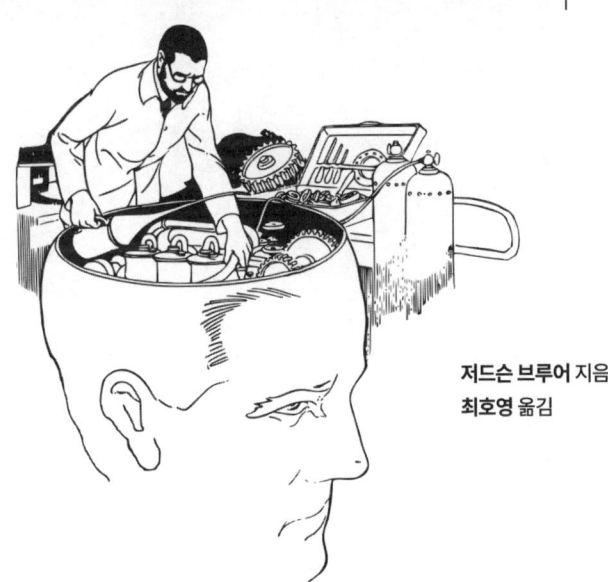

저드슨 브루어 지음
최호영 옮김

알에이치코리아

고통받는 모든 이를 위하여

일러두기
- 페이스북은 2021년 메타로 사명을 바꿨으나 전체적인 맥락을 고려하여 이 책에서는 페이스북으로 통일해 표기했다.
- 본문 내 대괄호 속 설명은 옮긴이의 것이다.

추천의 글

갈망하는 마음

존 카밧진

보통 의식되지도 않고 제대로 평가받지도 못하지만 부인할 수 없는 사실은 우리 머릿속 두개골의 둥근 덮개 아래에 무게가 약 1.4킬로그램(몸무게의 약 2퍼센트)밖에 되지 않으면서 우리가 아는 한 우주에서 가장 복잡한 조직을 가진 물질이 자리하고 있다는 것이다. 바로 인간의 뇌다. 이 덕분에 우리는 놀라운 일들을 할 수 있다. 인간이라는 존재의 기적은 그것을 볼 수 있는 눈과 마음만 있으면 어디서나 쉽게 찾아볼 수 있다. 이는 인간의 존재 조건에 수반되는, 그리고 우리가 진정 누구인지, 어떤 존재인지를 깨닫지 못해서 우리 자신과 서로에게 종종 야기하는 온갖 고통과 괴로움을 포용하고 초월한다. 우리는 흔히 타성과 나쁜 습관 또는 우울증에 빠진 채 우리 자신을 완성하기 위해, 삶의 진정한 평화와 안정감을 한 시간이든 하루든 잠시라도 피부로 느끼기 위해 필요한 것을 갈구한다. 그러나 역설적이게도 이럴 때 우리는 우리 자신을 환상의 노예로 만드는 공모자가 된다. 실제로 우리는 이미 완전하고 온전한 존재인데도, 자신을 완성해야 한다는 강박적 갈망에 사로잡혀 있기 때문이다. 우리는 자신이 본래부터 완전한 존재라는 사실을 어찌 된 일인지 깜빡 잊고 있거나 전혀 기억하지 못하거나 너무 큰 상처를 입어 꿈에도 생각지 못한다. ('건강'과 '치유'의 근본 의미이기도 한) 우리의 온전함과 아름다움을 되찾기 위한 특별한 지원, 방법, 전략 등은 필요치 않다. 이 책은 그저 하나의 길을 제시한다. 저자는 이 길의 경계를 잘 보이게 표시하면서 능숙하게 길을 안내한다. 이제 우리는 갈망의 해로운 중독성에 맞서 존재의 완전한 차원을 되찾고 온전함을 체화하기 위한 모험의 완벽한 출발점에 서 있다.

수십억 년에 걸친 진화의 결과이자 지금도 생물학적으로나 문화적으로 놀랍도록 빠르게 진화 중인 뇌의 복잡한 구조, 네트워크와 기능, 믿기 힘든 가소성, 다차원적 자기조직 학습체계로서의 엄청난 융통성은 과학자들도 최근에야 조금씩 이해하기 시작했다. 신경과학과 기술의 상당한 발전에도 불구하고 뇌의 구조와 거의 무한한 듯한 능력 및 기능은 여전히 우리에게 경외심을 불러일으키며, 뇌에서 비롯하는 지각력sentience이라는 속성은 그저 신비로울 따름이다. 이에 관해 묵상할 때 인간의 엄청난 유산 앞에서 그리고 우리가 태어나서 죽을 때까지 비교적 짧은 기간 동안 이 유산의 전체 크기에 부끄럽지 않게 살기 위한 과제 앞에서 가슴이 벅차오르는 것을 억제할 수 없다. 이것이 의미하는 바는 신비하고 경이로운 창발적 존재의 능력과 가능성에 걸맞게 더욱 완전히 깨어 있고, 더욱 완전히 자각하면서 더욱 완전히 체화하고, 더욱 완전히 연결되며, 우리를 가두는 건강하지 못한 습관의 굴레에서 자유로워지는 것, 한마디로 말해 더욱 완전한 우리 자신이 되는 것이다.

우리 뇌가 뉴런이라고 불리는 약 860억 개의 신경세포(최신 측정 기준)로 구성되어 있고 수백만 개의 신경세포가 눈, 귀, 코, 혀, 피부 곳곳에 뻗어 있으며 척수와 자율신경계를 통해 신체의 거의 모든 지점 및 기관과 연결되어 있다는 사실과 우리가 무엇이든 생각할 수 있다는 사실은 그 자체로 그저 경이로울 뿐이다.[1] 뇌에 있는 860억 개의 뉴런에는 신경아교세포라고 불리는 보조세포가 적어도 같은 수만큼 딸려 있는데, 이것들의 기능은 잘 알려져 있지 않지만 적어도 부분적으로는 뉴런을 지탱하면서 뉴런의 건강과 원활한 작동을 돕는 역할을 하며, 아마도 훨씬 더 많은 일을 할 것으로 추정된다. 뉴런 자체는 뇌의 피질,[2] 중뇌, 소뇌, 뇌간과 같은 비교적 크게 분화된 영역과 시상, 시상하부, 해마, 편도체 등과 같은 독특한 구조물이 있는 여러 지점 또는 '핵nucleus' 안에서 매우 특수하고 전문화된 다수의 회로로 조직되어 유기체의 많은 기능을 지원하고 통합한다. 이런 기능에는 동작과 이동, 접근-회피 행동, 학습과 기억, 감정과 인지 및 이런 기능들의 지속적인 조절, 외부 세계의 감지, 피질의 여러 영역에 위치한 신체 '지도'를 이용한 신체 감지, 타인의 감정과 마음 상태 '읽기', 타인에 대한 공감과 동정심 느끼기, 그 밖에 당연히 앞서 언급한 지각력, 즉 우리를 인간답게 만드는 핵심이라고 할 수 있는 의식의 모든 측면이 포함된다.

860억 개의 개별 뉴런에는 약 1만 개의 시냅스(신경세포 연접부)가 있으므로 뇌의 뉴런 간에는 수백조 개의 시냅스 연결이 있는 셈이다. 사실상 무한하고 끊임없이 변화하는 이 신경망은 계속 달라지는 환경과 복잡성에 적응하고 특히 학습을 통해 우리의 생존 확률과 개인적·집단적 안녕을 최적화하는 역할을 한다. 이 회로들은 우리가 무엇을 하는지 또는 하지 않는지, 우리가 무엇과 마주치고 이것과 어떤 관계를 맺는지 등에 따라 지속적으로 재조직된다. 뇌의 이런 연결성은 우리가 무엇을 추구하고 실천하고 인식하고 체화하는지에 따라 좌우되고 향상되는 듯하다.

우리의 습관, 행동, 행위, 생각 등을 통해 뇌의 여러 영역을 잇는 기능적 연결이 형성 및 강화되고, 이를 통해 우리에게 이전에는 불가능했던 것을 가능하게 만드는 신경망이 공고해진다. 이것이 바로 학습이다. 이 책에서 소개한 마음챙김mindfulness['mindfulness'는 팔리어 사띠sati의 번역이며, 한국 불교 전통에서는 주로 염念, 정념正念, 염주念住 등으로 번역해왔다. '마음챙김'은 법륜스님 등이 '정념'을 현대인이 이해하기 쉽게 풀어 설명하면서 생긴 용어로, 현재 국내 불교계와 심리학계 등에서 널리 쓰이기에 이에 따른다] 나침반을 사용해 특정한 방식으로 주의를 기울일 경우 매우 빠른 학습이 가능하다. 반면에 달갑지 않거나 불쾌한 상황에 주의를 기울이지 않을 경우, 우리의 크고 작은 갈망과 삶을 제약하는 각종 중독으로 인해 마음에 새겨진 타성이 더욱 깊어져 단순 반응과 괴로움의 끝없는 반복을 피할 수 없을 것이다. 따라서 이것은 우리에게 매우 중요한 일이다.

우리 머리 안에 있는 이 무한하면서도 친숙한 복잡성과 능력에 관해 숙고할 때, 신경과학이 지금까지 밝혀냈고 매일 새롭게 밝혀내고 있는 뇌의 매혹적인 차원들을 숙고할 때, 우리는 지금까지 알려진 것들을 활용해 우리 삶을 더 잘 이해할 수 있다. 뿐만 아니라 우리 자신의 건강, 행복, 창의성, 상상력은 물론 궁극적으로는 이 행성에서 우리와 함께 살아가는 다른 모든 존재의 안녕을 위해 이 방대한 잠재력을 활용해야 하는 과제 앞에 서 있음에 틀림없다.

우리는 이렇게 많은 수준에서 절묘하게 조직된 복잡성과 아름다움의 유산을 물려받았고, 이 모든 것을 바탕으로 생기는 자의식, 특히 '마음이 있는 나'에 대한 의식까지 있다. 그런데 우리가 여전히 고통받고 우울증과 불안에 시달리며 자신과 타인에게 해를 입히고 스스로를 달래기 위한 무의식적 습관에, 그것도 우리가 그토록 원하는 행복을 파괴할지도 모르는 해로운 습관에 쉽게 빠지는 상황은 매우 당혹스럽다.

그리고 이런 괴로움과 어그러짐의 많은 부분은 여전히 뭔가 부족한 것 같은 느낌에서 비롯한다. 우리는 모든 것을 갖춘 명백히 기적 같은 존재인데도, 평생에 걸친 학습, 성장, 치유, 변화가 가능한 최고의 재능을 가졌는데도 그렇다. 도대체 이를 어떻게 이해해야 할까? 어째서 우리는 그토록 공허함을 느끼고, 끊임없는 욕망의 지속적이고 즉각적인 충족에 그토록 매달릴까? 결국 우리가 갈망하는 것은 실제로 무엇인가? 우리는 왜 갈망하는가? 그리고 갈망하는 우리는 누구인가? 우리 뇌의 주인은 누구인가? 누가 책임자인가? 결과적으로 고통받는 자는 누구인가? 문제를 바로잡을 자는 누구인가?

이 매력적인 책에서 매사추세츠대학교 의과대학 산하 의학·보건·사회 마음챙김센터의 치료신경과학 연구소장인 저드슨 브루어는 이런 질문들을 다루면서 훌륭한 답변을 제시한다. 정신과 의사인 저드슨은 중독정신의학 분야에서의 오랜 임상 경험을 바탕으로 각종 중독의 유행과 이로 인한 2차 장애와 질환, 궁극적으로 인간의 고통과 괴로움에 대해 깊은 통찰을 얻게 되었다. 이 모든 것은 갈망하는 마음 상태에서 비롯하는데, 이는 인간이라면 누구에게나 어느 정도 있는 성향이다. 우리는 편의상 중독을 아예 무시하거나 무력감에 휩싸여 그대로 방치하기도 한다. 그래서 타고난 주체성과 변화의 잠재력을 제대로 활용하지 못하거나 아예 깨닫지도 못한다.

저드슨은 중독정신의학 분야의 경력 외에도 마음챙김 명상을 오랫동안 매우 헌신적으로 수행해왔으며, 그 기초가 되는 불교의 고전적 가르침과 전통 및 문헌도 진지하게 공부했다. 서양 심리학에서 연구하기 수천 년 전부터 이미 불교 전통에서 정교하고 설득력 있게 서술된 갈망은 이제 곧 살펴볼 것처럼 불교심리학에서 괴로움과 불행의 근원으로 간주된다.

이 책에서 저드슨은 임상과 실험 연구를 바탕으로 마음 전반에 대한 그리고 특히 중독 성향에 대한 동서양의 견해를 종합해 상호이해를 촉진하고, 나아가 간단한 마음챙김 수행을 통해 온갖 갈망에서 벗어날 수 있는 장단기적 방법을 제시한다. 궁극적으로 이런 갈망은 매우 제한되어 쓸모가 없어진 자의식을, 다시 말해 무언가를 갈망하는 '나'가 갈망에서 비롯한 잘못된 행동과 중독성 습관의 장기적 폐해까지 알고 있는 훨씬 더 큰 '나'의 일부에 불과함을 깨닫지 못하는 자의식을 지키려는 욕심이기도 하다.

저드슨은 우선 서양 심리학 진영에 속하는 B. F. 스키너Skinner의 조작적 조건화operant conditioning 이론을 인간 행동의 설명체계로서 소개한다. 이 관점은 일부 맥락에서 유용하기도 하지만 여러 면에서 문제가 많으며 행동주의에 너무 치우친 나머지 의식 자체뿐만 아니라 인지과정도 배제하는 심각한 한계를 지니고 있다. 게다가 이 관점은 보상reward 개념의 강력한 설명력을 과신한 나머지 똑같이 강력한 힘을 지닌 주체성, 인지, 이타심 등의 신비를 무시하거나 아예 부정할 때가 많다. 인간의 이런 능력은 스키너의 고전적인 동물 연구 등에 기초한 보상 개념을 초월하고 이를 쓸모없게 만든다. 내가 누구인지를 알 때 또는 적어도 열린 마음으로 이 영역을 탐구할 때 자연스럽게 몸으로 전달되는 편안함과 같은 경험은 대개 외부지향적인 스키너식 보상 패러다임의 조건화와 달리 깊은 내재적 충족감을 선사한다.

행동주의의 조작적 조건화 관점이 지닌 한계를 넘어서기 위해 저드슨은 아시아 문화권의 불교 전통 속에서 수천 년에 걸쳐 진화하고 번성한 명상 수련법인 마음챙김 수행을 소개하고, '연기緣起'에 대한 불교의 핵심 가르침을 바탕으로 특히 갈망과 친해지는 역설적 방법을 통해 갈망의 지배와 폭압에서 벗어나기 위한 매우 실용적이고 체계적인 접근법을 제시한다. 관건은 우리가 무한히 반복되는 듯한 자기참조적 사고에 얼마나 깊이 얽매여 있는지를 철저하게 깨닫고 이를 있는 그대로 받아들이면서 지나치게 자책하지 않는 것이다. 그래야 갈망이 생길 때 무의식적으로 반응하는 대신에 좀 더 의도적인 선택을 통해 의식적으로 대응하는 것이 가능하다.[자기참조self-reference는 '자기지시', '자기연관' 등으로도 번역된다. 예를 들어 "우리는 한국인이다", "나는 게으르다"처럼 일인칭 대명사가 주어인 문장이 대개 자기참조적 사고self-referential thinking를 표현한다. 저자는 이 책에서 자기참조적 사고가 습관 형성과 밀접한 관련이 있다는 점에 주목한다.]

여기서 중요한 것은 자기참조적 사고다. 최근 연구에 따르면 뇌 활동을 측정하기 위해 기능적 자기공명영상functional magnetic resonance imaging, fMRI 촬영 장치 안에 누운 사람에게 아무것도 하지 말라고 요청하면 뇌는 이런저런 잡념이 떠오르는 기본 상태에 놓이게 되는데, 이런 잡념의 대부분은 자기 자신에 관한 끊임없는 이야기, 즉 나의 미래와 과거, 성공과 실패 등 '나의 이야기' 형태를 띤다.

뇌 영상을 보면 아무것도 하지 말라는 요청을 받은 상태에서도 피질의 넓은 정중선 영역이 밝아지기 시작하는 것을 볼 수 있는데, 이는 해당 영역의 신경 활동이 크게 증가하고 있음을 의미한다. 이런 이유로 이 영역은 기본상태회로default mode network라고 불린다. 때로는 이 영역을 이야기회로narrative network라고도 부르는데, 왜냐하면 우리가 머리를 쓰지 않고 그냥 놔두면 대부분의 뇌 활동은 우리 자신에 관한 이야기에 휘말리기 때문이다. 우리 마음의 이런 측면은 마음챙김 훈련을 받지 않은 경우 전혀 의식되지 않을 수도 있다.

토론토대학교의 연구에 따르면[3] 마음챙김 기반 스트레스 감소 Mindfulness-Based Stress Reduction, MBSR 프로그램의 일환으로 8주간 마음챙김 훈련을 받은 결과, 이야기회로의 활동이 감소했고 피질의 좀 더 옆쪽에 있는 신경망의 활동이 증가했는데, 이 신경망은 현재 순간에 대한 자각, 경험적으로는 시간 밖에 있는 느낌, 이야기가 머릿속에 전혀 떠오르지 않는 상태와 관련이 있다. 이 연구의 연구자들은 이 신경회로를 경험회로experiential network라고 불렀다. 이 연구 결과는 초보 명상가 및 다년간의 집중적인 수행과 수련을 거친 명상가의 기본상태회로를 관찰한 저드슨의 선구적인 연구와도 많은 부분 일치한다.

저드슨과 그의 동료들은 서양 심리학의 관점과 고전적인 명상의 관점을 모두 반영해 실험실에서 명상 중인 사람의 뇌 활동을 실시간으로 관찰할 수 있는 새로운 신경과학 기술과 방법을 개발했다. 나중에 살펴볼 것처럼 그들은 후대상피질posterior cingulate cortex 에 있는 기본상태회로의 특정 영역에서 매 순간 일어나는 뇌 활동에 대한 시각적 피드백(및 통찰)을 피험자에게 직접 제공했는데, 이 영역은 명상 중인 피험자가 특정 상태에 있을 때, 즉 어떤 목표를 이루려 하거나 무언가를 하려는 일체의 시도를 멈추고 현재 순간에 머물 때 조용해지는(즉 뇌의 전기 활동이 잦아드는) 듯했다.

정식 명상 수행이자 삶의 방식이기도 한 마음챙김에는 도구적 차원과 비도구적 차원의 두 가지 측면이 서로 상호작용한다. 도구적 차원은 명상 수행을 익혀서 그 혜택(저드슨의 표현으로는 '보상')을 경험하는 것과 관련된다. 이것은 자동차 운전이나 악기 연주 등을 배울 때 일어나는 일과도 매우 비슷하다. 꾸준히 연습하면 과제를 점점 더 잘할 수 있게 되는데, 이 경우 과제는 현재 순간에 머물면서 특히 크고 작은 갈망에 사로잡힐 때 마음의 흐름을 자각하고 이런 정신적 에너지와 습관적 행동방식에 쉽게 굴복하지 않는 법을 배우는 것이다.

마음챙김 수행의 도구적 차원을 보완하고 갈망과 관련된 마음 상태, 생각, 감정 등에서 벗어나기 위해 반드시 필요한 비도구적 차원은 가야 할 곳도 해야 할 일도 없으며 도달할 특별한 상태도 없다는 것, 궁극적으로는 도달하려는 '나'도 없다는 것이다. 도구적 차원과 동시에 발전하는 이런 비도구적 차원은 받아들이거나 설명하기가 매우 어려운데, 이 책에서 몰입flow 개념이 중요한 역할을 하는 까닭도 바로 이 때문이다.

　마음챙김의 이 두 차원은 모순된 것이 아니라 서로를 보완한다. 수행과 연습은 당연히 필요하다. 그러나 원하는 목표와 이에 딸린 보상을 위해 너무 열심히 노력하면, 갈망이 새로운 대상이나 목표로, 새로운 집착으로, 또는 그저 갱신되었거나 수정된 '나의 이야기'로 옮아갈 뿐이다. 도구적인 것과 비도구적인 것 사이의 이러한 긴장 속에서 갈망의 진정한 진화鎭火,[4] 그리고 중독성 습관의 뿌리인 나 자신에 대한 '잘못된' 지각의 진정한 진화가 이루어진다. 명상 수행 중에 후대상피질의 활동 변화에 대한 실시간 피드백을 피험자에게 제공하는 저드슨의 연구는 피험자가 어떤 효과를 얻으려고 노력하거나 무언가를 하면서 흥분한 상태일 때 후대상피질에 무슨 일이 일어나는지를 생생하게 보여준다. 뿐만 아니라 아무것도 하지 않는 것, 노력하지 않는 것, 습관적 행동방식에서 벗어나는 것, 온전히 현재에 머물며 평정심을 유지하는 것이 뇌에 미치는 강력한 효과를 극적으로 보여준다. 이 연구는 다양한 명상 수행법, 정식 또는 약식 명상 수행 중에 생길 수 있는 다양한 마음 상태 및 이런 마음 상태가 무념하고 광활한 자각 자체와 어떻게 연결될 수 있는지를 이해하는 데 중요한 단서를 제공한다.

　복잡한 과학을 이해하기 쉽게 설명한 이 책과 그 토대를 이루는 연구는 학습에 대해 근본적으로 새로운 관점을 제시한다. 이제 마음의 습관을 버리는 일은 억지로 의지력을 사용하거나 순간적이고 덧없는 보상을 통해서가 아니라 존재의 영역에 온전히 머물며 순수한 자각의 공간 자체와 친숙해지면서 우리가 '지금'이라고 부르는 바로 이 무시간적인 순간에 새로운 학습이 가능함을 깨달음으로써 이루어진다. 실제로 헨리 데이비드 소로Henry David Thoreau가 《월든Walden》에서 매우 자세히 서술한 것처럼 깨어 있는 현존과 평정을 찾을 수 있는 다른 순간이란 존재하지 않는다. 자각 안에 머무는 법을 배우는 것, '내'가 이미 깨달았으며 '내'가 이미 충분함을 아는 것(때로는 알지 않는 것) 외에는 아무것도 일어날 필요가 없다. 이렇게 자각의 공간에 머물 때 습관은 자연스럽게 사라진다. 그러나 역설적이게도 이렇게 아무것도 하지 않기는 결코 쉬운 일이 아니다. 이것은 상당한 노력이 필요한 평생의 모험이다. 그러나 특히 별생각 없이 상습적으로 '나의 이야기'를 만들어내는 '자기증식' 과정과 관련해 우리에게 필요한 것은 '노력하지 않는 노력', '알지 않는 앎'이다.

앞서 언급한 것처럼 중독에 대한 서양의 관점 중 하나는 조작적 조건화의 아버지인 스키너의 연구에서 비롯했다. 저드슨에 따르면 스키너의 소설 《월든 투Walden Two》는 디지털 방식으로 상호 연결된 현대 세계의 사회공학을 너무나도 정확히 예견하고 있다. 그러나 다행히도 중독에 대한 스키너의 행동주의적 보상 기반 관점은 이 책에서 '월든 원Walden One'이라고 부를 만한 소로의 원래 《월든》과 훨씬 더 공통점이 많은 초월적 지혜의 관점을 통해 균형을 이루고 있다. 저드슨은 이를 위해 소로를 인용하는 대신에 현대 헝가리 심리학자인 미하이 칙센트미하이Mihaly Csikszentmihalyi의 선구적인 연구에 기초한 몰입 경험의 생리적·심리적 메커니즘을 서술하고 무아와 공허, 비집착과 무욕에 관한 불교 가르침의 핵심인 '불이不二'를 언급한다. [대승불교 등에서 강조하는 불이는 부처와 중생이 다르지 않다는 불여중생불이佛與眾生不二, 본질과 현상이 다르지 않다는 진속불이眞俗不二, 나와 남이 다르지 않다는 자타불이自他不二 등을 의미한다. 앞에서 언급한 마음챙김의 도구적·비도구적 차원의 보완적 관계는 중생을 깨우치기 위한 방편인 권교權敎와 깨달음을 그대로 드러낸 실교實敎가 그 실체는 같다는 권실불이權實不二 또는 궁극적으로 만물이 같지도 다르지도 않다는 불일불이不一不二의 한 해석이라 하겠다.] 저드슨이 적절하게 인용한 T. S. 엘리엇Eliot의 걸작《네 개의 사중주Four Quartets》는 이런 차원과 통찰을 초월적인 시적 긍정과 통찰의 형태로 명확하고도 아름답게 표현하고 있다.

앞으로 살펴볼 것처럼, 중독성 습관은 우리가 겪는 크고 작은 수많은 고통의 근원이다. 특히 현대 디지털 기술의 중독성과 속도가 중심이 되는 생활 방식으로 인해 우리는 주의를 집중하지 못하고 산만해지기 쉽다. 그러나 반가운 소식은 우리가 이런 사실을 뼈저리게 깨닫기만 하면 이런 고통에서 벗어나 훨씬 더 만족스럽고 건강하고 독창적이고 윤리적이며 진정으로 생산적인 삶을 위해 많은 것을 할 수 있다는 점이다.

저드슨은 능숙하고 친근하게, 또 재미있으면서 박식하게 우리를 이 길로 안내한다. 또한 그는 담배를 끊거나 식습관을 바꾸고 싶어하는 사람들의 마음챙김 수행을 지원하는 매우 정교한 스마트폰 앱을 동료들과 함께 개발해 이 책에서 소개하고 있다.

바로 지금이야말로 이 책에 소개된 수행법을 활용해 지금 이 순간의 충만함과 아름다움을 놓치거나 무시하게 만드는 이런저런 힘듦에서 벗어나 삶의 변화를 꾀할 최적의 시점이다. 결코 충족될 수 없는 불만과 갈망의 실재하는 듯하지만 사실은 허상에 불과한 구멍을 메우려고 일시적인 위안거리를 탐하고 이에 굴복하는 악순환에서 벗어나 지금 이 순간 우리의 온전함을 깨달아야 한다. 아직은 우리 모두가 이따금 그러하듯이, 그리고 저드슨이 한때 허망한 유혹에 빠져 정신을 차리지 못했다고 고백했듯이 망상에 빠져 허우적거릴 수 있다. 하지만 언젠가는 갈망의 대가와 중독의 감금 효과를 인식하고 정신을 차려 다시 시작할 수 있는 기회가 늘 우리 곁에 있다는 사실을 깨닫게 될 날이 올 것이다.

부디 이제부터 시작될 마음챙김의 여정을 통해 끊임없는 갈망의 굴레에서 벗어나 자신의 진심과 진정성에 더욱 가까이 다가갈 수 있길 바란다.

The Craving Mind

차례

추천의 글 | 갈망하는 마음　　　　　　　　　　　　　07
서문　　　　　　　　　　　　　　　　　　　　　24
머리말　　　　　　　　　　　　　　　　　　　　32

1부 도파민의 습격

1장 중독의 얼굴　　　　　　　　　　　　　　　53
2장 현대 기술에 중독된 사람들: **소셜미디어 중독**　　86
3장 나 자신에 관한 이야기: **자아 중독**　　　　　106
4장 영혼을 쏙 빼놓는 나만의 세상: **재미 중독**　　132
5장 내 머릿속은 생각으로 가득해: **생각 중독**　　152
6장 나의 세계는 애정으로 충만하다: **사랑 중독**　　183

2부 도파민으로부터 해방

7장 집중력을 도둑맞은 이유   203

8장 못된 행동과 착한 행동의 학습   222

9장 몰입   240

10장 회복력 훈련   260

맺음말 | 미래는 여기에 있다   284

부록 | 마음챙김 성격유형   298

주   307

감사의 말   319

찾아보기   323

서문

나는 대학교 4학년 때부터 위장 문제로 어려움을 겪었다. 복부 팽만감, 경련, 가스, 잦은 배변 등으로 인해 걸핏하면 근처 화장실로 달려가야만 했다. 심지어 신호가 오면 재빨리 화장실로 갈 수 있도록 매일 달리던 코스까지 바꿨다. 영리한 나는 내 문제가 람블편모충 Giardia lamblia을 통한 세균 감염 증상과 비슷했기 때문에 이것이 원인일 것이라고 자가진단을 내렸다. 나는 이런 진단이 논리적으로도 타당하다고 생각했다. 왜냐하면 나는 대학 시절 내내 배낭여행을 즐겼는데, 캠핑 중에 발생할 수 있는 부적절한 식수 정화가 람블편모충증의 흔한 원인이었기 때문이다.

나는 학생건강센터의 의사를 찾아가 나의 자가진단 결과를 이야기했다. 그러자 그는 "스트레스를 많이 받나요?"라고 반문했다.

그때 나는 대략 다음과 같이 답했던 것 같다. "그럴 리가요! 저는 달리기도 하고 음식도 건강식으로 먹는 편이고 오케스트라에서 연주도 하는데요? 이렇게 건강하게 살고 있는데 스트레스를 받을 일이 있겠어요?" 그러자 의사는 웃으며 람블편모충증을 치료하는 항생제를 주었다. 그러나 그 후에도 내 증상은 나아지지 않았다.

나중에서야 나는 내 문제가 과민성장증후군의 전형적인 증상이라는 것을 알게 되었다. 과민성장증후군은 '유기적(즉 신체적) 원인이 밝혀지지 않은' 증상 기반 진단명이었다. 다시 말해, 이것은 내 마음 탓에 생긴 신체질환인 셈이었다. "마음만 잘 다스리면 괜찮아질 거야"라는 식의 조언을 들었을 때 약간 불쾌감이 들기도 했지만, 이후 우리 가족에게 일어난 사건으로 인해 내 마음은 바뀌게 되었다.

나의 새 형수는 결혼식 피로연을 겸한 성대한 새해 전야 파티를 치르느라 정신이 없었다. 이튿날 신혼여행이 시작되자마자 그녀는 심하게 아프기 시작했다. 샴페인을 너무 많이 마신 탓이 아니었다. 이 일을 계기로 나는 몸과 마음의 관계에 무언가가 있을지 모른다는 생각을 하게 되었다. 오늘날에는 이런 식의 추론이 꽤 인정을 받지만, 몇십 년 전만 해도 이런 생각은 손을 맞잡고 흑인 영가인 쿰바야Kumbaya를 합창하는 것만큼 순진해 보였다. 나는 그런 인간이 아니었다. 생물의 분자를 연구하는 유기화학 전공자였던 나는 뉴에이지의 가짜 약과는 거리가 멀었다. 그런데도 나는 그 결혼식 이후로 어째서 스트레스를 받으면 몸이 아플까라는 단순한 질문에 사로잡혔다.

그리고 이 질문이 내 인생행로를 바꾸어 놓았다.

내가 의학전문대학원에 진학한 이유는 이 질문 때문이었다. 프린스턴대학교를 졸업한 후 나는 세인트루이스의 워싱턴대학교에서 의사과학자MD-PhD 이중학위 과정을 시작했다. 이런 이중학위 과정은 의학과 과학을 융합해 의사들이 매일 접하는 현실적인 문제들을 실험실에서 연구하고 치료를 개선할 방법을 찾는 매우 훌륭한 프로그램이다. 내 목표는 스트레스가 면역계에 어떤 영향을 미치기에 형수가 큰일을 치른 직후에 아팠던 것과 같은 일이 일어날 수 있는지를 알아내는 것이었다. 나는 내분비학과 신경과학 분야의 전문가였던 루이스 머글리아Louis Muglia 교수의 실험실에 합류했다. 우리는 스트레스가 질병을 유발하는 메커니즘을 이해하려는 같은 열정을 가지고 있었기 때문에 금방 친해졌다. 나는 생쥐의 스트레스 호르몬과 관련된 유전자 발현을 조작해 면역계에 무슨 일이 일어나는지 관찰하는 작업에 착수했다. 그리고 이를 통해 우리는 (다른 많은 과학자들과 함께) 흥미로운 사실을 여럿 발견했다.

그러나 나는 의학전문대학원에 진학할 때도 스트레스로 지쳐있었다. 다행히 과민성장증후군은 상태가 호전되었지만 난생처음 불면증에 시달렸다. 왜 그랬을까? 대학원 과정을 시작하기 직전에 나는 수년간 캠퍼스 커플이었고 장기적인 인생을 함께 계획했던 약혼녀와 헤어졌다. 이 이별은 계획에 없던 일이었다.

그래서 나는 인생의 중요한 새출발을 앞두고 불면증에 시달리는 독신남이 되어 있었다. 그리고 내 손에는 어느새 존 카밧진의 《삶의 모든 것을 받아들이기: 스트레스, 고통, 질병을 마주하는 심신의 지혜Full Catastrophe Living: Using the Wisdom of Your Body and Mind to Face Stress, Pain, and Illness》(1990)가 들려 있었다. 책 제목의 '완전한 재앙full catastrophe'['full catastrophe'는 영화 〈그리스인 조르바Zorba the Greek〉의 영어 각본에서 조르바가 결혼생활의 스트레스를 강조하며 사용한 표현인데, 카밧진은 위의 책에서 이것을 삶의 다양성과 혼돈을 긍정하는 태도로 재정의한다]이라는 표현이 내 처지와 딱 맞아떨어진다는 느낌이 들어 나는 대학원 첫날부터 이 책에 빠져들면서 명상을 시작했다. 정확히 20년이 지난 지금, 돌이켜보면 이 책을 접한 것이 내 인생에서 가장 중요한 사건 중 하나였음을 깨닫는다. 《삶의 모든 것을 받아들이기》를 읽으면서 내가 하던 일, 내가 누구였는지 그리고 여전히 어떤 사람이 되어가고 있는지가 모두 바뀌었다.

'모 아니면 도' 식의 삶을 살았던 나는 내 인생의 다른 일들을 대할 때와 똑같은 열정으로 명상 수행에 전념했다. 나는 매일 아침 명상을 했다. 그리고 지루한 대학원 강의 중에도 명상을 했다. 나는 명상 수련회에도 참가해 명상지도사와 함께 수행을 하기 시작했다. 나는 내 스트레스가 어디서 오는지, 나 스스로가 스트레스를 어떻게 키우고 있는지를 깨닫기 시작했다. 또한 초기 불교의 가르침과 현대 과학의 발견 사이의 연관성이 눈에 들어오기 시작했다. 그러면서 내 마음의 작동 방식도 조금씩 눈에 들어왔다.

8년 후, 의사과학자 과정을 마친 나는 정신과 의사 수련과정을 선택했다. 그 이유는 급여 때문도 아니었고(정신과 의사는 모든 의사 중에서 급여가 가장 낮은 편이다) 명성 때문도 아니었다(할리우드에서 정신과 의사는 무능한 사기꾼이나 교묘한 조종자쯤으로 묘사된다). 오히려 나의 이유는 행동에 대한, 특히 중독에 대한 고대와 현대의 심리학적 모형 간에 명확한 연관성이 있다고 생각했기 때문이었다. 정신과 의사 수련과정을 절반쯤 마쳤을 때 나는 연구 중점을 분자생물학과 면역학에서 마음챙김으로 바꾸었다. 즉 마음챙김이 뇌에 어떤 영향을 미치고 정신질환 치료에 어떤 도움을 줄 수 있는지를 연구하기 시작했다.

지난 20년은 개인적, 임상적, 과학적 탐색으로 가득 찬 흥미진진한 시간이었다. 첫 10년간은 마음챙김 수행을 임상적으로나 과학적으로 적용할 엄두도 내지 못했다. 나는 그저 수행하고 또 수행했다. 나의 이런 개인적인 탐색은 나중에 내가 정신과 의사이자 과학자로서 일하는 데 결정적인 토대가 되었다. 내가 정신과 수련을 받으면서 개념적으로 이해한 것과 마음챙김 수행을 통해 체득한 것 사이에 자연스럽게 연결고리가 생기기 시작했다. 내가 마음을 챙길 때와 그렇지 않을 때 나의 환자 진료는 분명히 달랐다. 나는 병원에서 야간 당직을 서서 잠이 부족할 때는 동료들에게 쉽게 짜증을 내곤 했는데, 마음챙김 수행을 한 후에는 이런 행동을 자제할 수 있었다. 환자에게 진정으로 집중할 때는 마음챙김 덕분에 섣부른 진단이나 가정을 피할 수 있었으며 대인관계도 더욱 돈독하게 유지할 수 있었다.

나의 개인적이고 임상적인 관찰은 과학적 호기심으로 이어졌다. 주의를 기울이는 것이 내 몸에 밴 습관을 고치는 데 어떻게 도움이 되었을까? 주의를 기울이는 것이 환자들과의 관계를 돈독히 하는 데 어떻게 도움이 되었을까? 나는 마음을 챙길 때 뇌에서 무슨 일이 일어나는지, 그리고 이런 통찰이 환자의 삶을 개선하는 데 어떻게 활용될 수 있는지를 탐구하기 위한 기초과학 분야의 임상 연구를 설계했다. 그리고 이런 연구 결과를 바탕으로 금연, 스트레스성 또는 감정적 과식 등과 관련해 우리가 개발 중이던 증거 기반 훈련 프로그램의 치료 효과와 교육 도구를 최적화할 수 있었다.

과학실험, 환자들과의 임상 경험, 그리고 나 자신의 마음에 대한 관찰이 서로 연결되어 나는 세상을 훨씬 더 명확하게 이해할 수 있게 되었다. 예전에는 실험실이나 병원에서 사람들이 보인 행동과 심지어 내 마음의 작동 방식도 불규칙한 것으로 보였으나, 이제는 더 질서 있고 예측 가능해 보였다. 그리고 이런 깨달음은 일련의 규칙이나 가설을 토대로 관찰을 재현하고 결과를 예측하는 과학적 발견의 핵심과 맞닿아 있었다.

내 작업은 우리 조상들의 생존에 기여했고 진화를 통해 보존된 학습 과정에 대한 비교적 단순한 통찰로 수렴되었다. 어찌 보면 이런 학습 과정은 지금까지 공상, 주의 분산, 스트레스, 중독 등을 포함한 다양한 행동을 강화하는 공범 역할을 했다.

이런 통찰이 내 마음속에서 명확해짐에 따라 나의 과학적 예측이 향상되었을 뿐만 아니라 환자들에게 더 깊이 공감하고 더 많은 도움을 줄 수 있었다. 또한 나는 더 집중할 수 있었고 스트레스를 덜 받았으며 주위 세계에 더 몰입할 수 있었다. 그리고 나는 이런 통찰을 환자, 학생, 일반 대중과 공유하기 시작하면서 많은 피드백을 받았다. 사람들은 지금까지 이런 기본적인 심리 메커니즘과 신경생물학적 원리 사이의 연관성을 깨닫고 이를 개인적으로 활용하는 법을 알지 못했다. 사람들은 한발 물러나 자신의 행동을 관찰하는 마음챙김 수행을 통해 세상이 더 명료해졌다고 내게 수없이 이야기했다. 사람들은 이를 통해 자신과 세상에 대해 새로운 방식으로 관계를 맺을 수 있게 되었다. 그들은 이를 통해 장기적인 행동 변화를 꾀할 수 있었다. 그리고 이를 통해 그들의 삶도 당연히 개선되었다. 그들은 내가 이 모든 것의 상호작용을 쉽게 정리해주기를 원했다.

이 책에서는 최신 과학지식을 토대로 일상생활과 임상 경험의 여러 사례를 조명할 것이다. 또한 인류의 진화에 기여했던 학습 과정이 부작용을 일으키거나 과학기술을 포함한 현대 문화 속에서 오용되는 많은 사례를 살펴볼 것이다. 이를 통해 이 책은 스마트폰으로 인한 주의 분산과 같은 사소한 문제부터 사랑에 빠지는 것과 같은 중요한 경험까지 다양한 인간 행동의 기원을 이해하는 데 기여하고자 한다. 의학에서 진단은 첫 번째이자 가장 중요한 단계다. 이런 의미에서 나는 직업활동과 개인 수행을 통해 배운 것을 토대로 문제의 핵심 메커니즘에 접근하는 간단하고 실용적인 방법을 제시할 것이다. 일상생활에 쉽게 적용 가능한 이런 방법들이 부디 중독적인 습관에서 벗어나고 스트레스를 줄여 더욱 충만한 삶을 사는 데 도움이 되길 바란다.

머리말

종의 기원

만약 내가 당신이 상사인데 내 뇌가 해삼의 뇌와 같다고 당신이 면전에서 말한다면, 나는 나를 모욕했다는 이유로 당신을 해고할까 아니면 인간의 사고와 행동 방식을 제대로 이해했다는 이유로 당신을 마케팅 책임자로 승진시킬까?

인간의 기원에 관해 당신이 어떻게 생각하든 수차례에 걸쳐 증명된 한 가지 사실은 인간의 학습이 겨우 2만 개의 뉴런을 가진 해삼의 학습과 매우 비슷하다는 점이다. 심지어 인간의 학습 방식은 원생동물과 같은 단세포 생물의 학습 방식과 닮았다.

단세포 생물은 영양분에 접근하고 독소를 피하는 단순한 이분

법적 생존 메커니즘을 가지고 있다. 현재 알려진 가장 기초적인 신경계 중 하나를 가진 해삼도 이런 이분법적 접근법을 토대로 기억을 저장한다는 사실이 밝혀졌으며, 이 발견 덕분에 에릭 캔델Eric Kandel은 2000년에 노벨 생리의학상을 수상했다. 그렇다면 우리는 어떨까?

　물론 우리 인간이 해삼에 불과하다는 말은 아니다. 그러나 우리가 여전히 진화적 혈통을 떨쳐버리지 못했고 '하등' 생물로부터 우리를 이해할 수 있는 많은 단서를 얻을 수 있는 것은 아닐까? 우리의 몇몇(또는 많은) 행동은 매력적이거나 유쾌하게 느끼는 것에 접근하고 역겹거나 불쾌하게 느끼는 것을 피하는 우리 몸 깊숙이 내장된 메커니즘 탓이 아닐까? 만약 그렇다면, 이런 지식이 단순한 기벽부터 고질적인 중독까지 일상적인 습관을 바꾸는 데 도움이 되지 않을까? 어쩌면 이를 통해 우리 자신 및 타인과 관계를 맺는 새로운 방식을, 우리의 기초적인 본성을 초월하면서도 ('자신이 안다는 것을 아는' 현생인류인) 호모 사피엔스 사피엔스에게 원래부터 가능했으며 우리의 진정한 인간다움을 완성할 새로운 방식을 발견할 수 있지 않을까?

무엇에 빠지기

우리가 스마트폰의 최신 비디오 게임이나 좋아하는 벤앤제리스 아이스크림 맛에 빠질 때 우리는 진화를 통해 보존된 학습 과정을 활용하는 셈인데, 이것은 수많은 종에서 관찰되며 우리에게 알려진 가장 기초적인 신경계로까지 거슬러 올라가는 학습 과정이다. 보상에 기초한 이 학습 과정은 기본적으로 다음과 같이 작동한다. 그럴싸한 음식이 보이면 우리 뇌에서 "칼로리=생존!"이라고 말한다. 그러면 우리는 그것을 먹는다. 먹어 보니 맛있다. 특히 당분을 섭취할 때는 먹은 음식이 무엇인지, 그것을 어디서 찾았는지 기억하라는 신호가 우리 몸에서 뇌로 전달된다. 우리는 경험과 장소에 기초한 이 기억을 저장해(이를 전문용어로 '맥락 의존적 기억'이라고 부른다) 다음번에 이 과정을 반복하게 된다. 음식이 보인다. 음식을 먹는다. 기분이 좋다. 반복한다. 촉발 요인, 행동, 보상. 간단하지 않은가?

잠시 후, 우리의 창의적인 뇌가 말을 건다. "이봐! 이걸 꼭 음식이 어디 있는지 기억하는 데만 쓸 필요는 없잖아. 다음에 기분이 나쁠 때 맛있는 걸 먹으면 기분이 좋아지지 않을까?" 우리는 뇌의 기발한 아이디어에 감탄하면서 이를 시험해본다. 이렇게 우리는 화가 나거나 슬플 때 아이스크림이나 초콜릿을 먹으면 기분이 좋아진다는 것을 재빨리 학습한다. 이것은 똑같은 학습 과정인데 촉발 요인만 다르다. 위장에서 오는 배고픔 신호 대신에 슬픔 등의 감정 신호가 먹고 싶은 충동을 촉발한다.

우리 중에는 십대 때 학교 밖에서 담배를 피우며 폼 잡는 불량 학생들을 보면서 나도 그렇게 되고 싶은 마음에 담배를 피우기 시작한 사람도 있을 것이다. 멋있다. 멋있으려고 담배를 피운다. 기분이 좋다. 반복한다. 촉발 요인, 행동, 보상. 우리가 이런 행동을 할 때마다 "잘했어, 다시 해!"라고 말하는 뇌의 경로가 강화된다. 이렇게 우리의 행동은 습관이 된다. 이제 습관의 순환고리가 생긴 셈이다.

나중에 스트레스가 쌓이면 단것을 먹거나 담배를 피우고 싶은 충동이 촉발된다. 어느새 생존을 위한 학습이 동일한 신경 메커니즘을 바탕으로 우리 자신을 말 그대로 죽이는 습관으로 변모한 셈이다. 비만과 흡연은 전 세계 질병과 사망의 예방 가능한 주요 원인에 속한다.

어쩌다 이런 궁지에 빠졌을까?

해삼부터 시베리안 허스키까지

촉발 요인-행동-보상으로 이어지는 습관의 순환고리에 대한 최초 설명은 19세기 말에 에드워드 손다이크Edward Thorndike라는 심리학자가 제시했다.[1] 그는 길 잃은 개가 온갖 역경을 딛고 결국에는 다시 집으로 돌아온다는 매우 신기한 현상에 관한 세간의 이야기가 못마땅했다. 이런 설명이 과학적으로 엄밀하지 않다고 생각한 손다이크는 동물의 실제 학습 과정에 대한 기본 원리를 탐구하기 시작했다. 「동물의 지능Animal Intelligence」이라는 논문에서 그는 동료들을 다음과 같이 비판했다. "이런 책들은 대부분 동물의 심리학이라기보다 동물 예찬에 불과하다." 그는 당시의 과학자들이 "똑똑하고 비범한 것만 찾고 어리석고 평범한 것은 무시한다"고 주장했다. 그가 말한 평범한 것이란 개뿐만 아니라 인간의 경우에도 일상적으로 관찰되는 평범한 유형의 연상학습이었다. 예를 들어 아침에 현관에서 유리병이 살짝 부딪히는 소리가 들리면 '우유 배달원이 방금 다녀갔네' 하는 연상작용이 일어난다.

손다이크는 이런 연상학습의 빈틈을 메우기 위해 개, 고양이, (원하는 결과를 얻지 못했던 것으로 보이는) 병아리 등을 데려와 먹이를 주지 않은 상태로 여러 종류의 우리에 가두었다. 이런 우리에는 줄 당기기, 레버 누르기, 발판 밟기와 같은 간단한 방식의 탈출장치가 있었다. 그리고 동물이 우리를 탈출하면 먹이를 보상으로 주었다. 손다이크는 동물이 우리를 탈출하는지, 탈출할 경우 얼마나 오래 걸리는지 등을 기록했다. 그런 다음 그는 실험을 반복하면서 동물의 특정 행동이 탈출 및 뒤이은 먹이(보상)와 연합되기까지 얼마나 많은 시행착오가 필요한지 기록했다. 손다이크의 관찰에 따르면, "이런 연합이 완성되자 당연히 탈출 시간이 거의 일정하게 매우 짧아졌다."

이렇게 손다이크는 동물이 보상(먹이)을 받기 위해 간단한 행동(줄 당기기)을 학습할 수 있음을 보여주었다. 이렇게 그는 보상 기반 학습을 체계화하고 있었다! 여기서 주목할 것은 그가 관찰자의 개입이나 그 밖에 실험을 망칠 수 있는 요인을 최소화했다는 점이다. "그러므로 한 연구자의 작업을 다른 연구자가 반복해서 검증하거나 수정할 수 있다"고 그는 결론지었다. 이제 어떤 놀라운 개가 x를 했다는 신기한 이야기는 모든 개가(또는 모든 고양이, 새, 코끼리 등이) x, y, z를 하도록 훈련하는 방법에 관한 이야기로 바뀌었다.

20세기 중반에 B. F. 스키너는 이런 관찰을 더욱 체계화한 일련의 실험에서 ('스키너 상자'라고 불리게 된 실험장치의 색깔과 같은) 개별 조건의 변화에 대한 비둘기나 쥐의 반응을 주의 깊게 측정했다.[2] 예를 들어 그는 동물이 검은색 상자에 있을 때 먹이를 주거나 흰색 상자에 있을 때 약한 전기 충격을 주는 식의 방법으로 동물이 전자를 후자보다 선호하도록 어렵지 않게 훈련할 수 있었다. 스키너 및 그 밖의 과학자들은 이런 연구 결과를 확장해 동물이 보상을 받기 위해서뿐만 아니라 처벌을 피하기 위해서도 특정 행동을 하도록 훈련할 수 있음을 보여주었다. 이런 접근행동과 회피행동은 얼마 후 긍정적 또는 부정적 강화로 불리게 되면서 '조작적 조건화'라는 더 큰 개념의 일부가 되었는데, 이것은 보상 기반 학습을 일컫는 좀 더 전문적인 명칭이었다.

이런 통찰을 바탕으로 스키너는 간단한 설명 모형을 도입했는

보상 기반 학습

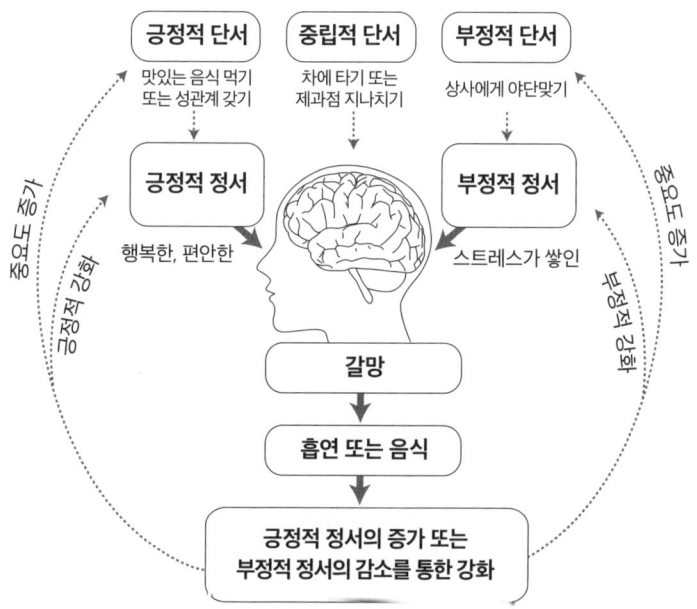

담배를 피우거나 음식을 먹어서 기분이 좋아짐

데, 이것은 재현 가능할 뿐만 아니라 광범위하고 강력한 행동 설명력을 지니고 있었다. 이 모형에 따르면 우리는 유쾌한 것(보상)과 연합된 자극에 접근하고 불쾌한 것(처벌)과 연합된 자극을 피한다. 이 모형을 통해 보상 기반 학습은 더 이상 심리학의 지엽적인 문제가 아니라 핵심 개념이 되었다. 오늘날 전 세계 대학의 심리학개론 수업에서 긍정적 강화와 부정적 강화의 개념(보상 기반 학습)을 가르치고 있다. 이것은 심리학의 역사에서 획기적인 사건이었다.

보상 기반 학습(조작적 조건화)의 아버지로 불리는 스키너는 단순한 생존 메커니즘을 넘어서는 인간 행동의 많은 부분을 이 과정으로 설명할 수 있을 것이라고 확신했다. 실제로 1948년에 스키너는 헨리 데이비드 소로의 수필 《월든》을 흉내 낸 소설 《월든 투》에서 보상 기반 학습을 통해 체계적인 훈련을 받은 사람들이 조화롭게 사는 이상향을 묘사했다. 일종의 철학적 소설인 이 책에서 (사실상 스키너의 대리인인) 주인공 프레이저Frazier는 (다양한 반대 입장을 대변하는) 방문객들에게 월든 투 공동체에 관해 소크라테스식 문답법으로 설명하면서 인간의 타고난 보상 기반 학습 능력을 잘 활용하면 어리석음을 넘어선 번영이 가능하다고 말한다.

이 소설에서 공동체 주민들은 아이가 태어날 때부터 '행동공학behavioral engineering'(보상 기반 학습) 기법을 사용해 행동을 조성한다. 예를 들어 어린아이들은 경쟁보다 협력을 통해 보상을 받는 법을 학습해 이 두 가지 중에서 하나를 선택해야 하는 상황에 처했을 때 습관적으로 후자를 선호하도록 조건화된다. 이런 방식으로 공동체 전체는 개인과 사회 모두의 이익을 위해 아주 효율적이고 조화롭게 처신하도록 조건화된다. 《월든 투》는 사회적 조화를 이루기 위한 조건에 해당하는 사회규범과 주관적 편향을, 즉 보상 기반 학습을 통해 형성된 개인적 조건화를 과학적으로 탐구한 책이라 하겠다.

주관적 편향은 이 책에서 매우 중요한 부분이므로 이야기를 잠시 멈추고 이 개념을 좀 더 자세히 살펴보도록 하자. 간단히 말해, 우리는 특정 행동을 반복할수록 특정 방식으로, 즉 이전 행동의 보상과 처벌에 기초한 편향된 렌즈를 통해 세상을 바라보게 된다. 다시 말해, 세상을 바라보는 습관적 방식인 렌즈와 함께 습관이 형성된다. 간단한 예를 들어보자. 언젠가 초콜릿을 먹고 맛있다고 느낀 적이 있는 사람이라면 초콜릿과 별로 좋아하지 않는 사탕 중에서 선택해야 하는 상황에 처했을 때 초콜릿 쪽으로 기울 것이다. 이제 이 사람은 '초콜릿이 좋다'는 안경을 쓰게 된 셈이다. 다시 말해 초콜릿 편향, 즉 주관적 취향이 생겼다. 마찬가지로 다른 누구는 초콜릿보다 아이스크림을 선호하는 편향이 있을 수 있다. 시간이 지나면서 특정 세계관을 지지하는 특정 안경에 익숙해질수록 우리는 안경을 쓰고 있다는 사실 자체를 잊게 된다. 이제 안경은 우리의 일부인 습관 또는 아예 진리가 되었다. 주관적 편향은 우리에게 핵심적인 보상 기반 학습 과정에서 비롯하므로 이는 음식 취향을 훨씬 넘어 다양한 영역으로 확장될 수 있다.

예를 들어 1930년대에 자란 많은 미국인은 여성의 제자리가 가정이라고 배웠다. 그들은 아마도 전업주부인 어머니 밑에서 자랐을 것이며, 만약 "왜 엄마는 맨날 집에 있고 아빠는 직장에 가?"라고 물었다면 핀잔이나 '교육'을 통해("얘야, 아빠가 돈을 벌어야 우리가 먹고살지") 부정적 강화를 얻었을 것이다. 시간이 지나면서 우리의 관점이 습관이 되면 우리는 더 이상 무릎반사처럼 자동적인 우리의 반응에 의문을 제기하지 않는다("여자는 당연히 가정에 충실해야지!"). '무릎반사'는 의학 용어다. 의사가 무릎과 정강이를 연결하는 힘줄을 반사 망치로 두드리면, 그녀는(만약 '그녀'라는 단어가 어색하게 느껴진다면 의사는 당연히 남자라는 주관적 편향이 작용했을 수 있다) 척수까지만 이동하고 뇌에는 도달하지 않는 신경회로를 검사하고 있는 것이다. 이 회로는 겨우 세 개의 세포로 되어 있다(하나는 반사 망치의 두드림을 감지해 척수로 신호를 보내고, 다른 하나는 척수에서 이 신호를 중계하며, 또 다른 하나는 근육에 수축하라는 신호를 전달한다). 이와 비슷하게 우리는 주관적 편향에 따라 무턱대고 반사적으로 반응하면서 세월을 허비하는데, 이럴 경우 더 이상 습관적 행동과 어울리지 않는 우리 자신과 환경의 변화를 깨닫지 못해 어려움에 처할 수 있다. 주관적 편향의 형성 과정과 작동 방식을 이해하면 이것의 효용을 최적화하고 부작용을 최소화할 수 있다.

예를 들어 《월든 투》에 나오는 공동체에서는 여성이 주부나 초등학교 교사라는 기존의 역할 외에(참고로 이 소설은 1948년에 쓰였다) 다른 일도 할 수 있는지를 조사한다. 이렇게 '여성은 사회에서 x와 y의 역할을 한다'는 주관적 편향 너머를 살펴봄으로써 이 공동체는 여성도 남성과 동일한 직무를 수행할 수 있다는 것을 알게 되어 (육아에 대한 남성의 더 많은 역할과 함께) 여성을 노동력에 추가하게 된다.

스키너는 사회가 너무 주관적으로 편향되어 사회구조가 기능적으로 경직되거나 정치적 독단에 빠지는 것을 방지하는 데 행동공학이 기여할 수 있다고 주장했다. 이런 종류의 부적응 현상은 주요 위치에 있는 소수의 사람들이 보상 기반 학습의 원리를 무비판적으로 적용해 대중을 조종할 때 자연스럽게 나타난다. 이 책 전체에 걸쳐 우리는 과연 스키너의 견해가 허무맹랑한 것인지 아니면 인간 행동의 많은 영역으로 확장 가능한 것인지를 살펴볼 것이다.

《월든 투》에서 제기한 철학적 질문처럼 우리가 외판원이든 과학자든 주식 중개인이든 상관없이 우리의 행동을 좌우하는 주관적 편향을 제거하거나 적어도 줄일 수 있는 방법이 없을까? 편향이 어떻게 형성되고 강화되는지를 이해하면 우리의 개인적·사회적 삶을 개선하고 중독도 극복할 수 있을까? 우리가 해삼처럼 오래된 습관 모드에서 벗어날 때 나타나는 인간의 진정한 능력과 존재 방식은 무엇일까?

내가 예일 치료신경과학 진료소Yale Therapeutic Neuroscience Clinic를 설립한 후 최초로 수행한 임상 연구는 마음챙김 훈련이 금연에 도움이 되는지 알아보는 것이었다. 돌이켜 보면 당시에 나는 꽤 긴장했었다. 마음챙김이 효과가 없을지 모른다는 생각은 들지 않았지만, 나 자신의 신뢰성에 자신이 없었다. 왜냐하면 나는 담배를 한 번도 피워본 적이 없었기 때문이다.

우리는 코네티컷주 뉴헤이븐의 시내 곳곳에서 '약 안 먹고 금연하기'라는 문구가 적힌 성냥갑을 나눠주면서 임상 연구 참가자를 모집했다. 첫 번째 집단 모임에 참석한 흡연자들은 자신들이 무엇을 하게 될지 모른 채 의자에 앉아 꼼지락대고 있었다. 이것은 무작위 맹검 연구였으므로 그들은 어떤 종류의 치료를 받게 될 것이라는 사실만을 알고 있었다. 나는 그들이 그저 주의를 기울이는 간단한 방법으로 금연을 하도록 도울 것이라고 이야기했다. 이런 설명을 들으면 사람들은 대개 의아한 표정을 지으면서 다시 꼼지락대기 시작한다. 이럴 때면 어김없이 누군가가 끼어들어 "브루어 박사님, 어, 저기, 박사님은 담배를 피워보셨어요?"라고 묻는다. 온갖 방법을 시도해본 그들은 자신들의 문제를 전혀 이해하지 못할 것 같은 예일대 출신 특권층 백인 남성 괴짜의 말에 귀를 기울였다.

"아니요, 나는 한 번도 담배를 피워보지 않았어요. 하지만 나도 많은 것에 중독되어 있어요"라고 나는 대답했다. 그러자 그들은 낙담한 표정으로 출구 쪽을 두리번거렸다. 나는 그들을 안심시키려고 다음과 같이 말했다. "만약 오늘 밤 모임이 끝날 때까지 차이를 느끼지 못한다면, 내게 바로 알려주세요." 나는 칠판 앞으로 걸어가 (그들이 도망가지 못하게 출구를 막으면서) 흡연 습관이 어떻게 형성되고 강화되는지를 차근차근 설명했다. 그리고 나 자신의 중독적인 습관을 치료했던 경험과 스키너로부터 배운 것을 바탕으로 흡연을 포함한 모든 중독의 공통 요소를 제시했다.

5분 정도 칠판에 적으면서 설명하자 그들은 고개를 끄덕이기 시작했다. 초조해하던 모습은 안도의 한숨으로 바뀌었다. 마침내 그들은 내가 그들의 문제를 제대로 이해하고 있다는 것을 알아차렸다. 담배를 피워본 적이 있냐는 질문은 지난 수년간 어김없이 등장했지만, 참가자들은 그들의 경험에 공감할 수 있는 나의 능력을 결코 의심하지 않았다. 공감 능력은 우리 모두에게 있다. 이것은 공통점을 보느냐의 문제일 뿐이다.

담배를 피우는 사람도 그렇지 않은 사람과 다르지 않다. 담배를 피운다는 점이 다를 뿐이다. 내 말은 습관이 형성되는 기본적인 뇌 메커니즘이 모두 같다는 얘기다. 아침에 일어나 옷 입는 습관, 트위터 피드 확인하기, 담배 피우기 등은 이 점에서 모두 같다. 이것은 좋은 소식이자 나쁜 소식이다. 나쁜 소식은 우리 중 누구라도 하루 종일 이메일이나 페이스북을 지나치게 확인하는 습관에 빠져 생산성이 떨어지고 삶의 질이 나빠질 수 있다는 점이다. 좋은 소식은 누구라도 이런 과정의 핵심을 이해하면 나쁜 습관을 버리고 좋은 습관을 기를 수 있다는 점이다.

근저에 깔린 심리적·신경생물학적 메커니즘을 이해하면 이런 재학습 과정이 (반드시 더 쉬워지지는 않더라도) 생각보다 간단할 수 있다. 그 구체적인 실마리는 마음챙김을 통해, 즉 매 순간의 경험에 특정한 방식으로 주의를 기울여 습관을 개선하는 방법에 관한 우리 실험실의 연구 결과에서 찾을 수 있다. 그리고 또 다른 실마리는 매사추세츠대학교 의과대학의 마음챙김센터에서 8주간의 마음챙김 기반 스트레스 감소MBSR 프로그램에 참여한 2만여 명의 경험에서 얻을 수 있다.

주의를 기울이는 것이 무슨 도움이 되는가

초콜릿을 먹거나 담배를 피우는 일의 예를 기억하는가? 모든 학습된 연상의 문제점은 우리가 스트레스를 받거나 또는 그냥 기분이 썩 좋지 않을 때 기분이 좋아지고 싶은 마음이 드는 현상의 핵심을 놓치고 있다는 것이다. 이럴 때 우리는 문제의 근원을 살피기보다 과거의 조건화에 따라 촉발된 주관적 편향을 강화하는 쪽으로 다음과 같이 생각한다. "맞아, 초콜릿만 좀 더 먹으면 기분이 좋아질 거야." 결국 초콜릿을 과도하게 섭취하는 등 온갖 방법을 시도한 끝에 남는 것은 허탈감뿐이다. 죽은 자식 나이를 세봐야 상황만 악화될 뿐이다. 불안하고 길을 잃은 듯한 느낌이 들면서 어디로 가야 할지 막막해진다. 이런 사람들은 의사나 가족 또는 친구의 권유로 또는 스트레스와 중독의 과학적 메커니즘에 관한 이야기를 접한 후 우리 진료소에 찾아와 이 프로그램에 참여한다.

    MBSR 참가자 중에는 급성 또는 만성 질환자도 적지 않지만, 넓게 보면 모두가 일종의 불편함에 시달리는 사람들이다. 그들은 모두 살면서 뭔가 잘못됐다고 느낀다. 그래서 이에 대처할 방법, 기분이 좋아질 방법을 찾는다. 이를 위해 많은 것을 시도해보지만, 해결책은 보이지 않는다. 위에 언급한 초콜릿의 예처럼 어떤 것은 잠시 효과가 있지만, 얼마 지나면 짜증나게도 효과가 사라지거나 아예 작동을 멈춘다. 왜 이런 임시방편은 임시로만 작동할까?

보상 기반 학습의 단순한 원리를 통해 습관이 강화되기만 하고 습관을 바꾸려고 노력해도 상황이 더 악화되기만 할 때, 해결책을 찾기 위한 좋은 출발점은 자신의 가정을 되돌아보는 것이다. 그동안 불편함을 달래려고 사용하던 주관적 편향과 습관을 멈추고 재검토할 때 비로소 무엇이 우리의 발목을 잡아 더 깊은 수렁 속으로 빠뜨리는지가 눈에 들어오기 시작한다.

마음챙김은 우리가 길을 찾는 데 무슨 도움을 줄 수 있을까? 대학 시절에 처음으로 배낭여행을 갔을 때 나는 스마트폰과 같은 현대 기술의 도움 없이 몇 주간 천연 삼림지대를 헤매야 했는데, 그때 가장 먼저 배운 결정적인 기술은 지도를 읽는 법이었다. 지도를 읽을 때 명심해야 할 첫 번째 규칙은 지도의 방위를 올바로 잡지 못하면 지도가 아무 쓸모도 없다는 것이다. 다시 말해, 지도를 제대로 사용하려면 방위를 알려주는 나침반이 필요하다. 나침반의 도움으로 지도의 방위가 올바로 잡혀야만 표지물이 제자리를 잡고 의미를 지니기 시작한다. 이럴 때 비로소 우리는 삼림을 헤치고 나아갈 수 있다.

마찬가지로, 뭔가 잘못됐다는 불편한 느낌을 안고 사는 사람에게 이런 불편함이 어디에서 비롯하는지를 알려줄 나침반이 없다면 스트레스가 더 쌓일 수밖에 없을 것이다. 때로는 이런 불편함과 그 근원에 대한 무지가 극심해져서 청년 또는 중년의 위기로 이어지기도 한다. 그러면 좌절감과 불편함에서 벗어나려고 발버둥치며 극단적인 행동을 벌이기도 한다. (이럴 때 남자들은 흔히 비서나 조수와 바람을 피우는데, 격정의 한 달이 지나고 나면 "내가 도대체 무슨 짓을 한 거지?"라며 자책감에 휩싸인다.) 그러나 이런 불편함에서 벗어나려고 하는 대신에 이것을 있는 그대로 받아들이면 어떨까? 다시 말해, 스트레스나 불편함을 나침반으로 삼으면 어떨까? 내 말은 더 많은 스트레스를 찾자는 것이 아니라(스트레스는 이미 넘쳐난다!) 기존의 스트레스를 나침반으로 활용하자는 것이다. 스트레스의 실제 느낌은 어떠하며, 이것은 격정 등의 다른 감정과 어떻게 다른가? '남쪽'(스트레스 쪽)과 '북쪽'(스트레스의 반대쪽)을 가리키는 바늘에 따라 분명하게 방향을 잡을 수만 있다면, 이것은 우리의 삶을 안내하는 훌륭한 나침반이 될 수 있다.

그렇다면 지도란 무엇인가?

마음챙김의 정의는 다양한데, 아마도 가장 자주 인용되는 것은 전 세계의 MBSR 수업에서 가르치는 존 카밧진의 《삶의 모든 것을 받아들이기》에 실린 다음과 같은 조작적 정의일 것이다. 마음챙김이란 "의도적이고 비판단적으로 현재 순간에 주의를 기울일 때 생기는 자각awareness"이다.³ 스티븐 배철러Stephen Batchelor의 최근 해설처럼 이 정의는 "주의의 안정을 꾀하고 비반응적 자각의 투명한 공간에 머무는 법을 배울 수 있는 인간의 능력"을 가리킨다.⁴ 다시 말해, 마음챙김은 세상을 더 명료하게 보는 것이다. 주관적 편향 때문에 길을 잃고 같은 곳을 맴돌 때, 마음챙김은 바로 이런 편향을 깨달아 우리가 어떻게 스스로를 잘못된 길로 이끌고 있는지를 볼 수 있게 해준다. 우리가 같은 곳을 맴돌고 있다는 것을 깨달을 때 비로소 우리는 멈춰 서서 불필요한 짐을 내려놓고 방향을 바꿀 수 있다. 비유적으로 말하자면, 마음챙김은 삶의 지형을 탐색하기 위한 지도와도 같다.

비판단적 또는 비반응적 자각이란 무엇인가? 이 책에서는 먼저 보상 기반 학습이 어떻게 주관적 편향을 낳는지, 그리고 이런 편향 때문에 어떻게 우리의 세계관이 왜곡되어 현상의 본질을 명확히 보는 대신에 과거의 반응에 기초해 '독소'를 피하고 '영양분'에 접근하는 자동 조종 장치에 따라 움직이는 습관적 반응이 일어나는지 살펴볼 것이다. 또한 이런 편향된 시각 때문에 많은 혼란과 '정말 기분 더럽네, 뭐라도 해야지!'라는 식의 반응이 초래되어 어떻게 문제가 더 악화되는지 살펴볼 것이다. 숲에서 길을 잃어 극심한 공포에 휩싸이면, 본능적으로 더 빨리 가려 한다. 그러나 그럴수록 더욱더 미궁에 빠지기 쉽다.

나는 배낭여행 중에 길을 잃으면 일단 멈춰 서서 심호흡을 한 후 지도와 나침반을 꺼내라고 배웠다. 그리고 방향을 다시 잡고 방향감각이 분명해진 후에야 다시 이동할 수 있었다. 이는 본능에 반하는 행동이었지만, 이를 통해 나는 말 그대로 내 목숨을 구할 수 있었다. 이와 비슷하게 이 책에서는 세상을 명확히 보는 법과 비반응적 태도를 결합해 우리 스스로가 어떻게 우리의 불편함을 더욱 키우는지, 또 어떻게 해야 이에 더 능숙하게 대처할 수 있는지 살펴볼 것이다.

지난 10년간 우리 실험실에서는 이른바 '정상인', 환자(주로 중독환자), 매사추세츠대학교 마음챙김센터의 MBSR 프로그램 참가자 및 초보 명상가와 숙련된 명상가의 데이터를 수집했다. 우리는 각종 중독, 다양한 유형의 명상과 명상가(기독교의 향심기도centering prayer와 선禪 포함) 및 마음챙김 훈련의 다양한 교육 방법을 연구했다. 그리고 이 연구 결과가 고대 불교의 마음챙김 렌즈를 통해 보든 현대의 조작적 조건화 렌즈를 통해 보든 또는 이 두 가지를 통해 함께 보든 우리의 이론적 틀에 잘 들어맞았으며 이를 뒷받침한다는 것을 수차례 확인할 수 있었다.

고대 과학과 현대 과학의 이런 유사점을 바탕으로 우리는 마음챙김을 통해 연상학습, 주관적 편향 및 이로 인한 단순 반응의 문제점을 꿰뚫어 보는 법을 탐구할 것이다. 배철러가 말했듯이, "중요한 것은 삶의 질에 영향을 미치는 행동 변화를 낳는 실용적 지식을 얻는 것이다. 이에 반해 이론적 지식은 우리의 일상생활에 거의 영향을 미치지 않을 것이다. 자기중심적인 단순 반응을 내려놓음으로써 우리는 점차 '자애심, 동정심, 이타적 기쁨, 평정심이 깃든 마음으로 온 세상을 감싸안게' 될 것이다."[5] 이 말은 너무 이상적으로 들릴지 모르지만, 우리의 데이터는 이를 훌륭히 뒷받침한다.

  이 책에서 우리는 마음챙김을 통해 스트레스 나침반을 읽고 활용하는 법을 배울 것이다. 이는 우리가 방황할 때(예를 들어 배우자에게 무작정 화를 내거나, 따분해서 습관적으로 유튜브 영상을 보거나, 중독으로 완전히 신세를 망쳤을 때) 다시 길을 찾도록 도와줄 것이다. 이를 통해 우리는 더 이상 해삼처럼 단순하게 반응하지 않고 온전한 인간으로 거듭날 것이다.

The Craving Mind

1부
도파민의 습격

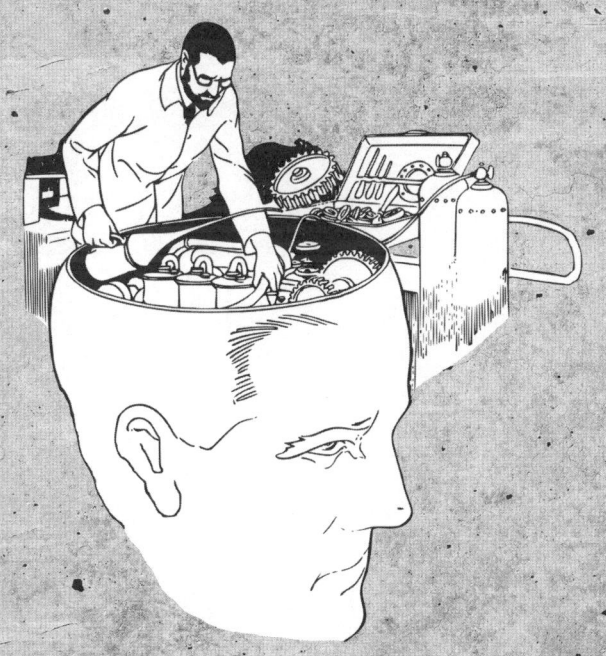

1장
중독의 얼굴

상처를 긁고 중독에 굴복하면 상처가 낫지 않는다. 상처의 가려움이나 통증을 있는 그대로 느끼면서 상처를 긁지 않아야 상처가 낫는다. 이처럼 중독에 굴복하지 않는 것은 아주 기본적인 수준의 치유다.

_페마 초드론Pema Chödrön

주의만 기울여도 많은 것이 보인다.

_요기 베라Yogi Berra

예일대 의학전문대학원 조교수 시절에 나는 코네티컷주 웨스트헤이븐의 재향군인병원에서 5년간 정신과 외래의사로 일했다. 내 전공은 중독정신의학인데, 나는 마음챙김이 환자의 삶을 개선하는 데 분명한 도움이 된다는 것을 알게 되기 전에는 이 분야에 전혀 관심이 없었다. 내 진료실은 직원 주차장 바로 뒤편의 임시 건물에 있었는데, 이 건물은 어쩌다 보니 오래전부터 영구적으로 사용되고 있었다. 병원 부지 내의 모든 부속 건물과 마찬가지로 이 건물도 36동이라는 숫자로만 불렸다.

36동에는 우리의 메타돈 진료소가 있었다. 환자나 방문객이 로비에 들어서면 두꺼운 방탄유리가 가장 먼저 눈에 들어오는데, 그 뒤편에서는 매일 아침 간호사가 종이컵에 담긴 메타돈을 오피오이드 중독 환자들에게 나눠 주었다. 환자가 예약된 시간에 도착하면 접수원이 먼저 임상의에게 전화 연락을 하고, 그러면 관계 직원이 나와서 환자를 진료실로 안내하는 것이 우리 진료소의 규칙이었다. 우리 진료소는 그동안 온갖 일을 겪어봤기 때문에, 조심해서 나쁠 것 없다는 것이 공통의 생각으로 자리잡고 있었다.

〈라스베이거스를 떠나며Leaving Las Vegas〉나 〈레퀴엠Requiem for a Dream〉과 같은 할리우드 영화에서 중독자들은 종종 술이나 약에 취해 자해 행위를 하거나 중독에 필요한 자금 마련을 위해 범죄를 저지르는 것으로 묘사된다. 극적인 사건이 있어야 표가 잘 팔리기 마련이다. 그러나 우리 진료소의 대다수 환자는 이런 고정관념과 달랐다. 물론 그들에게도 저마다 수난기가 있었지만, 그것은 어쩌다 중독된 마약을 끊으려는 필사적인 노력 끝에 안정된 가정과 직장과 인간관계를 되찾았다는 일상생활의 이야기였다. 중독은 온 마음을 사로잡는 집착이다.

이야기를 계속하기 전에 중독에 대한 정의부터 알아보자. 전공의 시절에 내가 배운 아마도 가장 간단명료한 지침에 따르면 중독이란 부정적 결과를 낳는데도 계속 사용하는 것이다. 니코틴, 알코올, 코카인, 도박 또는 그 밖의 무엇이든 특정 물질의 사용이나 특정 행동이 문제가 있는데도 이를 계속한다면 중독을 의심해봐야 한다. 이로 인해 자신과 주위 사람들의 삶이 망가지는 정도는 중독의 심각성을 판단하는 기준이 될 수 있다. 이런 관점은 중독을 행동 자체뿐만 아니라 행동이 삶에 미치는 영향의 정도에 따라 평가할 수 있는 스펙트럼을 제공한다.

재향군인병원에서 내가 돌보던 환자 중 상당수는 (전장이나 다른 곳에서) 부상을 당한 후 약물에 중독되었다. 만성적인 신체적 고통을 가라앉히려다 오피오이드에 중독된 사람들도 있었고, 부상과 관련된 또는 그 밖의 정서적 고통이나 트라우마를 피하거나 무디게 하기 위해 마약에 손을 대기 시작한 사람들도 있었다. 내 환자들이 오피오이드에 중독된 사연에는 공통된 주제가 있었다. 그들은 마치 스키너 실험의 실험용 쥐가 된 것처럼 자신이 경험한 보상 기반 학습의 과정을 다음과 같은 식으로 설명했다. '(과거의 충격적인 사건에 대한) 기억이 생생하게 떠올라'(촉발 요인), '술에 취했고'(행동), '그 경험이 되살아나는 것보다 훨씬 좋았다'(보상). 그들에게 형성된 습관의 순환고리가 내 머릿속에 떠올랐다. 촉발 요인-행동-보상. 반복. 또한 그들에게 특정 물질은 일종의 '의약품'이 되었다. 술이나 약에 취하면 불쾌한 기억이나 감정이 떠오르는 것을 방지(또는 회피)하거나 이런 기억이 떠오른 사실을 잊을 수 있었다.

나는 환자들과 함께 작업을 시작하면서 무엇 때문에 중독이 시작되었고 무엇 때문에 중독이 계속되는지를 그들에게 물었다. 나는 그들의 습관을 치료할 수 있다는 희망을 얻기 위해 그들에게 형성된 습관의 모든 측면을 명확히 볼 수 있어야 했다. 나는 그들의 촉발 요인이 무엇이며, 어떤 약물을 사용하고 있고, 그래서 특히 무슨 보상을 받는지를 알아야 했다. 그들은 약물 사용이나 이로 인한 행동에 뭔가 문제가 있다고 느꼈기 때문에 정신과 의사를 찾아온 것이 틀림없었다. 정신과 의사와 상담하는 일은 대다수 사람의 평범한 하루 일과가 아니었다. 그들은 대개 그들의 신체 건강을 걱정한 주치의나 그들의 정신 건강(또는 자신의 안전)을 걱정한 가족의 권유로 이곳을 찾아왔다. 만약 그들이 자신의 행동을 통해 기대하는 보상이 무엇인지를 밝혀내지 못한다면 이런 행동을 바꾸기는 쉽지 않을 것이다. 중독은 진화를 통해 보존된 괴물 위에 올라탄다. 다시 말해, 모든 약물 남용은 도파민 보상체계를 이용한다.

내 환자들의 경우 보상은 대부분 불쾌한 것의 제거(부정적 강화)였다. 한 사람은 하루에 수백 달러를 날려서 3일간 코카인을 마구 흡입한 후 며칠간 자고 나니 기분이 아주 좋았다고 했는데, 이것은 예외적인 경우였다. 그들의 보상 기반 학습은 특정 상황을 피하거나 고통을 무디게 하거나 불쾌한 감정을 숨기거나 가장 흔하게는 자신의 갈망에 굴복하는 과정을 통해 이루어졌다. 이것은 너무 가려워 긁는 행동과도 같았다.

내 환자 중에는 이미 다른 중독을 극복한 경험이 있는데 금연을 위해 나를 다시 찾아온 경우가 많았다. 그들은 코카인, 헤로인, 알코올 또는 그 밖의 중독성 마약으로 인해 이미 충분히 망가졌기 때문에 가정, 직장, 건강과 관련된 문제가 약물이 주는 보상을 압도하는 지경까지 이르렀다. 산더미같이 쌓인 문제에 비하면 가려움을 긁고 싶은 마음은 아무것도 아니었다. 약물 사용의 부정적 강화(문제)가 마침내 예전의 보상(갈망 해소)을 능가하게 된 셈이었다. 그들은 내 진료실에 앉아 담뱃갑을 쳐다보며 이해할 수 없다는 표정으로 말했다. "그 모든 중독성 마약도 스스로 끊었는데 왜 담배는 끊기가 어려울까요?" 이런 의문은 그들만의 것이 아니었다. 한 연구에 따르면 알코올이나 기타 약물 남용 장애를 치료받으려는 사람의 약 3분의 2가 현재 중독된 약물보다 담배를 끊기가 더 어려울 것이라고 답했다.[1]

역사적으로 보면, 제1차 세계대전 때 군인들의 사기를 높이고 그들이 처한 상황에서 심리적으로 탈출할 수 있도록 담배를 지급했다고 한다. 제2차 세계대전 때는 1일 전투식량의 일부로 끼니마다 담배 4개비를 군인들에게 지급했으며, 이 관행은 1975년까지 이어졌다. 만약 누군가를 담배에 빠지게 만들고 싶다면 나도 바로 이렇게 할 것이다. 전쟁은 엄청난 스트레스 요인(촉발 요인)이므로 틀림없이 사람들은 담배에 쉽게 손이 가서(행동) 기분이 좋아지는 경험(보상)에 익숙해질 것이다. 그러면 전쟁이 끝난 후에도 이미 중독된 사람들은 기억, 환각 증상 또는 일상의 단순한 스트레스 요인에 직면할 때마다 담배를 찾게 될 것이다.

    니코틴은 다른 중독성 물질에 비해 중독의 유발 및 지속 측면에서 몇 가지 장점이 있다. 내 환자들이 금연에 어려움을 겪는 이유도 이와 관련이 있을 것이다.

    첫째, 니코틴은 흥분제이므로 인지능력을 둔화시키지 않는다. 그래서 운전 중이나 중장비를 조작하면서 담배를 피워도 문제 될 것이 없다.

    둘째, 담배는 원하면 하루 종일 피울 수 있다. 우리는 아침에 일어나자마자(니코틴 수치가 가장 낮고 담배가 몹시 당기는 시점에) 담배를 피울 수 있다. 또 출근길에도 피울 수 있고, 쉬는 시간이나 상사에게 혼났을 때 등 원하면 언제나 피울 수 있다. 하루에 담배 한 갑을 피우는 사람은 하루에 20번이나 이 습관을 강화하는 셈이다

    셋째, 흡연을 이유로 직장에서 해고당하지는 않는다. 술이나 약에 취한 채 출근한다면, 이것은 이야기가 다르다. 물론 담배를 피우려고 잠시 자리를 비우면 생산성이 조금 떨어질 수도 있지만, 흡연은 주로 개인의 건강에만 해를 끼치며, 이것은 (적어도 이론상) 각자의 문제다.

    넷째, 흡연은 현재 예방 가능한 질병과 사망의 주요 원인이지만, 담배를 피운다고 해서 곧바로 죽지는 않는다. 만약 우리가 하루 종일 술이나 약에 취해 있다면 훨씬 더 빨리 직장과 인간관계를 잃

을 것이다. 물론 흡연자의 입냄새가 꽤 역겨울 수 있지만, 이것은 껌이나 박하사탕으로 가릴 수 있다. 흡연으로 인한 그 밖의 모든 변화는 우리가 알아차리지 못할 정도로 매우 느리게 일어난다. 수십 년 이상 이 습관이 지속된 후에야 폐공기증이나 암과 같은 심각한 건강 문제가 생기기 시작한다. 보상 기반 학습은 즉각적인 강화를 통해 작동한다. 미래에 암에 걸릴 수도 있고 걸리지 않을 수도 있는 상황에서, 장기 계획을 세우는 마음은 당장 눈앞에 보이는 것을 이길 수 없다.

다섯째, 니코틴을 혈류로 운반하는 우리 몸의 가장 작은 혈관인 모세혈관은 매우 방대하고 많다. 폐에 있는 모세혈관만 일렬로 늘어놓아도 테니스 코트 면적 이상을 덮을 정도다. 이렇게 표면적이 넓은 모세혈관은 니코틴을 빠르게 혈류로 운반한다. 그리고 니코틴이 빠르게 혈액에 흡수될수록 뇌에서 도파민이 빠르게 분비되고 그만큼 우리는 더 깊이 중독된다. 대량의 흡입된 물질을 빠르게 운반하는 폐의 이런 능력 때문에 흡연 방식으로 흡입한 크랙 코카인crack cocaine이 코로 들이마신 코카인보다 중독성이 더 강하다. 코는 모세혈관 수준에서 폐와 상대가 되지 않는다. 이런 모든 요인과 그 밖의 요인들을 고려할 때, 이미 많은 '악마'를 극복한 환자들이 흡연 습관을 버리지 못하는 것은 전혀 놀라운 일이 아니다.

간단한 사례연구를 살펴보자. 잭은 내 진료실로 들어와서 담배를 피우지 않으면 머리가 터질 것 같다고 말했다. 그는 평생 담배를 피웠으며 담배를 끊을 수 없었다. 그는 금연용 껌과 반창고도 사용해보았고, 담배 생각이 날 때 담배 대신 사탕도 먹어보았다. 그러나 아무것도 효과가 없었다. 나는 약물치료가 기껏해야 약 3분의 1의 환자에게만 금연 효과가 있다는 연구 결과를 읽은 적이 있었다. 이 연구에 따르면 약물은 촉발 요인을 통해 생긴 갈망을 잠재우는 데 별 도움이 되지 않았다. 약물치료는 대개 일정한 니코틴 공급을 통해 도파민의 지속적 분비를 유도하거나 아니면 반대로 니코틴이 결합하는 수용체를 차단해 흡연해도 도파민이 분비되지 않도록 막는 식으로 작용한다. 이런 두 가지 작용 방식은 일리가 있는데, 왜냐하면 이상적인 약물이라면 환자가 특정 촉발 요인을 지각할 때만 도파민의 신속한 분비를 유도해야 할 것이기 때문이다. 그러나 우리는 아직 이런 수준의 개인 맞춤형 의료에 도달하지 못했다.

진료실 문 앞에 서 있는 잭은 정말로 머리가 터질 것처럼 어찌할 바를 몰라 했다. 뭐라도 해야 했던 나는 농담부터 꺼냈다. 내 농담 실력에 비추어 볼 때 그리 좋은 방법은 아니었지만, 어쨌든 다음과 같은 말이 내 입에서 튀어나왔다. "만약 정말로 머리가 터지면 조각들을 주워서 다시 맞춘 다음에 내게 전화하세요. 그러면 갈망 때문에 머리가 폭발한 최초 사례로 기록되겠네요." 그는 정중하게 웃었다(적어도 재향군인병원의 내 환자들은 친절했으며, 온갖 일을 겪고도 또는 바로 그렇기 때문인지 모두 너그러운 마음을 가지고 있었다). 이제 어떻게 하지? 나는 진료실 벽에 걸린 칠판 쪽으로 걸어가 잭에게 습관의 순환고리에 대해 설명하기 시작했다. 우리는 나란히 서서 그의 흡연을 촉발하는 요인과 어떻게 흡연 행동을 통해 이 과정이 강화되는지를 함께 도표로 그렸다. 그제야 그는 고개를 끄덕이며 자리에 앉았다. 한 걸음 전진한 셈이었다.

나는 화제를 뒤로 돌려 담배를 피우지 않으면 머리가 터질 것 같은 느낌에 관해 더 살펴보기로 했다. 나는 그것이 어떤 느낌이냐고 잭에게 물었다. 그러자 그는 "글쎄요, 그냥 머리가 터질 것 같아요"라고 말했다. 나는 그 느낌이 실제로 어떤지를 주의 깊게 자세히 설명해보라고 다시 요청했다. 우리는 그가 강한 갈망을 느낄 때 드는 모든 생각과 신체 감각들을 하나하나 분석해 나갔다. 나는 칠판에 커다란 화살표를 그린 후 그 위에 그의 신체 감각들을 표시했다.

맨 아래 촉발 요인에서 시작해, 갈망이 점점 더 강해지고 뚜렷해질수록 화살표를 따라 점들을 추가했다. 화살표의 끝은 머리가 터지는 것을 가리켜야 했지만, 그 지점은 담배를 피우는 것으로 대체했다. 왜냐하면 그 지점에 도달할 때마다 그는 참지 못하고 담배를 피웠기 때문이다.

이번에는 비행기나 버스 안에서처럼 담배를 피울 수 없었던 때가 있었는지 물었다. 그러자 그는 그렇다고 답했다. "그때는 무슨 일이 일어났나요?" 하고 내가 물었다. 그는 잠시 생각하더니 "그냥 지나간 것 같아요"라는 취지로 말했다. "내가 제대로 이해했는지 다시 한번 묻겠습니다. 담배를 피우지 않았는데도 갈망이 저절로 사라졌다는 얘기인가요?" 하고 내가 물었다. 어찌 보면 유도신문 같았지만, 실제로 나는 그를 제대로 이해하고 싶었다. 사태를 바라보는 시각이 같아야 다음 단계로 넘어갈 수 있는 법이다. 그는 고개를 끄덕였다.

나는 칠판에 그려 놓은 화살표 쪽으로 다시 걸어가 (담배를 피우는 것을 가리키는) 화살표 끝 바로 아래에서 선을 수평으로 연장한 후 다시 아래로 이어지도록 그렸다. 이제 전체 도형은 담배 쪽의 한 방향을 가리키는 화살표가 아니라 거꾸로 된 U자 모양이나 둥근 언덕처럼 보였다.

"결국 이렇게 된다는 얘기 아닌가요? 처음에 촉발 요인이 있으면, 갈망이 점점 커져서 최고조에 달했다가 다시 사라진다는 거 아닌가요?" 하고 내가 물었다. 그 순간 잭의 머릿속에서 전구가 켜지는 듯했다. '잠깐, 그렇다면 어쩔 수 없는 경우에는 내가 담배를 피우지 않고도 견뎠는데, 그것을 미처 깨닫지 못한 것인가? 갈망이 오래갈 수도 있고 짧을 수도 있지만, 어쨌든 모든 갈망이 사라지지 않았나? 그렇다면 금연도 가능하지 않을까?'

뒤이은 몇 분 동안 나는 그가 담배를 피울 때마다 그의 습관이 강화된다는 점을 재차 설명했다. 나는 갈망이 생길 때 느껴지는 모든 신체 감각에 (마음속으로든 혼잣말로든) 있는 그대로 주의를 기울이라고 말했다. 이것을 서핑에 비유하면, 잭의 갈망은 파도이고 '주의 수행'은 파도가 잦아들 때까지 파도를 타기 위한 서핑보드와도 같다. 칠판에 그려 놓은 거꾸로 된 U자처럼 생긴 파도에 올라탄 채 파도가 일어나 정점을 찍고 다시 잦아드는 과정을 느껴야 한다. 나는 그가 파도를 성공적으로 탈 때마다 흡연 습관의 강화가 중단될 것이라고 했다. 이제 그에겐 담배에 대한 갈망이 생길 때마다 사용할 수 있는 구체적인 도구('서핑보드')가 생긴 셈이다.

파도타기!

내가 잭의 금연을 돕기 위해 이런 연습을 제안한 데는 그럴 만한 사정이 있었다. 재향군인병원에서 근무를 시작하던 시점에 나는 약 12년간 꾸준히 명상을 해왔다. 그리고 예일대 의학전문대학원에서 전공의 과정을 이수하면서 나는 분자생물학 연구를 중단하고 마음챙김 연구에만 몰두하는 방향으로 내 연구 경력을 전환하기로 결심했다. 왜 그랬을까? 나는 스트레스와 면역계 조절장애의 관계에 관한 대학원 연구를 저명한 학술지에 발표했고 일부 연구 결과는 특허까지 받았지만, "그래서 어쩌라고?"라는 의문이 가시질 않았다. 내 연구는 모두 생쥐를 대상으로 한 질병 모형에 관한 것이었다. 이런 연구 결과가 사람에게 직접적으로 무슨 도움이 될까? 이와 동시에 나는 개인적인 삶에서 마음챙김의 혜택을 실제로 체험하고 있었다. 그리고 이런 깨달음이 정신과 의사가 되기 위한 수련을 받기로 결심하는 데 직접적인 영향을 미쳤다. 환자를 이해하고 치료하기 위해 우리가 사용하던 정신의학 체계와 불교의 가르침 사이의 연관성이 점점 더 분명하게 내 눈에 들어왔다. 그러나 내가 마음챙김 연구로 방향을 바꾸는 것에 대한 교수진의 반응은 그리 좋지 않았다. 그들은 알약 형태가 아닌 것 또는 대체의학 냄새를 풍기는 것을 대체로 신뢰하지 않았기 때문이다. 나는 그들을 이해한다. 정신의학은 오랫동안 정당성 문제를 포함해 많은 힘든 싸움을 벌여왔기 때문이다.

재향군인병원에서 근무를 시작하기 몇 년 전인 2006년에 정신과 전공의 과정을 밟던 나는 마음챙김 훈련이 중독 환자에게 도움이 되는지 알아보는 첫 번째 예비 연구를 수행했다.[2] 최근에 워싱턴대학교의 앨런 말랫Alan Marlatt 연구팀은 (MBSR과 말랫이 개발한 재발 방지 프로그램을 결합한) 마음챙김 기반 재발 방지Mindfulness-Based Relapse Prevention, MBRP 프로그램이 중독의 재발을 막는 데 효과가 있음을 보여주는 연구를 발표했다. 이 연구를 토대로 나는 8주간의 MBRP 프로그램을 수정해 외래진료소에서 사용했다. 나는 환자가 치료를 시작하기까지 오래 기다리지 않도록 이 프로그램을 4주간의 두 단위(A와 B)로 나누어 연속적으로(A-B-A-B‥‥) 진행했다. 또한 두 번째 단위의 치료를 받는 환자가 롤모델이 되어 이제 막 치료를 받기 시작한 환자들을 가르칠 수 있도록 했다. 이것은 소규모 연구였지만(담당 통계전문가는 이 연구를 농담 삼아 '갈색 봉지 연구'라고 불렀는데, 왜냐하면 내가 관련된 모든 데이터를 갈색 쇼핑백에 담아 그녀에게 전달했기 때문이다), 결과는 매우 고무적이었다. 수정된 버전의 MBRP 프로그램은 음주나 코카인 상용의 재발을 막는 데 인지행동치료cognitive behavioral therapy, CBT만큼이나 효과가 있었다. 간략히 말하자면, 인지행동치료란 사람들이 오랫동안 품어온 가정에 의문을 제기하고 사고방식(인지)을 바꾸도록 훈련해 감정과 행동의 개선을 꾀하는 증거 기반 치료법을 말한다. 예를 들어 우울증이나 중독에 시달리는 환자는 자신에 대한 부정적 신념이 약물 사용으로 이어지지 않도록 이런 신념을 포착, 검토, 변경하는 법을 배운다. '나는 형편없는 놈이야'라는 생각이 머릿속에 떠오르면 정말로 그런지 검토해서 좀 더 긍정적인 생각으로 바꾸도록 하는 것이다.

치료 과정을 마친 후 스트레스에 대한 환자의 반응을 비교했을 때도(이 경우, 환자의 녹음된 이야기를 다시 들려주는 방식을 취했다) 마음챙김 훈련을 받은 환자는 인지행동치료를 받은 환자만큼 강력하게 스트레스에 반응하지 않았다. 마음챙김은 실험실과 실생활 모두에서 촉발 요인에 대처하는 데 도움이 되는 것 같았다.

이렇게 고무적인 결과를 얻은 나는 흡연 문제에 도전해보기로 결심했다. 앞서 언급했듯이, 니코틴 중독은 극복하기 가장 어려운 중독에 속한다. 최근에 마음챙김 접근법은 만성통증, 우울증, 불안에 도움이 되는 것으로 밝혀졌다.[3] 만약 마음챙김이 금연에도 도움이 된다면, 이는 내 환자들에게 좋을 뿐만 아니라 (그동안 지지부진했던) 중독에 대한 새로운 행동치료법을 알리는 출발점이 될 것이다.

대학원 시절에 나의 한 지도교수는 활짝 웃으면서 "모 아니면 도!"라고 말하곤 했다. 이 말은 안전지대를 벗어나 위험을 감수할지 아니면 보수적으로 안전지대 안에 머물지 망설일 때는 전자를 선택하라는 뜻이다. 인생은 너무 짧으니까 말이다. 그의 목소리를 머릿속에 떠올리면서 나는 말랫의 MBRP 프로그램에 포함된 모든 재발 방지 요소를 제거하고 마음챙김 훈련으로만 구성된 흡연 연구를 위한 새로운 설명서를 작성했다. 나는 마음챙김만으로도 효과가 있는지 살펴보고 싶었다. 만약 가장 끊기 어려운 중독 중 하나에 대해 효과가 있다면, 모든 종류의 중독 환자에게 더 자신감 있게 마음챙김 훈련을 사용할 수 있을 것이었다.

흡연 연구를 준비하는 과정의 일환으로 나는 종소리가 울릴 때까지 움직이지 않는 것을 목표로 두 시간씩 연속으로 명상을 하기 시작했다. 이것은 약간 피학증처럼 보일지 모르지만, 내가 이렇게 정한 까닭은 니코틴 반감기가 약 두 시간이기 때문이다. 당연하게도 대다수 흡연자는 약 두 시간마다 담배를 피우러 나간다. 흡연자의 니코틴 수치가 떨어지면 뇌에서 탱크를 채우라고 다그친다. 그리고 흡연자가 담배를 줄이면 흡연 빈도가 낮아져 더 강력한 충동이 생긴다. 우리는 흡연자가 생리적 갈망을 덜 느끼도록 담배를 천천히 줄이는 방법을 선택했다. (이런 훈련은 특정 단서를 통해 촉발된 갈망에는 효과가 없다.) 만약 환자가 완전히 금연한다면, 어떤 경우에도 모든 갈망을 이겨내야만 금연을 유지할 수 있을 것이다. 비흡연자인 나는 담배를 피우지 않으면 머리가 터질 것 같은 흡연자의 느낌을 이해해야만 했다. 내가 의사니까 내 말대로 하라는 식의 터무니없는 태도를 취할 수는 없었다. 흡연자가 나를 신뢰할 수 있어야 했다. 내가 무슨 말을 하는지 알고 있다는 확신을 그들에게 심어주어야 했다.

이런 이유로 나는 두 시간 동안 연속으로 움직이지 않은 채 앉아 있기를 시작했다. 더 정확히 말하자면, 나는 두 시간 동안 명상 자세로 앉아 있으려고 노력하기 시작했다. 놀랍게도, 나를 힘들게 한 것은 장시간 움직이지 않아서 생기는 신체적 고통이 아니었다. 문제는 뒤숭숭한 마음 자체였다. 마음속에서 '조금만 움직이자, 그 정도는 괜찮아'라고 다그치는 소리가 들렸다. '일어나!'라고 외치는 갈망의 소리가 들렸다. 이제야 나는 환자들의 고통을 알게 (또는 적어도 훨씬 더 잘 이해하게) 되었다. 머리가 터질 것 같은 느낌이 어떤 것인지 알 것만 같았다.

마침내 두 시간을 다 채울 수 있게 되기까지 몇 달이 걸렸는지는 기억나지 않는다. 한 시간 사십오 분을 버티다 일어날 때도 있었고, 두 시간이 거의 다 되어가면 '뒤숭숭한 마음'이라는 이름의 주인에게 조종당하는 꼭두각시처럼 방석에서 벌떡 일어나야만 했다. 두 시간은 도저히 불가능해 보였다. 그러다 어느 날 마침내 해냈다. 나는 두 시간을 꼬박 앉아 있었다. 그제야 나는 내가 할 수 있다는 것을 알았다. 마침내 나는 '뒤숭숭한 마음'의 끈을 끊을 수 있었다. 그 후로는 할 수 있다는 자신감이 생겨서 앉아 있기가 점점 더 쉬워졌다. 그리고 내 환자들도 담배를 끊을 수 있을 것이라고 확신하게 되었다. 그들에게 필요한 것은 오직 적절한 도구였다.

갈망에서 금연으로

2008년에 나는 드디어 준비를 마쳤다. 머리말에서 언급한 것처럼 내가 예일 치료신경과학 진료소에서 금연 연구를 시작하면서 던진 단순하지만 명쾌한 질문은 다음과 같았다. 과연 마음챙김 훈련이 '최적표준', 즉 현존하는 최고의 치료법만큼('흡연으로부터의 자유'라는 멋긴 이름의 미국폐협회 프로그램인 큼) 효과적일까? 우리는 약물을 사용하지 않는 무료 프로그램을 광고하는 성냥갑을 주변 지역에 배포하면서 흡연자를 모집했다.

이 연구에 등록한 사람들은 치료 첫날 저녁에 대기실에 모여 카우보이 모자(내 연구 조교는 이런 데 재주가 있었다)에서 종이 한 장씩을 뽑았다. 그래서 '1'을 뽑은 사람은 마음챙김 훈련을 받았고, '2'를 뽑은 사람은 미국폐협회의 '흡연으로부터의 자유' 프로그램에 참가했다. 참가자들은 4주간 일주일에 두 번씩 치료를 받으러 왔다. 그리고 한 달이 지난 후 음주측정기처럼 생긴 장치에 숨을 불어 넣어 그동안 금연했는지를 조사했다. 이 장치는 알코올 대신 일산화탄소를 측정했다. 불완전연소의 부산물인 일산화탄소는 담배를 피울 때 많은 양이 혈류로 들어가기 때문에 흡연의 합리적인 대리지표 역할을 한다. 일산화탄소는 적혈구의 헤모글로빈에 산소보다 더 단단히 결합하는데, 시동이 걸린 자동차가 있는 밀폐된 차고에 있으면 질식사하는 것도 바로 이 때문이다. 흡연 시에는 이 과정이 더 천천히 진행된다. 일산화탄소는 우리가 내쉬기까지 혈액 속에 머물면서 적혈구에서 서서히 분리되기 때문에 흡연의 지표로 적절하다.

그 후 2년간 매달(금연 시도가 가장 어려운 12월을 제외하고) 나는 새로운 참가자들에게 마음챙김을 가르쳤다. 첫 번째 수업에서는 습관의 순환고리를 설명했다. 나는 참가자들과 함께 흡연의 촉발 요인 및 담배를 피울 때마다 흡연 행동이 강화되는 과정을 도표로 그렸다. 첫날 저녁에 그들이 집으로 돌아갈 때는 흡연의 촉발 요인과 담배를 피울 때의 느낌에 있는 그대로 주의를 기울이라는 과제를 주었다. 그들은 관련 데이터를 수집했다.

3일 후 두 번째 수업에서 참가자들은 그냥 심심해서 담배를 피운 횟수에 관해 보고했다. 한 신사는 지난 이틀 동안 담배를 30개비에서 10개비로 줄였는데, 자신이 대개 습관적으로 또는 다른 문제의 해결책으로 담배를 피우는 것을 깨달았기 때문이라고 했다. 예를 들어 그는 커피의 쓴맛을 덮기 위해 담배를 피웠다. 이런 간단한 사실을 깨달은 후부터 그는 흡연 대신 양치질을 했다. 참가자들이 흡연에 주의를 기울였을 때의 느낌에 관한 보고는 더욱 흥미로웠다. 많은 참가자는 담배 맛이 그렇게 나쁜지 몰랐다면서 믿기지 않는다는 반응을 보였다. 내가 가장 좋아한 답변 중 하나는 다음과 같았다. "역겨운 치즈 냄새와 화학물질 맛이 났어요, 윽."

이 환자는 흡연이 해롭다는 것을 인지적으로는 알고 있었다. 그래서 우리 프로그램에 참가했다. 그녀가 흡연할 때 호기심을 갖고 주의를 기울여 발견한 것은 담배 맛이 끔찍하다는 사실이었다. 이것은 중요한 차이였다. 이제 그녀는 단순한 지식에서 지혜로, 흡연이 해롭다는 머릿속 지식에서 뼛속 깨달음으로 나아갔다. 흡연의 마법에서 풀려난 그녀는 흡연 행동에 대해 뼛속 깊은 환멸을 느끼기 시작했다. 그녀에겐 어떤 강제력도 필요하지 않았다.

여기서 강제력이란 무엇을 의미하는가? 인지행동치료 및 이와 유사한 치료에서는 인지를 통해 행동을 통제한다(그래서 '인지행동치료'라는 이름이 붙었다). 그러나 불운하게도 의식적인 행동 조절을 가장 잘하는 뇌 부위인 전전두피질prefrontal cortex은 스트레스를 받으면 가장 먼저 작동을 멈춘다. 그리고 전전두피질이 작동을 멈추면 우리는 오래된 습관에 다시 빠지게 된다. 바로 그렇기 때문에 환자가 경험한 환멸감이 매우 중요하다. 습관을 통해 실제로 얻는 것이 무엇인지 깨달으면, 습관을 더 깊은 수준에서, 뼛속 깊이 이해하면 금연을 위해 우리 자신을 통제 또는 강제할 필요가 없다.

이런 깨달음이야말로 마음챙김의 핵심이다. 특정 행동에 사로잡혔을 때 무슨 일이 일어나는지를 명확히 깨달으면, 내장에서부터 환상이 깨진다. 시간이 지나면서 행동의 결과가 점점 더 명확히 보일수록 우리는 오래된 습관을 내려놓고 새로운 습관을 형성할 수 있다. 역설적이게도 마음챙김은 우리의 몸과 마음에서 일어나는 일에 관심을 갖고 그것과 개인적으로 친해지는 과정이기도 하다. 이것은 불쾌한 갈망을 최대한 빨리 사라지게 하려는 노력이라기보다 우리의 경험을 향해 기꺼이 나아가는 것이다.

흡연자가 자신의 갈망과 친해지고 그것을 반기기까지 하는 요령을 어느 정도 터득하면, 나는 그들에게 파도 타는 법을 가르쳤다. 이때 나는 미셸 맥도널드Michelle McDonald라는 선임 명상지도사가 개발했고 타라 브랙Tara Brach이 널리 보급한 'RAIN'이라는 훈련법을 이용했다. 이것은 내가 마음챙김 훈련을 받았을 때도 도움이 되었으며, 특히 강박적인 사고에 사로잡혔거나 마음속에서 누군가에게 화를 내고 있을 때 큰 도움이 되었다.

- □ 인식RECOGNIZE/이완RELAX: 마음속에서 일어나는 일(갈망)을 인식하고 이것에 편안히 몸을 맡기기
- □ 수용ACCEPT/허용ALLOW: 있는 그대로 수용/허용하기
- □ 관찰INVESTIGATE: 자신의 신체 감각, 감정, 생각을 관찰하기("지금 내 몸이나 마음에 무슨 일이 일어나고 있는가?" 묻기)
- □ 주의NOTE: 매 순간 일어나는 일에 주의를 기울이기

'주의'는 내가 배운 '비동일시nonidentification' 개념을 약간 변형한 것이다. 내가 보기에는 우리가 동일시하거나 사로잡히는 대상을 의식하는 것이 중요하기 때문이다. 우리는 흔히 이런 대상을 개인적으로 받아들이는데, 이럴 때 비동일시는 이것을 개인적으로 받아들이지 말라고 경고하는 마음속의 경종과도 같다. 나는 두 번째 수업에서 이 모든 것을 설명하는 대신에 미얀마의 존경받는 스승이었던 고 마하시 사야도Mahasi Sayadaw가 대중화한 '주의수행' 기법으로 화제를 돌렸다. 오늘날 다양한 형태의 주의수행이 있지만, 주의수행을 하는 사람은 일반적으로 자신의 경험에서 가장 지배적인 생각, 감정, 신체 감각, 시각, 청각 등에 있는 그대로 주의를 기울인다. 주의수행은 비동일시를 실천하는 실용적인 방법인데, 왜냐하면 대상을 의식할수록 대상을 우리 자신과 동일시하지 않기 때문이다. 이 현상은 물리학에서 특히 아원자 수준의 관찰 행위가 관찰 대상에 영향을 미치는 관찰자 효과와 유사하다. 다시 말해, 우리 몸에서 생겨나 갈망을 구성하는 신체 감각들을 알아차리고 이에 주의를 기울이면, 바로 이런 관찰을 통해 습관의 순환고리에 덜 사로잡히게 된다.

두 번째 수업이 끝나고 집으로 돌아가는 참가자들에게 나는 언제든지 갈망이 생기면 우리 프로그램의 주요 약식 훈련법인 RAIN을 연습할 수 있도록 인쇄물과 지갑 크기의 요약 카드를 나누어 주었다.

우리는 욕망의 파도타기를 배울 수 있다. 먼저, 욕망이나 갈망이 일어나는 것을 **인식**하고 이것에 **편안히 몸을 맡겨라**. 일어나는 것을 통제할 수 없으므로 이 파도를 있는 그대로 **인정** 또는 **수용**하라. 이것을 무시하거나, 주의를 딴 데로 돌리거나, 어떤 시도를 하지 마라. 이것은 우리 자신의 경험이다. 단어, 문구, 간단히 고개를 끄덕이기('그래, 또 시작이군', '바로 이거지' 등)와 같이 자신에게 맞는 방법을 찾아라. 욕망의 파도를 타려면, 파도를 주의 깊게 살펴야 한다. 파도가 이는 것을 **관찰**하라. 이를 위해 다음과 같이 물어라. **"바로 지금 내 몸의 느낌은 어떤가?"** 찾아 헤매지 마라. 가장 두드러지게 일어나는 것을 주시하라. 그것이 일어나게 놔둬라. 마지막으로, 경험 자체에 **주의**를 기울여라. 짧은 문구나 단어로 요약하라(예를 들어 생각, 배가 꾸르릉거림, 감각이 생김, 따끔거림 등). 그것이 완전히 가라앉을 때까지 관찰하라. 주의가 산만해지면, "바로 지금 내 몸의 느낌은 어떤가?"라는 질문을 반복하면서 다시 관찰하라. 파도가 완전히 사라질 때까지 파도를 탈 수 있는지 확인하라. 해변까지 파도를 타라.

RAIN 훈련을 마치고

나머지 훈련 수업에서 나는 참가자들이 하루 종일 마음챙김을 수련하고 유지하는 데 도움이 되도록 정식 명상 수행법을 소개했는데, 참가자들은 매일 아침이나 저녁에 정기적으로 이 명상 수행을 해야 했다. 우리는 그들이 이 수행을 얼마나 자주 했는지를 주 단위로 확인했고, 매일 피운 담배 개수도 기록했다. 나는 야심 차게 2주 차(네 번째 수업)가 끝나는 시점을 금연 시작일로 정했는데, 이는 대다수 사람들에게 다소 이른 것으로 밝혀졌다. 2주 만에 금연에 성공해서 나머지 2주는 자신의 도구를 강화하며 보낸 사람들도 있었고, 금연하기까지 더 오래 걸린 사람들도 있었다.

내 환자들이 마음챙김을 통해 금연하는 법을 배우는 동안, 복도 건너편의 다른 교실에서는 미국폐협회에서 교육을 받은 심리학자가 '흡연으로부터의 자유' 치료법을 가르쳤다. 우리는 훈련이 왜곡되지 않도록 격월로 교실을 맞바꿨다. 2년의 기간이 끝난 후 우리는 750여 명의 참가자를 선별한 후 그중 100명 미만을 최종 시험에 무작위로 배정했다. 마지막 피험자까지 4개월간의 최종 후속 방문을 마친 후에는 모든 데이터를 토대로 마음챙김 훈련의 상대적 효과를 살펴보았다.

나는 우리의 새로운 치료법이 최적표준 치료법만큼 효과가 있기를 간절히 바랐다. 통계전문가의 데이터 분석 결과, 마음챙김 훈련 집단은 '흡연으로부터의 자유' 집단보다 2배 높은 비율로 금연에 성공한 것으로 나타났다. 게다가 마음챙김 집단의 거의 모든 참가자는 금연을 유지한 반면 다른 집단의 참가자들은 많은 경우 금연을 포기해 그 차이가 5배에 달했다! 이것은 내 예상을 훨씬 뛰어넘는 것이었다.

마음챙김이 효과가 있었던 이유는 무엇일까? 우리는 사람들이 습관의 순환고리에 주의를 기울이고 실제로 받는 보상(화학물질의 맛)을 깨달아 이전 행동(흡연)에 대한 환상이 깨지도록 가르쳤다. 또한 우리는 호흡자각명상, 자애명상과 같은 다른 마음챙김 연습도 가르쳤다. 어쩌면 이런 다른 연습을 통해 프로그램 참가자들이 마음을 달랬거나 우리가 전혀 예상치 못한 일이 일어났을지 모른다.

나는 한 예일대 의대생에게 이 차이의 원인을 밝혀보라는 과제를 주었다. 우리 실험실에서 의대 학위논문을 준비 중이던 사라 말릭Sarah Mallik이라는 이 학생은 정식 명상과 약식 마음챙김 수행(예를 들어, RAIN)이 각 집단의 결과를 예측하는지 살펴보았다. 그 결과, 마음챙김 수행과 금연 사이에는 강한 상관관계가 있었지만, 갈망을 달래기 위한 이완법 및 그 밖의 방법에 관한 CD를 들려주었던 '흡연으로부터의 자유' 집단에서는 이런 상관관계가 발견되지 않았다. 우리는 (내가 그랬던 것처럼) 힘든 명상 시간을 끝까지 앉아서 버틴 것이 흡연 갈망을 참는 데 도움이 되었을 것이라는 가설을 세웠다. 만약 그렇지 않다면, 명상하는 능력은 그저 마음챙김을 더 잘 활용하는 사람을 가리키는 지표에 불과할 것이다. 분석 결과, 마음챙김 집단의 RAIN 수행도 금연 결과와 높은 상관관계를 보인 반면, '흡연으로부터의 자유' 집단의 관련 약식 수행은 그렇지 않았다. 어쩌면 RAIN이 주요 원인일 수도 있었다. 우리는 정확한 답을 모른 채 이 모든 것을 가능한 설명으로 제시하는 연구 결과를 발표했다.[4]

또 다른 의대생인 하니 엘와피Hani Elwafi는 마음챙김을 활용한 금연 시도에서 차이를 낳는 요인을 밝혀내고자 했다. 만약 마음챙김 효과의 심리 메커니즘을 특정할 수 있다면, 향후 치료법을 간소화해 유효 성분에만 초점을 맞출 수 있을 것이다. 비유하자면, 감기를 낫기 위해 닭고기 수프를 먹을 경우 닭고기, 국물, 당근 중에서 무엇이 실제로 효능이 있는지를 안다면 매우 유용할 것이다. 그러면 유효 성분을 확실히 섭취하도록 할 수 있기 때문이다.

하니는 사라의 데이터를 바탕으로 어떤 마음챙김 훈련 도구(명상, RAIN 등)가 흡연 갈망과 흡연 행동 사이의 관계에 가장 큰 영향을 미치는지 살펴보았다. 우리가 무엇보다도 흡연 갈망과 흡연 행동 사이의 관계를 살펴본 이유는 갈망이 습관의 순환고리를 이루는 일부임이 틀림없기 때문이다. 흡연 갈망이 없을 때는 사람들이 담배를 훨씬 덜 피웠다. 분석 결과, 마음챙김 훈련 전에는 갈망이 실제로 흡연을 예측했다. 즉 담배에 대한 갈망을 느꼈을 때, 사람들은 매우 높은 확률로 담배를 피웠다. 그러나 4주간의 훈련이 끝났을 쯤에는 이 관계가 완전히 끊겼다. 흥미롭게도, 담배를 끊은 사람도 끊지 못한 사람과 동일한 수준으로 담배에 대한 갈망을 느꼈다고 보고했다. 이런 사람도 갈망을 느꼈지만 담배를 피우지 않았다. 금연한 사람들의 경우 시간이 지나면서 흡연 갈망도 줄어들었다. 이는 일리가 있었으므로 우리는 보고서에서 다음과 같은 설명을 제시했다.

> 간단한 비유를 들자면, 흡연은 갈망의 불을 타오르게 하는 연료와도 같다. 담배를 끊어도 갈망의 불은 계속 타오르지만 (더 이상 추가되지 않는) 연료가 소진되면 저절로 꺼진다. 우리의 데이터는 이를 직접 뒷받침한다. (1) 담배를 끊은 사람의 경우 금연 후 갈망의 지연된 감소가 나타나는데, 이는 잔여 연료 때문에 갈망이 계속 생기다가 시간이 지나면서 연료가 소진되어 갈망의 지연된 감소가 관찰되었음을 시사한다. (2) 흡연을 계속한 사람의 경우 갈망이 계속 생기는데, 이는 갈망의 연료가 계속 공급됨을 시사한다.[5]

이 설명은 갈망에 대한 불 비유가 넘쳐나는 초기 불교 경전에서 직접 차용한 것이다.[6] 초기 명상가들은 참 똑똑했던 듯하다.

끝으로 우리의 원래 질문으로 돌아가면, 과연 어떤 마음챙김 기법이 흡연 갈망과 흡연 행동 사이의 연결고리 단절을 예측하는 가장 강력한 요인일까? 승자는 RAIN이었다. 정식 명상 수행도 결과와 긍정적인 상관관계가 있었지만, RAIN 약식 수행만이 통계적으로 유의미하게 갈망-흡연 연결고리의 단절과 직접적인 관계가 있었다. 이렇게 우리의 퍼즐 조각이 착착 맞춰지고 있었다.

승려와 메커니즘

마음챙김 훈련이 금연과 금연의 유지에 도움이 된 이유를 살펴볼수록 다른 치료법과 접근법이 그렇지 못했던 이유도 점차 분명해졌다. 갈망과 흡연의 연결고리는 많은 연구에서 명확히 확인되었다. 단서(촉발 요인)를 피하면 촉발되는 것을 막는 데 도움이 되겠지만, 이는 습관의 핵심 순환고리를 직접적인 대상으로 삼지는 않는다. 예를 들어 담배를 피우는 친구를 멀리하면 금연에 도움이 될 것이다. 그러나 상사에게 혼나는 것이 흡연을 촉발한다고 해서 상사를 피한다면 해고와 같은 다른 스트레스 요인이 생길 것이다. 사람들은 금연을 위해 사탕 빨기와 같은 고전적인 대체 전략을 사용해왔다. 그러나 이 경우 (금연 시 흔히 발생하는) 체중 증가 외에도 흡연 갈망이 생길 때마다 뭔가를 먹는 습관이 생겨서, 사실상 한 가지 나쁜 습관을 다른 나쁜 습관으로 대체하는 꼴이 된다. 우리의 데이터는 마음챙김을 통해 갈망과 흡연 사이의 연결고리가 분리되는 것을 보여주었다. 나아가 갈망과 행동의 분리는 단서가 점점 더 강력한 또는 두드러진 촉발 요인이 되는 것을 막는 데 중요한 요인인 듯했다. 단서와 행동을 연결하는 기억이 쌓일수록 뇌에서는 단서와 단서의 친구를 함께 찾기 시작하고, 그러면 원래의 단서와 비슷한 모든 것이 갈망을 촉발하게 될 것이다.

내 궁금증은 더욱 커졌다. 나는 명상을 직접 체험하면서 갈망을 다스리는 것을 강조하는 고대 불교의 가르침을 꽤 많이 접했다.[7] 갈망을 다스려 중독을 극복하라. 그리고 이런 갈망의 다스림은 무자비한 강제력을 통해서가 아니라 갈망을 향해 다가가거나 갈망과 친해지는 역설적인 방법을 통해 이루어졌다. 직접 관찰은 번뇌asava에서 벗어나는 첫걸음이 될 수 있다. 이런 효과는 내 환자들에게서도 관찰되었다. 그들은 충동대로 행동할 때 어떤 보상을 받는지를 직접 관찰함으로써 '취하게 만드는 것'에 덜 사로잡혔다. 이 과정은 정확히 어떻게 작동할까?

예전에 소승불교 승려였던 제이크 데이비스Jake Davis는 (불교의 가르침이 최초로 기록된 언어인) 팔리어 학자다. 내가 그를 처음 만난 것은 내가 전공의 과정을 마치고 예일대 교수가 된 후였다. 우리는 친구이자 동료인 윌러비 브리턴Willoughby Britton의 소개로 만났는데, 브라운대학교의 연구원이었던 그도 명상 수행자였다. 당시에 제이크는 대학원에서 철학을 공부하고 있었다. 명상과 무관한 사소한 대화에 전혀 관심이 없었던 우리는 금방 친해졌다. 어느 시점에 나는 그에게 보상 기반 학습의 최근 심리학 모형에 관해 설명했다.

내가 보기에 이것은 대학원에서 불교 경전을 읽으면서 알게 된 '연기dependent origination'의 불교 모형과 매우 비슷했다. 팔리어 대장경에 따르면 부처는 득도한 날 밤에 연기에 관해 묵상 중이었다고 한다. 이에 관해 좀 더 자세히 살펴보기로 하자.

연기설은 12연기에 관한 설명이다. 일어나는 모든 것에는 그것을 일으키는 다른 어떤 것이 있다. 이에 관해 부처는 다음과 같이 말했다. "이것이 있는 까닭은 저것이 있기 때문이다. 이것이 없는 까닭은 저것이 없기 때문이다." 내 눈에는 이것이 2500년 전에 조작적 조건화 또는 보상 기반 학습을 설명한 것처럼 보였다. 이것은 구체적으로 다음과 같다. 감각경험[12연기의 '촉觸'에 해당]이 생기면, 우리의 마음은 (불교 경전에서 '무명無明'이라고 부른) 이전 경험을 바탕으로 감각경험을 해석한다. 이 해석은 자동적으로 유쾌하거나 불쾌하게 경험되는 직감[12연기의 '수受']을 일으킨다. 지감은 유쾌한 것은 지속되고 불쾌한 것은 사라지길 바라는 갈망이나 충동[12연기의 '애愛']을 일으킨다. 이런 동기에 기초한 행동은 불교심리학에서 자아 정체성[12연기의 '유有']이라고 부르는 것을 낳는 연료가 된다. 흥미롭게도, 연료를 뜻하는 팔리어 우파다나upadana[12연기의 '취取']는 전통적으로 '집착'으로 번역되었는데, 서양 문화권에서는 이에 초점을 맞출 때가 많았다. 이런 행동[12연기의 '행行']의 결과는 기억[12연기의 '식識']으로 기록되고, 이것은 끝없이 유랑하는 다음 '윤회samsara'의 조건이 된다.

이 모형은 약간 혼란스러워 보일 수 있는데, 실제로도 그렇다.

연기설의 복잡한 도표. 칼라칸니자Kalakannija의 '윤회The Wheel of Life'.

상당한 기간 동안 이 구성 요소들을 하나하나 살펴본 제이크와 나는 연기설이 보상 기반 학습과 실제로 일치한다는 사실을 발견했다. 이 둘은 정말로 아름답게 맞아떨어졌다. 연기설의 여러 단계는 보상 기반 학습의 여러 단계와 본질적으로 같았으며, 이름만 달랐다.

맨 위부터 시작하자면, 불교 경전의 무명 개념은 현대의 주관적 편향 개념과 매우 유사하다. 우리는 이전 경험의 기억을 바탕으로 특정 방식으로 사물을 바라본다. 감정적 느낌과 같은 정서값affective value을 지닌 습관적 반응에는 대개 이런 편향이 배어 있다. 이런 반사적 반응은 연기설에서 말하는 유쾌와 불쾌에 해당한다. 이전에 초콜릿을 맛있게 먹었던 사람은 초콜릿을 보기만 해도 기분이 좋아질 것이다. 반면에 최근에 초콜릿을 먹고 식중독에 걸렸던 사람은 다음번에 초콜릿을 보아도 기분이 좋지 않을 것이다. 좋은 기분은 두 모형 모두에서 갈망으로 이어진다. 그리고 두 모형 모두에서 갈망은 행동으로 이어진다. 여기까지는 완벽하다. 이제부터는 몇몇 사람의 도움을 받아야 했다. 연기설에서는 행동이 출생[12연기의 '생生']으로 이어진다. 고대 불교도들은 기억 형성에 관해 명확히 이야기하지 않았다(고대의 몇몇 문화권에서는 간에 마음이 있다고 생각했고, 또 다른 문화권에서는 심장에 있다고 생각했다). 출생이 우리가 오늘날 기억이라고 부르는 것에 해당할 수 있을까? 우리가 누구인지를 어떻게 아는지에 관해 생각해보면, 우리의 정체성에 관한 지식은 주로 기억에 기초한다. 이 정도면 만족할 만하다. 끝없이 유랑하는 윤회는 당연히 완벽하게 들어맞는다. 불쾌한 경험에서 벗어나려고 음주, 흡연 또는 그 밖의 행동을 할 때마다 우리는 문제를 해결하지 않은 채 같은 행동을 반복하도록 훈련된다. 이 방향으로 계속 간다면 우리의 괴로움은 끝없이 계속될 것이다.

제이크와 나는 연기의 형식에 충실하면서도("이것이 있는 까닭은 저것이 있기 때문이다") 현대 언어로 재해석해 단순화한 도표를 만들었다. 우리는 윤회의 첫 번째 단계(무명)를 안경으로 표시해 세상에 대한 편향된 시각이 들어오는 정보를 걸러내고 윤회의 수레바퀴를 계속 돌려서 습관 형성 및 강화의 순환을 영속화하는 과정을 시각적으로 이해할 수 있도록 조치했다.

또한 우리는 중독의 예를 통해 연기설과 보상 기반 학습의 놀

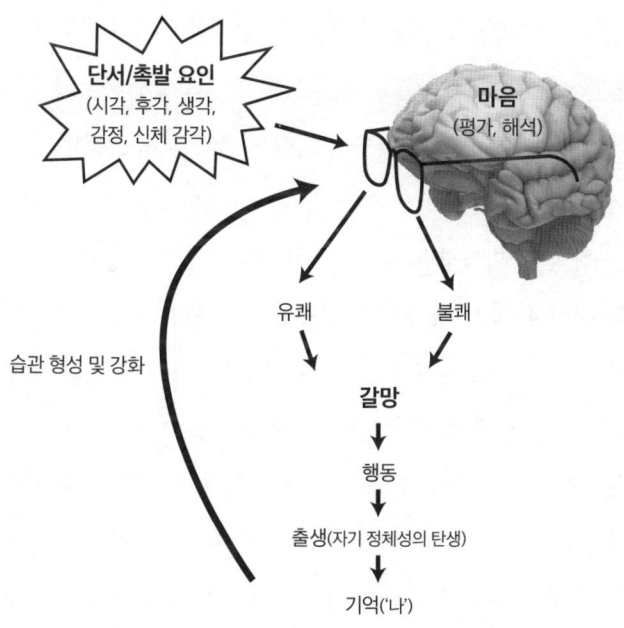

연기설의 간단한 도식화

라운 유사성을 인문학자, 임상의, 과학자 등에게 설명하는 논문도 발표했다.[8]

지난 몇 년간 수많은 학회 발표와 토론의 검증 과정을 거친 이 모형은 꽤 탄탄해 보인다. 이 논문에 발표된 모형은 우리 치료법의 (아직 명확히 밝혀지지 않은) 작동 메커니즘과 관련된 고대와 현대의 견해를 연결하는 데 도움이 된다. 이것은 서로 다른 종류의 용어들 간에 연관성을 확립하고 번역 과정에서 발생할 수 있는 정보 손실을 최소화해 학술 연구의 활성화에 기여할 것이다. 그리고 순전히 다원주의적인 적자생존 관점에서 보더라도 연기설과 같은 심리학적 모형이 장구한 세월의 시험을 견뎠다는 사실은 (그것이 새로운 모형과 일치하는 것으로 간주되든, 현대에 와서 재발견되었든, 아니면 새 부대에 담긴 오래된 포도주 취급을 받든) 묘한 안도감을 선사한다.

과학계에서 보상 기반 학습은 대략 다음과 같이 작동한다 이론을 개발하거나 뭔가 새로운 것을 발견하라(촉발 요인). 이에 관한 논문을 가장 먼저 발표하라(행동). 그러면 네 논문이 인용되고 승진이 뒤따를 것이다(보상). 누가 먼저 발표한 상황을 가리키는 '선수를 빼앗겼다getting scooped'는 표현까지 있을 정도다. 하 이것 봐라, 논문이 발명되기 훨씬 전에 스키너가 부처에게 선수를 빼앗긴 셈이네?

수년간 내 머릿속을 맴돌던 '그래서 어쩌라고?'라는 질문의 답이 마침내 눈에 들어오기 시작했다. 나는 나 자신의 중독적인 사고 과정을 통해 더 많은 갈증만 남기는 습관의 형성 과정을 이해할 수 있었다. 그리고 이런 통찰을 바탕으로 환자의 문제를 이해하고 공감할 수 있었으며, 중독을 더 잘 치료하는 법을 배울 수 있었다. 이런 지식을 바탕으로 수행된 우리의 임상시험은 이런 기법이 광범위한 사람들에게 효과가 있을 것임을 시사했다. 현대의 기계론적 모형이 수천 년 전에 개발된 모형과 다르지 않다는 깨달음과 함께 우리는 다시 원점으로 돌아왔다. 과연 이런 모형은 본격적인 중독 이외의 행동에도 더 광범위하게 적용될 수 있을까? 만약 그렇다면, 일반인의 더 나은 삶에도 도움이 될 수 있을까?

2장
현대 기술에 중독된 사람들
: 소셜미디어 중독

현대 기술과 노예제의 차이는 노예는 자신이 자유롭지
않다는 것을 아주 잘 알고 있다는 점이다.

_나심 니콜라스 탈레브Nassim Nicholas Taleb

2014년 12월에 나는 마음챙김의 과학에 대한 강연을 하기 위해 아내와 함께 파리로 날아갔다. 우리는 이 '빛의 도시'를 처음 방문했기 때문에 많은 관광객처럼 루브르 박물관을 찾았다. 쌀쌀하고 흐린 날씨였지만, 이 유명한 박물관에 관해 많은 이야기를 듣고 읽었던 나는 꽤 들떠 있었다. 성서학 및 고대 근동학近東學 학자인 내 아내는 그곳에 수집된 고대의 불가사의를 내게 보여줄 생각에 더욱 신이 나 있었다. 우리는 파리 1구의 좁은 거리를 빠르게 걸어갔다. 박물관의 상징적인 입구가 있는 안뜰로 통하는 아치형 문을 지나자 많은 사람이 여기저기 모여 사진을 찍거나 음식을 먹고 있었다. 그때 한 무리의 사람들을 발견한 나는 걸음을 멈춰야만 했다. 나는 그

루브르 박물관에서 셀카를 찍는 사람들. 저자 촬영.

광경을 담기 위해 서둘러 사진을 찍었다.

　나는 사진작가가 아니니, 이 사진의 예술성은 따지지 말자. 그러면 두 여성이 셀카를 찍는 게 뭐 그리 특별하냐고? 내 눈에 비극적이면서도 의미심장하게 보인 것은 앞쪽에 후드 재킷을 입은 채 약간 구부정하게 서 있는 신사였다. 한 여성의 남자 친구였던 그는 약 60센티미터 길이의 접이식 알루미늄 막대에 자리를 빼앗긴 채 추위에 떨며 무기력하게 서 있었다. 그의 불편한 표정에는 자신이 쓸모없는 존재가 되었다는 절망감이 짙게 묻어 있었다.

　2012년에 '셀카selfie'라는 용어는 《타임》 선정 10대 유행어 중 하나였으며, 2014년에 이 잡지는 셀카봉을 올해의 25대 발명품에 포함했다. 그러나 내게 이것은 종말의 징조처럼 느껴진다. 자기 자신을 찍은 초상사진의 역사는 1800년대 중반까지 거슬러 올라간다. 왜 우리는 자신의 사진을 찍는 데 그토록 집착할까?

셀카 속의 자아

사진 속 두 여성을 예로 들자면, 그중 한 명의 머릿속에서 다음과 같은 이야기가 전개되고 있을지도 모른다.

> **여성(혼자 머릿속으로):** "어머나! 루브르 박물관에 왔네!"
> **여성의 마음(맞장구를 치며):** "가만히 서 있지만 말고 사진을 찍어야지! 아니, 잠깐! 친구랑 같이 찍어야지. 아, 맞다! 사진을 찍어 바로 페이스북에 올려야지!"
> **여성:** "좋은 생각이야!"

다니엘(그녀를 이렇게 부르기로 하자)은 사진을 찍고 휴대전화를 주머니에 넣은 다음 박물관에 들어가 구경을 하기 시작한다. 10분도 채 지나지 않아 그녀는 휴대전화를 확인하고 싶은 충동을 느낀다. 친구들이 다른 곳을 보고 있는 사이에 혹시 누가 사진에 '좋아요'를 눌렀는지 슬쩍 확인한다. 어쩌면 약간 죄책감이 든 그녀는 친구들이 보기 전에 재빨리 휴대전화를 다시 넣는다. 그러나 몇 분 후, 다시 충동이 일어난다. 그리고 또 일어난다. 그녀는 오후 내내 루브르 박물관을 돌아다녔는데, 과연 무엇을 보았을까? 세계적으로 유명한 예술작품을 감상하는 대신에 그녀는 페이스북 피드에 '좋아요'와 댓글이 얼마나 많이 달렸는지 계속 확인하느라 정신이 없었다. 이것이 말도 안 된다고 생각할지 모르지만, 이런 일은 매일 일어난다. 그리고 이제 우리는 그 이유도 알 것 같다.

촉발 요인-행동-보상. 이것은 이 책의 토대이므로 나는 행동 학습에 결정적인 이 세 요소를 자주 반복할 것이다. 가장 원시적인 신경계를 가진 동물부터 (크랙 코카인이나 페이스북 등의) 중독에 시달리는 인간과 나아가 사회운동까지 동물계 전반에 걸쳐 이 세 요소가 함께 작용해 행동 조성이 일어난다.[1] 보상 기반 학습은 무해한 것부터 가장 심각한 것까지 동일한 스펙트럼에 위치한다. 어렸을 때 신발끈 묶기 같은 간단한 습관을 익히면 부모의 칭찬, 스스로 하지 못한다는 좌절감에서 벗어나기 같은 보상이 뒤따른다. 이 학습 스펙트럼의 다른 쪽 끝 근처에는 휴대전화에 집착해 운전 중 문자까지 보내는 행동(이것은 음주 운전만큼이나 위험하다)이 있는데, 이것도 반복된 강화의 결과다. 헛된 공상부터 (특정 생각을 계속 곱씹는) 반추와 스트레스까지 그 밖의 모든 것은 그 중간 어딘가에 있다. 우리 모두에게 있는 스트레스 버튼의 작동 방식은 삶에 대처하면서(또는 제대로 대처하지도 못하면서) 보상 기반 학습을 통해 배운 것에 따라 크게 달라진다. 스트레스 요인이 학습 스펙트럼상의 어디에 위치하는지는 스트레스 요인이 자신과 주위 사람에게 미치는 영향의 정도에 따라 결정되는 듯하다. 이 스펙트럼의 맨 끝에는 부정적 결과를 낳는데도 계속 사용하는 중독이 있다. 신발끈 묶기는 좋은 습관이다. 운전 중 문자 보내기는 그렇지 않다. 어떤 행동이 함양되는지, 그것이 얼마나 빨리 학습되고 얼마나 강력하게 자리 잡는지는 전적으로 보상의 정의가 얼마나 명확한지에 달렸다.

스키너에 따르면 행동 조성은 다음과 같이 이루어진다. "강화 작용을 하는 사태는 두 종류다. 몇몇 강화는 음식, 물, 성적 접촉과 같은 자극을 해당 상황에 추가하는 방식으로 이루어진다. 이를 우리는 긍정적 강화 요인이라고 부른다. 또 다른 강화는 시끄러운 소음, 매우 밝은 빛, 극심한 추위나 더위, 전기 충격과 같은 자극을 해당 상황에서 제거하는 방식으로 이루어진다. 이를 부정적 강화 요인이라고 부른다. 이 두 경우에 강화의 효과는 같다. 즉 반응 확률이 높아진다."[2] 간단히 말해, 우리는 다른 생물과 마찬가지로 긍정적 결과를 낳는 활동을 하고 부정적 결과를 낳는 활동을 피하게 된다. 행동과 보상의 연결이 명확할수록 행동은 더 많이 강화된다.

루브르 박물관을 구경 간 다니엘은 자신이 진화의 가장 오래된 속임수에 넘어간 사실을 깨닫지 못했다. 페이스북에 또 다른 사진을 올리고 싶은 충동이 생겨서(촉발 요인), 사진을 올리고(행동), '좋아요'를 많이 받을수록(보상), 이 과정은 계속 반복된다. 의식적이든 무의식적이든, 그녀는 자신의 행동을 강화하고 있다. 루브르 박물관의 풍성한 역사를 만끽하는 대신에 다니엘은 몽롱한 상태의 중독자처럼 다음 보상을 찾아 헤맨다. 이런 강박적 활동은 도처에서 관찰되며, 이를 통해 '나 중심의' 문화는 점점 더 확산되고 있다.

너튜브YouTube＝나튜브MeTube

팟캐스트 〈디스 아메리칸 라이프This American Life〉의 에피소드 '상태 업데이트'에서는 9학년생 세 명이 나와 인스타그램 사용에 관해 이야기한다. 인스타그램은 사진을 게시 및 공유하고 댓글을 달 수 있는 간단한 플랫폼이다. 페이스북은 2012년에 이 간단하지만 값비싼 인스타그램을 10억 달러에 인수했다.

위에 언급한 팟캐스트 에피소드는 십대들이 인터뷰를 기다리며 시간을 보내는 장면으로 시작된다. 그들은 무엇을 했을까? 그들은 자신의 사진을 찍어 인스타그램에 올렸다. 더 나아가 하루의 많은 시간을 사진을 올리고 댓글을 달거나 친구의 사진에 '좋아요'를 누르면서 보낸다는 이야기를 주고받았다. 그중의 한 소녀는 "모두가 항상 인스타그램을 하고 있어요"라고 말했고, 다른 소녀는 "여기에는 분명히 이상한 심리 작용이 있는 것 같아요……. 이것은 그냥 원래 그래요. 그냥 모두가 알고 따르는 암묵적인 규칙 같은 거예요"라고 맞장구쳤다.

나중에 인터뷰에서 그들은 자신의 행동을 '생각 없이 하는' 것이라고 묘사했다. 그러자 진행자 아이라 글래스Ira Glass가 흥미로운 질문을 던졌다. "그렇다면, 생각 없이 하는 것인데도 그것이 작동하나요? 그래도 기분이 좋아지나요?" 한 소녀는 "내 피드의 모든 것이 '좋아요'예요"라고(즉 무슨 사진이든 무턱대고 '좋아요' 버튼을 누른다고) 고백했지만, 그래도 '좋아요'를 받으면 기분이 좋아진다고 모두가 입을 모았다. 한 친구는 "인간 본성이 뭐 그렇죠"라고 결론지었다.

그들은 자신의 활동이 기계적이고 생각 없이 하는 것이라고 말했지만, 그래도 거기에는 보상을 주는 무언가가 있었다. 쥐는 먹이를 얻기 위해 레버를 누른다. 이 세 명의 십대는 '좋아요'를 위해 버튼을 누른다. 아마도 이 보상은 사진을 찍는 것 자체가 아니라 사진 속 인물인 우리 자신과 관련이 있을 것이다. 이 인물은 더 많은 사진을 위해 계속 재방문할 정도로 충분한 보상을 제공하는가?

신경과학은 이 십대들이 언급한 인간 본성에 대한 통찰을 제공할지 모른다. 하버드대학교의 다이애나 타미르Diana Tamir와 제이슨 미첼Jason Mitchell이 수행한 간단한 연구는 기능적 자기공명영상fMRI 촬영장치 안에 누운 사람들에게 자신의 의견과 태도를 보고하기, 다른 사람의 태도를 평가하기, 상식 퀴즈에 답하기 중에서 하나를 선택하도록 했다.³ 연구 참가자들은 이 과제를 거의 200회 반복했다. 그리고 그러는 동안 뇌 활동을 측정했다. 문제는 선택에 따라 금전보상이 달라진다는 점이었다. 예를 들어 한 시험에서 자신 또는 다른 사람에 대한 질문에 답하기 중 하나를 선택할 수 있는 경우 전자를 선택하면 x달러를 받고 후자를 선택하면 y달러를 받는다. 보상 금액과 더 큰 보상이 걸린 범주는 다양했다. 연구가 끝난 후 과학자들은 모든 보상을 합산해 과연 사람들이 자신에 대해 이야기하기 위해 돈을 기꺼이 포기하는지를 살펴보았다.

그 결과, 실제로 그랬다. 참가자들은 자신에 대해 생각하고 이야기할 기회를 얻기 위해 잠재 수입의 평균 17퍼센트를 포기했다! 이에 관해 잠시만 생각해보자. 어째서 사람들은 이런 일을 위해 그 좋은 돈을 포기할까? 약물 남용으로 인해 직업과 가족에 대한 책임까지 포기하는 사람들과 마찬가지로 이 참가자들이 과제를 수행할 때도 측좌핵nucleus accumbens이 활성화되었다. 크랙 코카인을 피우거나 다른 약물을 남용할 때 활성화되는 뇌 영역이 자신에 대해 이야기할 때도 활성화된다는 것이 말이 되는가? 실제로 측좌핵은 중독의 발달과 가장 일관되게 연관된 뇌 영역 중 하나다. 따라서 자아와 보상 사이에는 연관성이 있어 보인다. 자신에 대해 이야기하는 것은 보상이 제공되는 활동이며, 이것을 강박적으로 하는 것은 약물에 중독된 것과 매우 유사할 것이다.

두 번째 연구는 여기서 한 걸음 더 나아갔다.⁴ 베를린 자유대학교의 다른 메시Dar Meshi의 연구팀은 자신(또는 대조군의 경우 낯선 사람)에 대한 긍정적 피드백을 다양하게 받고 있는 지원자들의 뇌 활동을 측정했다. 하버드대 연구와 마찬가지로 이 연구에서도 참가자들의 측좌핵은 자신에 대한 피드백을 받을 때 더 활성화되었다. 참가자들은 '페이스북 강도' 점수를 매기는 설문지도 작성했는데, 여기에는 페이스북 친구 수, 1일 페이스북 사용 시간(하루 3시간 이상이면 최고점 부여) 등의 항목이 포함되어 있었다. 측좌핵 활동과 페이스북 강도의 상관관계를 살펴본 결과, 이 뇌 영역의 활성화 정도를 바탕으로 페이스북 사용 강도를 예측할 수 있었다. 다시 말해, 측좌핵 활동이 활발한 사람일수록 페이스북에서 더 많은 시간을 보내는 경향이 있었다.

이를 한층 더 뒷받침한 세 번째 연구에서 캘리포니아대학교 로스앤젤레스 캠퍼스UCLA의 로린 서먼Lauren Sherman의 연구팀은 청소년들이 직접 제출한 사진과 연구팀이 제공한 '또래'의 사진으로 구성된 인스타그램 피드 시뮬레이션을 보는 동안 그들의 뇌 활동을 측정했다. 인스타그램을 최대한 똑같이 흉내 내기 위해 사진 피드에는 참가자들의 사진이 받은 '좋아요' 수가 표시되었다. 이때 연구진은 사진들을 무작위로 두 집단으로 나누어 각 집단의 '좋아요' 수를 많게 또는 적게 배정했다. 또래의 지지 표시는 대부분 온라인에서 이루어져 '좋아요'가 있고 없고 등으로 명확히 정량화할 수 있으므로 연구진은 이 실험 조작을 통해 이런 유형의 또래 상호작용이 뇌 활동에 미치는 영향을 측정할 수 있었다. 이런 실험 설정은 상호작용의 맥락, 비언어적 표정과 신체 단서, 목소리의 억양 등이 종합되어 애매함과 주관적 해석의 여지가 많은 대면 상호작용과 다르다. "왜 그렇게 쳐다봤지?", "그게 진짜로는 무슨 뜻이지?"와 같은 물음은 십대 불안의 지속적인 원천으로 작용한다. 그렇다면 청소년들이 소셜미디어를 통해 받는 명확하고 정량적인 또래 피드백은 뇌에 어떤 영향을 미칠까? 앞의 두 연구와 마찬가지로 청소년들의 뇌는 자기참조(이에 대해서는 뒤에서 더 자세히 다루겠다)와 관련된 뇌 영역뿐만 아니라 측좌핵에서도 상당히 더 큰 활동을 보였다.[5]

이런 연구에서 얻을 수 있는 교훈은 우리 자신에 대해 이야기하고 (명확한) 피드백을 받을 때 중독 과정을 촉진하는 보상과 같은 유형의 생물학적 보상이 제공되는 것으로 보인다는 점이다. 유튜브의 이름은 어쨌든 유튜브다.

어째서 우리의 뇌는 우리 자신에 대해 피드백을 받거나 우리 자신에 대해 생각만 해도 보상을 받도록 설정되었을까? 어쩌면 〈디스 아메리칸 라이프〉 에피소드에 출연한 십대 친구들의 다음과 같은 대화에서 실마리를 찾을 수도 있겠다.

줄리아(십대 출연자): "이것은 마치 내가 일종의 브랜드인 것과 같아요."

엘라(십대 출연자): "나 자신을 홍보하는 셈이죠."

줄리아: "내가 브랜드의 책임자라고나 할까……."
아이라 글래스(진행자): "그러면 그쪽은 제품인 셈이네요."
제인(십대 출연자): "우리는 확실히 우리 자신을 홍보하려 하죠."
줄리아: "그래야 계속 주목받으니까……."

    그들의 대화는 이제 주목받기로 옮아갔다. 그들은 또래집단이 정해져 있었던 중학교 때 자신들이 "얼마나 주목받는" 애였는지 농담처럼 말했다. 그때는 소속 집단과 친구들이 분명했고 안정되어 있었다. 사회적 참여의 기본 규칙이 확실했고, 적어도 십대가 보기에는 애매함이 거의 없었다. 그러나 고등학교에 입학한 지 3개월이 지난 시점에 그들의 친구관계와 소속 집단은 불확실해졌고 유동적이었다. 글래스의 말처럼 "많은 것이 걸려 있는" 상황이었다.
    주목받기에 대한 이 대화는 "내가 중요한 인물인가?"라는 실존적 물음으로 수렴되는 듯하다. 진화적 관점에서 볼 때 이 물음은 생존과 관련된다. 즉 "내가 중요한 인물인가?"는 결국 생존 확률의 증가와 결부된 질문이다. 이 경우에 생존은 사회적 성격을 띤다. 자신의 서열을 높이고 소외되지 않는 것, 적어도 다른 사람들과 비교해 자신의 위치를 아는 것이 중요하다. 내가 중학생이었을 때 또래의 인정을 받는 것은 생사가 걸린 생존 기술처럼 느껴졌다. 해당 집단이 얼마나 인기 있는지와 상관없이, 특정 집단에서 나를 받아들일지 불확실한 상황은 그저 그런 애로 받아들여지는 것보다도 훨씬 더 답답한 일이었다. 명확한 피드백을 받으면 밤잠을 설치게 하는 불안한 물음에서 벗어날 수 있다. 페이스북이나 인스타그램의 예에서 보듯이 사회적 생존의 기회는 먹이가 있는 곳을 기억하도록 진화를 통해 설정된 보상 기반 학습의 단순한 '규칙'을 통해 좌우될 수도 있을 것이다. 또래의 칭찬을 받을 때마다 짜릿한 흥분을 느끼고, 그래서 이런 '좋아요'를 낳은 행동을 반복하게 된다. 우리는 먹어야 산다. 어쩌면 우리의 사회적 음식도 우리의 뇌에는 실제 음식과 맛이 같아서 동일한 경로가 활성화되는 것일지 모른다.

페이스북 중독장애

루브르 박물관의 다니엘 이야기로 돌아가, 그녀가 버튼을 몇 번 누르더니 페이스북이나 인스타그램에 사진을 올리는 습관이 생겼다고 가정해보자. 〈디스 아메리칸 라이프〉 팟캐스트의 십대들처럼 그녀도 '좋아요'가 좋다는 것을 알게 되었다. 이제 그녀는 스키너의 긍정적 강화 규칙을 따르고 있다. 그렇다면 그녀의 기분이 좋지 않을 때는 어떻게 될까?

여성(퇴근길에 운전하며 혼잣말로): "와, 오늘은 정말 최악이네."
여성의 마음(스스로를 다독이며): "애고, 기분이 별로구나. 페이스북에 사진을 올리면 기분이 좋아지잖아. 기분이 좋아질 텐데, 안 할 이유가 없잖아?"

여성: "좋은 생각이야!" (페이스북 피드를 확인한다.)

여기서 문제는 무엇일까? 이것은 스키너가 설명한 학습 과정과 동일하다. 촉발 요인만 다를 뿐이다. 그녀는 스키너 방정식의 부정적 강화 쪽을 활용하고 있다. 기분이 좋으려고 사진을 올리는 것 외에 슬픔과 같은 불쾌한 감정을 (적어도 잠시나마) 사라지게 하기 위해 사진을 올릴 수도 있다는 것을 학습하고 있다. 이렇게 할수록 이 행동은 더욱 강화된다. 그래서 결국 자동화되고 습관이 되며 심지어 중독이 된다.

이 상황은 꽤 단순해 보이지만, 오늘날 몇 가지 중요한 사회적·기술적 발전으로 인해 인터넷과 기술의 남용 및 중독을 부추기는 조건이 무르익고 있다. 첫째, 유튜브, 페이스북, 인스타그램과 같은 소셜미디어로 인해 거의 모든 곳에서 일어나는 일을 공유할 수 있을 만큼 소통의 장벽이 거의 사라져 버렸다. 사진을 찍고 '게시'를 누르기만 하면 된다. 인스타그램이라는 이름이 모든 것을 말해 준다.[Instagram은 'instant camera'(즉석카메라)와 'telegram'(전보)의 합성어다.] 둘째, 소셜미디어는 그 자체로 보상이 되는 험담을 위한 완벽한 공간을 제공한다. 셋째, 인터넷 기반의 사회적 상호작용은 종종 비동기적이기(동시에 일어나지 않기) 때문에 선택적이고 전략적인 소통이 가능하다. '좋아요' 확률을 극대화하기 위해 댓글이나 사진을 올리기 전에 연습, 다시 쓰기, 사진을 여러 장 찍기 등이 가능하다. 〈디스 아메리칸 라이프〉 팟캐스트의 예를 들어보자.

> **아이라 글래스(진행자)**: 한 여자아이가 꾸미지 않은 셀카나 멋져 보이지 않는 셀카를 올리면 다른 여자아이들이 스크린샷을 찍어 저장한 후 험담을 늘어놓기 시작하죠. 늘 그렇잖아요? 때문에 6학년 때부터 셀카를 올리기 시작한 베테랑이라 해도 올리는 것이 긴장될 수밖에 없죠. 그래서 예방조치를 취하고요.
>
> **엘라(십대 출연자)**: 우리는 모두 올리기 전에 주변에 먼저 물어봐요. 예를 들어 그룹 채팅이나 친구한테 보내서 "올려도 될까? 나 예쁘게 나왔어?"라는 식으로 물어보죠.
>
> **글래스**: 말하자면 네다섯 명의 친구에게 미리 확인을 받는 셈이네요.

이들이 이야기하는 것은 무엇일까? 품질관리! 이들은 제품(이들의 이미지)이 조립 라인을 떠나기 전에 품질이 업계 표준을 충족하는지 시험하는 것이다. '좋아요'를 받고(긍정적 강화) 자신에 대한 험담을 피하는(부정적 강화) 목표를 위해 제품을 출하하기 전에 시운전을 돌리는 것이다. 게다가 내 사진에 언제 댓글이 달릴지, 달리기는 할지도 불확실하다. 행동심리학에서 '그렇게 될까, 아니면 되지 않을까?' 식의 예측 불가능성은 특정 행동을 해도 몇몇 경우에만 보상이 제공되는 간헐적 강화의 특징이다. 어쩌면 당연하게도, 이런 유형의 강화 계획은 라스베이거스 카지노의 슬롯머신에 적용되는 것이기도 하다. 이런 기계의 상금 지급은 무작위인 듯하지만, 사람들을 게임에 붙잡아 두기에 충분할 정도의 빈도로만 이루어진다. 페이스북은 이 모든 재료를 한데 섞어 강력한 레시피를 또는 적어도 우리가 푹 빠질 만한 레시피를 완성했다. 다시 말해, 간헐적 강화의 이 '접착제'로 인해 모든 것이 끈적거리는 중독성을 띠게 된다. 이것은 얼마나 끈적거릴까? 이에 관해 흥미로운 데이터를 제공하는 연구가 점점 더 쌓이고 있다.

「페이스북에 푹 빠진 사람들」이라는 제목의 연구에서 로슬린 리원Roselyn Lee-Won과 그의 동료들은 (타인에게 자신에 대한 긍정적 인상을 심고 유지하려는) 자기연출의 욕구가 "온라인 미디어의 이용과 관련된 문제를 이해하는 핵심"이라고 주장했다.[6] 이 연구는 사회적 보증을 받으려는 욕구가 특히 사회적 기술이 부족하다고 느끼는 사람들의 과도하고 통제되지 않은 페이스북 이용과 상관관계가 있음을 보여주었다. 불안하거나 지루하거나 외로울 때 모든 페이스북 친구들을 호출하는 신호와도 같은 업데이트를 게시하면, 친구들이 게시물에 '좋아요'를 누르거나 짧은 댓글을 달아 응답한다. 이런 피드백은 우리가 연결되어 있고 주목받고 있다는 안도감을 선사한다. 다시 말해, 우리는 자신이 주목받는 중요한 인물임을 증명하는 보상을 받기 위해 온라인에 접속하거나 소셜미디어 사이트에 무언가를 게시하게 된다. 이런 보증을 받을 때마다 우리는 강화된다. 우리는 연결되면 기분이 좋아지고 외로움이 사라진다는 것을 배우게 된다. 그리고 더 많은 보증을 위해 다시 이곳을 찾게 된다.

기분이 좋아지기 위해 페이스북에 푹 빠지면 어떻게 될까? 2012년 연구에서 잭 리Zach Lee의 연구팀은 이 질문을 던졌다.[7] 그들은 기분 조절을 위한 페이스북 이용이 페이스북 이용 자체의 자기조절 부족(즉 페이스북 중독장애)을 설명하는지 살펴보았다. 다시 말해, 황홀감을 좇는 코카인 중독자처럼 사람들은 기분이 좋아지고 싶어서 페이스북 피드를 확인하는 함정에 빠지는 것일까? 코카인을 상용하는 내 환자들은 코카인을 과용해도 그렇게 황홀하지 않은 반면에 이후에는 확실히 기분이 더 나빠진다고 했다. 이와 유사하게, 리의 연구팀은 온라인상의 사회적 상호작용에 대한 선호도가 기분 조절 결함 및 자존감 저하, 사회적 위축 증가와 같은 부정적 결과와 상관관계가 있음을 발견했다. 다시 한번 강조하자면, 온라인 속 사회적 상호작용으로 인해 사회적 위축이 오히려 증가했다. 사람들은 기분이 좋아지려고 강박적으로 페이스북에 접속했지만, 이후에는 오히려 기분이 더 나빠졌다. 왜 그럴까? 슬프면 초콜릿을 먹는 습관과 마찬가지로 소셜미디어 사이트에 접속하는 습관도 애초에 우리를 슬프게 만든 핵심 문제를 해결해주지는 않는다. 그저 초콜릿이나 페이스북이 기분 전환과 연합되는 습관이 생겼을 뿐이다.

더 큰 문제는 자신의 가장 멋진 최신 사진을 올리거나 재치 있는 댓글을 다는 것이 누구에게는 보상이 될 수 있지만 다른 사람에게는 슬픔의 원인이 될 수도 있다는 점이다.「다른 모든 사람의 하이라이트 장면 보기: 페이스북 이용과 우울증의 연관성」이라는 제목의 연구에서 마이리 스티어스Mai-Ly Steers와 그의 동료들은 페이스북 이용자가 자신을 다른 사람과 비교하면서 우울감을 느낀다는 증거를 발견했다.[8] 쯧쯧. 페이스북의 비동기적 특성 덕분에 자신의 가장 멋지고 밝은 모습만 선택적으로 올릴 수 있긴 하지만, 우리는 다른 사람의 미화된 삶(완벽하게 연출된 '막 찍은' 사진, 사치스러운 휴가 장면 등)을 보면 자신의 삶에 대해 썩 좋지만은 않은 느낌이 들곤 한다. 이런 불행감은 상사에게 질책을 받은 직후에 컴퓨터 화면에서 눈을 떼어 칭문도 없는 사무실 칸막이 벽을 바라볼 때 너너욱 통렬할 수 있다. 나도 모르게 '저들처럼 살고 싶다!'는 마음이 생긴다. 눈 속에 갇힌 자동차의 가속페달을 세게 밟는 행동처럼(그러면 더 깊이 갇히기만 한다) 이전에 보상을 받은 행동만 반복하면 상황이 더 악화될 뿐이라는 것을 깨닫지 못한 채 습관의 순환고리 안에서 허송세월을 보낸다. 이는 우리 잘못이 아니라 우리 뇌의 작동 방식일 뿐이다.

행복의 착각

이 장에서 설명한 습관 형성의 구체적인 현상은 이런저런 형태로 (그것이 코카인이든, 담배든, 초콜릿이든, 이메일이든, 페이스북이든 또는 수년간 몸에 밴 그 밖의 별난 습관이든) 우리 모두에게 친숙한 것이다.

이제 우리는 습관의 형성 과정과 이런 자동 과정이 긍정적·부정적 강화를 통해 지속되는 이유를 더 잘 이해하게 되었으므로, 습관의 순환고리를 통해 우리의 삶이 어떻게 좌우되는지 돌아볼 수 있다. 우리는 보상을 받기 위해 어떤 레버를 누르는가?

중독에 대한 오래된 농담(또는 격언)처럼, 문제 해결의 첫걸음은 우리의 중독을 인정하는 것이다. 그렇다고 해서 우리의 모든 습관이 중독이라는 말은 아니다. 우리는 어떤 습관이 불편한 느낌을 야기하고 어떤 습관은 그렇지 않은지 분별할 수 있어야 한다. 신발 끈 묶기는 스트레스를 유발하는 습관이 아닐 것이다. 본인의 결혼식이 한창 진행 중인데 셀카를 올려야 한다는 강박감을 느낀다면 꽤 우려할 만한 일일 것이다. 이런 극단적인 예는 제쳐두고, 행복이 실제로 어떤 느낌인지부터 살펴보기로 하자.

미얀마의 명상 스승인 사야도 우 판디타Sayadaw U Pandita는 《바로 이번 생에In This Very Life》에서 다음과 같이 썼다. "행복을 좇는 사람들은 마음의 흥분을 진정한 행복으로 착각한다."[9] 우리는 좋은 소식을 듣거나 새로운 관계를 맺거나 롤러코스터를 탈 때 흥분한다. 인류 역사의 어느 시점부터 우리는 뇌에서 도파민 보상이 제공될 때 드는 느낌이 곧 행복이라는 생각에 조건화되었다. 게다가 이런 생각은 "이제 충분하다"는 느낌을 전달하기 위해서가 아니라 음식을 다시 찾을 수 있는 장소를 기억하기 위해 조건화되었을 것이다. 물론 행복을 정의하기란 매우 까다롭고 주관적인 일이다. 행복에 대한 과학적 정의는 여전히 논란이 많고 뜨거운 논쟁의 대상이다. 감정은 적자생존의 학습 알고리즘에 어울리지 않는 듯하다. 그러나 한 가지 확실한 것은 보상의 기대가 곧 행복은 아니라는 점이다.

우리가 스트레스의 원인을 엉뚱한 데서 찾고 있지는 않을까? 끊임없이 쏟아지는 광고는 비록 우리가 지금은 행복하지 않지만 이 자동차 또는 저 시계를 사거나 성형수술을 받아 셀카가 항상 멋지게 나오면 곧바로 행복해질 것이라고 말한다. 스트레스를 받은 상태에서 옷 광고를 보고(촉발 요인) 쇼핑몰에 가서 옷을 산 후(행동) 집에 돌아와 거울을 보며 기분이 조금 나아졌다면(보상), 우리는 이 순환고리를 반복하도록 스스로를 훈련한 셈이다. 이 보상은 실제로 어떤 느낌일까? 이 느낌은 얼마나 오래 지속될까? 이를 통해 애당초 불편함을 야기했던 문제가 해결되어 우리가 정말로 더 행복해졌을까? 내가 진료하는 코카인 의존 환자들은 마약에 취한 느낌이 '초조하고', '뒤숭숭하며', '들뜨고', 심지어 '피해망상적인' 느낌과 같다고 설명한다. 내가 보기에 이런 설명은 행복과 거리가 멀며, 그들은 행복해 보이지도 않았다. 그러나 우리는 무턱대고 도파민 레버를 누르면서 이것이 최선이라고 생각하곤 한다. 어쩌면 우리의 스트레스 나침반이 잘못 조정되었거나, 우리가 나침반 읽는 법을 모르기 때문일 수 있다. 어쩌면 우리는 도파민에 기초한 보상을 피하기보다 지향하도록 잘못 조건화된 것일지 모른다. 어쩌면 우리는 아주 엉뚱한 데서 사랑을 찾고 있는 것일지 모른다.

십대든 베이비붐 세대든 그 중간 세대든 우리는 대부분 페이스북이나 그 밖의 소셜미디어를 이용한다. 현대 기술은 21세기 경제를 크게 바꾸어 놓았다. 이런 혁신은 많은 부분 유익하지만, 미래의 불확실성과 변동성은 중독이나 그 밖의 유해한 행동으로 이어지는 학습을 부추기는 원인이 되고 있다. 예를 들어 페이스북은 우리가 무엇에 반응하는지를 전문적으로 추적하면서 이 정보를 바탕으로 우리가 더 많은 보상을 받기 위해 재방문하도록 유도한다. 울적할 때 페이스북에 접속하거나 소셜미디어를 이용하면 기분이 좋아지는가 아니면 더 나빠지는가? 이제 우리 몸과 마음에서 불편함과 강화 학습의 보상이 실제로 어떤 느낌인지에 주의를 기울여야 하지 않을까? 어떤 행동이 우리를 스트레스로 이끄는지 이해하고 진정한 행복을 (재)발견하려면 레버 누르기를 잠시 멈추고 한 발짝 뒤로 물러나 실제 보상에 대해 성찰할 필요가 있다. 그래야 나침반 읽는 법을 배울 수 있다.

3장
나 자신에 관한 이야기
: 자아 중독

자아, 내가 나 자신이라고 믿었던 것은 이런저런 습관의 덩어리일 뿐이다.

_앨런 와츠 Alan Watts

고백하자면, 나는 의사과학자 과정을 밟던 몇 번의 여름철에 몇 시간 동안 실험실 교대근무를 땡땡이치면서 투르 드 프랑스Tour de France 국제 사이클 경기를 생중계로 시청하곤 했다. 왜 그랬을까? 나는 랜스 암스트롱Lance Armstrong에 미쳐 있었다. 투르 드 프랑스는 역사상 가장 혹독한 지구력 경주 중 하나로 꼽힌다. 사이클 선수들은 7월의 3주간 약 3500킬로미터에 달하는 경로를 달리는데, 이 경로를 가장 짧은 시간에 완주한 사람이 우승을 차지한다. 우승을 차지하려면 지구력뿐만 아니라 산악 구간과 독주 시간 경기인 타임 트라이얼time trial 등의 모든 조건에서 뛰어나야 하며 특히 강한 정신력이 필요하다. 기진맥진한 몸이 그냥 포기하자고 다그칠 때, 그 모든 조건에서 굴하지 않고 날마다 다시 자전거에 오르기란 정말로 힘든 일이기 때문이다.

랜스는 무적이었다. 그는 전이성 고환암을 극복한 후 1999년 경기부터 승승장구해서 자그마치 7연승을 거두었다(이전 기록은 5연승이었다). 나는 2003년에 대형 텔레비전이 설치된 기숙사 휴게실에서 산악 구간을 주파하는 그를 응원했던 때를 생생히 기억한다. 그가 선두 집단에서 가파른 내리막길을 달리던 중에 앞서 달리던 한 선수가 갑자기 충돌 사고를 일으켰다. 충돌을 피하기 위해 본능적으로 자전거를 돌려 도로를 이탈한 그는 울퉁불퉁한 들판을 전속력으로 질주해 도로 위로 뛰어오른 후 선두 집단에 다시 합류했다. 나는 그의 뛰어난 실력을 이미 알고 있었지만, 그 순간은 정말 믿기지 않았다. 당시 경기 해설위원들의 반응도 마찬가지였다("내 평생 이런 건 처음 봅니다"). 나는 그날 하루 종일 짜릿한 전율을 느꼈고, 이후 몇 년간 그 장면을 머릿속에 다시 떠올릴 때마다 똑같이 짜릿한 느낌에 휩싸이곤 했다.

나는 랜스에게 푹 빠졌다. 텍사스 출신인 그는 경기의 매 단계가 끝난 후 유창한 프랑스어로 기자회견을 했고, 암환자를 돕는 재단까지 설립하는 등 완벽한 인물이었다. 그의 삶은 너무나 흥미진진한 이야기였기 때문에, 나는 실험실에 처박혀 성실히 연구만 하면서 경기 하이라이트를 기다릴 수 없었다. 나는 그가 다음 단계에 (그리고 내년에) 또 어떤 놀라운 일을 해낼지 직접 지켜봐야만 했다.

그래서 그의 도핑 의혹이 불거졌을 때도 나는 나를 포함해 모든 사람 앞에서 그를 열렬히 변호했다.

이 이야기는 주관적 편향의 좋은 예다. 내게는 랜스가 역대 최고의 사이클 선수라는 주관적 편향이 생겼다. 이 편향으로 인해 위와 같은 일이 벌어졌다. 나는 랜스가 도핑을 했을 리 없다는 생각을 떨쳐버릴 수 없었고, 이 때문에 매우 괴로웠다. 앞에서 말했듯이, 중독이란 넓게 보면 부정적 결과를 낳는데도 계속 사용하는 것이다. 내가 랜스에게 중독되었던 것일까? 왜 나는 쌓이는 증거를 있는 그대로 보지 못했을까? 아마도 이 두 질문은 서로 연관되어 있을 것이다. 그리고 그 관계를 이해하면 습관과 중독이 어떻게 형성되고 유지되는지를 밝히는 데 도움이 될 것이다.

두 개의 자아에 관한 이야기

1번 자아: 시뮬레이터

내가 프라산타 팔Prasanta Pal을 처음 만난 것은 예일대의 신경영상 분석 컴퓨터 클러스터가 있는 방에서였다. 작은 체구에 늘 미소를 지으며 상냥하게 말하는 그는 응용물리학 박사학위를 받은 지 얼마 되지 않은 친구였다. 우리가 만났을 때 그는 fMRI를 사용해 심실을 지나는 혈류의 난류 현상을 측정하고 있었다. 그는 나와 차를 마시면서 명상 중의 뇌 활동에 관한 내 논문을 읽은 소감과 명상이 문화의 일부인 인도에서 성장한 자신의 이야기를 들려주었다.[1] 프라산타는 명상이 과학적 연구의 대상이 되고 있다는 사실에 큰 관심을 보였다. 그리고 우리 실험실에 합류해 자신의 특별한 기술을 활용하고 싶어했다.

그는 우리 팀에 잘 맞았다. 프라산타의 전문 분야는 실제 시스템의 최적화를 위한 데이터 시뮬레이션이었다. 우리 실험실에서 그는 수많은 몬테카를로 시뮬레이션을 구축했는데, 이것은 무작위 표본추출 방법을 사용해 미지수가 많은 시스템의 개연성이 높은 (확률적인) 결과를 예측하기 위한 시뮬레이션이었다. 몬테카를로 시뮬레이션은 수많은 시나리오와 가용 정보를 토대로 실제 상황에서 일어날 확률이 가장 높은 시나리오를 제시한다. 어찌 보면 나는 랜스가 최고의 자리에서 내려오지 않도록 일종의 몬테카를로 시뮬레이션을 돌린 셈이었다. 그런데 무엇이 문제였을까?

어찌 보면 우리는 프라산타의 시뮬레이션과 같은 것을 늘 머릿속으로 하고 있다. 고속도로를 달리다가 빠르게 출구에 접근하는데 차선이 잘못된 경우, 머릿속에서 시뮬레이션이 시작된다. 차간거리, 차들의 상대속도, 내 차의 속도, 출구까지의 거리 등을 따지면서 속도를 높여 옆 차를 추월할지 아니면 속도를 줄여 뒤에 붙을지 머릿속으로 계산하기 시작한다. 또 다른 예로 파티 초대장을 받은 상황을 상상해보자. 초대장을 열어 누가 보냈는지, 파티가 언제 열리는

지 훑어본 다음에 자신이 파티장에 있는 모습을 상상하면서 누가 참석할지, 음식이 맛있을지, 참석하지 않으면 주최자가 언짢아할지, 가지 않을 경우엔 그 대신 무엇을 할지(더 나은 대안이 있는지) 등을 따져본다. 때로는 배우자나 파트너와 이야기하면서 파티에 갈지 아니면 집에서 넷플릭스 영화나 주구장창 볼지에 관해 대화형 시뮬레이션을 돌리기도 한다.

이런 시뮬레이션은 일상생활에서 꽤 유용하다. 차량들 사이에 갑자기 끼어들어 사고를 내는 것보다 몇 가지 시나리오를 머릿속에서 미리 시험해보는 편이 훨씬 낫다. 파티장에 도착해 문을 열고 들어가 참석자들을 확인한 후 '아, 젠장' 하며 후회하느니 가능한 상황들을 머릿속에 미리 떠올려보는 편이 훨씬 낫다.

우리 실험실에서 프라산타는 뉴로피드백 연구 중 특정 부위의 뇌 활동을 측정하는 뇌파 헤드셋의 최적 구성을 찾는 작업을 했다. 그는 헤드셋을 통한 데이터 수집 입력값을 128개에서 32개로 줄이기 위해 두피 전역에 걸쳐 무작위로 입력값을 하나씩 제거하는 시뮬레이션을 돌렸다. 이 많은 작업을 물리적으로 수행했으면 어땠을지 상상해보라. 몬테카를로 시뮬레이션은 복잡한 문제를 효율적으로 해결하는 데 매우 유용하다.

아무도 확실히는 모르지만, 아마도 머릿속으로 시뮬레이션하는 인간의 능력은 농경사회에서 미래를 계획할 필요성(예를 들어, 수확기를 따져 파종기를 정하기)이 커지면서 진화했을 것이다.《나는 왜 내가 힘들까The Curse of the Self》의 저자 마크 리어리Mark Leary에 따르면 약 5만 년 전에 농업과 재현 예술이 동시에 등장했고, 이때부터 배 만들기도 가능했다고 한다. 그의 지적에 따르면 수확기를 고려해 파종기를 계획하듯이 배 만들기는 "자신의 분신을, 즉 배를 탈 미래의 자신을 머릿속으로 상상할 수 있어야 가능한 작업"이다.[2] 이렇게 정신적 시뮬레이션은 진화적 적응가치를 지닌 특성이 있다.

설령 석기시대 조상들이 계획을 세울 줄 알았더라도, 그들의 계획은 주로 제철 수확과 관련된 비교적 단기간의 계획이었을 것이다. 반면에 오늘날 우리는 주로 정착생활을 한다. 즉 먹이 사냥을 위해 떠돌아다니거나 수확기마다 이주하지 않는다. 또한 우리의 계획은 좀 더 장기적이다. 다음번 수확이 문제가 아니다. 우리는 대학 졸업, 직업, 은퇴, 심지어 화성을 식민지화할 것까지 계획한다. 게다가 우리에게는 우리 자신에 대해 마치 인생의 다음 장을 시뮬레이션하듯이 차분히 생각할 수 있는 시간도 더 많다.

정신적 시뮬레이션의 작동 방식에는 시간 계획 및 시뮬레이션하는 데이터의 해석과 같은 여러 요인이 영향을 미친다. 먼 미래의 일을 시뮬레이션할 경우 미지의 변수가 엄청나게 늘어나 정확도가 떨어진다. 예를 들어 초등학교 6학년이 어느 대학에 진학할지를 예측하기는 고등학교 3학년이 고등학교 성적과 SAT[미국의 수능 시험] 점수, 지원한 대학 및 기타 관련 정보를 아는 상태에서 같은 시뮬레이션을 돌릴 때보다 훨씬 더 어려울 수밖에 없다. 초등학교 6학년생은 어떤 대학에 진학하고 싶은지도 아직 확실치 않을 것이다.

어쩌면 더 중요한 것은 데이터의 품질과 데이터의 해석 방식에 따라 정신적 시뮬레이션에 기초한 예측이 왜곡될 수 있다는 점이다. 이때 주관적 편향이 개입한다. 우리는 세상을 있는 그대로 보는 대신에 우리의 안경을 통해, 즉 우리가 원하는 모습으로 보려 한다. 내가 고등학교 2학년인데 프린스턴대학교에서 온 입학사정관의 설명회를 듣고 큰 감동을 받았다고 가정해보자. 나는 하루 종일 들뜬 마음으로 그곳의 신입생이 되어 고딕 아치형 구조물 아래에서 무반주 합창 연주를 듣고 대학 조정팀에 지원하는 모습을 상상한다. 그러나 내 SAT 점수가 1200점인 데 비해 프린스턴대학교 입학생의 평균 점수가 1450점이라면, 내가 또는 내 친구나 부모가 나를 얼마나 대단하게 생각하는지는 전혀 중요하지 않다. 내가 올림픽 국가대표거나 내 부모가 대학에 건물 한 채(또는 두 채)를 기부하지 않았다면, 머릿속으로 시뮬레이션을 얼마나 많이 돌리든 상관없이 내가 프린스턴대학교에 진학할 확률은 매우 낮을 것이다. 주관적 편향은 세상을 편향대로 바꿀 힘이 없다. 그런데도 마치 그런 힘이 있는 것처럼 행동하면, 잘못된 길로 빠질 뿐이다.

이 점을 염두에 두면서 랜스에 대한 나의 시각을 다시 돌아보자. 어째서 나는 그가 도핑을 했을 리 없다는 확신에 사로잡혀 이런저런 시나리오를 지어내면서 헛된 생각만 했을까? 내가 주관적 편향에 눈이 멀어 시뮬레이션까지 모두 엉망이 되어버린 것일까? 내가 세상을 바라보는 나의 시각에 중독된 것일까?

몇 가지 데이터를 살펴보자.

1. 랜스는 기적적으로 암에서 회복해 최고의 사이클 대회에서 우승했다. 내 해석: 그는 아메리칸드림의 완벽한 예였다. 나도 머리를 처박고 노력하면 무엇이든 할 수 있을 것이다. 나는 인디애나주에서 가난하게 자랐고 고등학교 때 진로 진학 상담 교사로부터 프린스턴대학교는 무리라는 말을 들었기 때문에 그의 이야기가 특히 와닿았다.

2. 그는 약간 멍청하다는 소리를 들었다. 내 해석: 그는 경쟁심이 강하다. 사람들은 당연히 그의 성공을 질투해서 흠을 잡는 것이다.

3. 그는 경기력 향상 약물을 사용했다. 내 해석: 반도핑 제도가 그를 망치려 들었다. 담당자들이 그를 수년간 뒤쫓았지만, 아무것도 증명하지 못했다.

그래서 랜스가 오프라 윈프리Oprah Winfrey와의 인터뷰에서 결국 무너져 도핑 사실을(그리고 적발되지 않으려고 치밀한 계획을 세워 수년간 실행한 사실까지) 인정했을 때, 나는 큰 혼란에 빠지고 말았다. 나는 그를 특정 방식으로 바라보고자 했다. 나는 그를 '놀라운 사람'이라는 완전히 편향된 안경을 통해 바라보고 있었다. 들어오는 데이터는 분명하고 확실했지만, 내가 그것을 정확히 해석하지 못했다. 나는 진실을 마주하고 싶지 않은 마음에 이런저런 시뮬레이션을 계속 돌리면서 내 세계관에 맞는 답을 찾으려 했다. 그러다 마침내 그가 오프라에게 실토했을 때, 내 주관적 편향의 안경은 산산조각이 났다. 사태가 명확히 눈에 들어오자, 나는 빠르게 정신을 차렸다. 이제는 그의 과거 업적을 생각해도 흥분되지 않았다. 그럴 때마다 그의 초인적 능력은 화학적 도움 때문이었다는 생각이 머릿속에 떠올랐다. 그리고 흡연으로 얻는 것이 무엇인지 명확히 알게 된 내 환자들처럼 나도 랜스의 마법에서 풀려나 더 현명하게 내 마음의 움직임에 대처할 수 있게 되었다.

우리의 마음은 종종 시뮬레이션을 통해 결과를 최적화하려 한다. 이런 시뮬레이션은 세상을 있는 그대로 보는 대신에 우리가 원하는 대로 보려는 주관적 편향으로 인해 쉽게 왜곡된다. 그리고 잘못된 시각이 화학물질 중독처럼 마음속에 굳어질수록 자신의 문제를 깨닫기가 더 어려워지고 행동을 바꾸기는 더더욱 어려워진다. 내 경우에 랜스 암스트롱의 이야기는 습관적인 행동을 멈추고 스트레스 나침반을 확인하지 못한, 즉 편향에 끌려다니는 대신에 데이터를 살피고 내 몸과 마음(스트레스, 끝없는 시뮬레이션)에 귀를 기울여 내가 무엇을 놓치고 있는지 깨닫지 못한 잘못에 대한 소중한 교훈이었다.

2번 자아: 영화의 주인공인 나!

2장에서 살펴본 것처럼 머릿속의 특정 이야기가 상당한 보상으로 작용할 수 있으며, 심하면 자신의 자아상에 중독되기도 한다. 그러면 사고의 유연성이 사라져 더 이상 새로운 정보를 받아들이거나 변화하는 환경에 적응할 수 없게 된다. 자신의 자아상에 중독된 사람은 자신이 만든 영화 속의 스타, 우주의 중심이 된다. 이런 자기몰입은 종종 부정적 결과를 초래한다. 랜스 암스트롱 사건으로 인해 나는 상당한 굴욕감을 맛보았지만, 이것은 훨씬 더 큰 피해를 입은 사람들(특히 평판이 크게 나빠진 프로 사이클 선수 전체)에 비하면 비교적 사소한 일이었다. 만약 정치인처럼 사회에 큰 영향력을 행사할 수 있는 사람에 대해 다수의 개인이나 집단이 주관적 편향을 갖게 된다면 어떻게 될까? 역사적으로 이런 일은 아돌프 히틀러와 같은 강력한 카리스마를 지닌 세계 지도자가 등장했을 때 일어났다. 이와 비슷하게 현대 정치인도 우리의 랜스 암스트롱이 될 수 있다. 위대한 미국인의 성공담 등에 빠져 현실을 보지 못할 위험은 도처에 존재한다.

자신을 우주의 중심으로 보는 사고방식은 어떻게 형성될까?

영국 태생의 미국인 동양철학자 앨런 와츠Alan Watts의 자아에 대한 설명은 이에 대한 실마리를 제공한다. 그는 "내가 나 자신이라고 믿었던"[3] 자아에 관한 주관적 편향이 어떻게 형성되고 강화되는지를 설명한다. 이에 따르면 우리는 우리 자신을 특정 시각으로 바라보기를 계속 반복해서 결국에는 이런 자아상이 고정된 시각, 즉 신념이 된다. 이런 신념은 마법처럼 난데없이 생겨나지 않는다. 이것은 반복의 산물이고, 시간이 지나면서 강화된다. 예를 들어 자신이 누구이며 어떤 성인이 되고 싶은지에 대한 생각을 품기 시작한 이십대 청년은 이런 자아상을 뒷받침할 가능성이 높은 사람과 상황에 자연스럽게 끌릴 것이다. 그리고 이런 시각은 이후 몇십 년에 걸쳐 직장과 가정에서 자신의 역할에 점점 더 능숙해져서 마침내 높은 자리와 상당한 재산과 가족 등을 갖춘 사십대가 될 때까지 계속 강화될 것이다.

이런 신념의 형성 과정을 비유적으로 설명하자면 다음과 같다. 새 스웨터나 겨울 외투를 사러 가는 상황을 상상해보자. 조언을 해줄 친구도 데려간다. 우리는 전문 매장이나 백화점에 들러 옷을 입어본다. 이럴 때 우리는 무엇을 살지 어떻게 결정하는가? 우리는 거울을 보며 잘 맞는지, 나와 어울리는지 살펴본다. 그러면서 친구에게 어떠냐고 물어본다. 스웨터가 예쁘긴 한데 품질이 괜찮은지, 너무 비싼 건 아닌지 확신이 서질 않는다. 15분을 왔다 갔다 했지만, 결정을 내릴 수 없다. 친구에게 의견을 묻자, "바로 이거야, 무조건 사야지!"라고 한다. 친구의 긍정적 피드백을 받은 우리는 곧바로 계산대로 향한다.

우리의 자아상도 이와 같은 보상 기반 학습을 통해 형성되지 않을까? 예를 들어 어느 초등학교 6학년 학생이 시험에서 만점을 받았다. 별생각 없이 집에 가서 부모에게 시험지를 보여주자 부모는 "참 잘했어! 똑똑한 내 새끼!"라며 난리를 친다. 이 칭찬이 보상이 되어 아이도 기분이 좋아진다. 다음 시험에서 또 만점을 받은 아이는 지난번 경험을 떠올리며 부모에게 시험지를 보여준다. 부모는 아이의 기대대로 더 많은 칭찬을 늘어놓는다. 이런 강화를 통해 동기가 부여된 아이는 더 열심히 공부해서 학기말에 전과목 만점의 성적표를 받는다. 시간이 지나면서, 친구나 부모의 똑똑하다는 칭찬을 반복해서 들은 아이는 자신이 실제로 똑똑하다고 믿기 시작한다. 굳이 그렇게 생각하지 않을 이유도 없다.

이것은 위에서 언급한 쇼핑의 비유와 다르지 않다. 스웨터를 입은 모습을 거울로 꼼꼼히 살펴보았고, 친구도 잘 어울린다고 확인해주었다. 안 살 이유가 없지 않은가? 같은 스웨터를 반복해서 입을 때마다 뇌에서 시뮬레이션을 돌려 결과를 예측하기 시작한다. 나는 스타일이 멋질 것이다. 나는 똑똑한 사람일 것이다. 나는 칭찬을 받을 것이다.

시간이 지나도 결과가 늘 같으면, 그것에 익숙해지기 마련이다. 이렇게 강화를 통해 습관이 생긴다.

1990년대에 볼프람 슐츠Wolfram Schultz는 일련의 실험에서 이런 유형의 강화 학습과 습관화가 도파민과 어떻게 연결되는지를 보여주었다. 원숭이에게 주스를 보상으로 제공한 학습 과정 중에 원숭이 뇌의 보상 중추를 관찰한 그는 도파민 뉴런의 발화율이 초기 학습 기간에는 증가하다가 시간이 지나면서 점차 감소해 습관적인 발화 모드의 안정된 상태로 전환되는 것을 발견했다.[4] 다시 말해, 칭찬을 받으면 기분이 좋아지는 도파민 보상을 통해 '나는 똑똑하다'는 식의 학습이 이루어진다. 그러다 "전과목 만점이라니, 참 잘했어!"라는 부모의 칭찬을 백 번쯤 듣게 되면, 이미 익숙해진 아이는 시큰둥한 반응을 보일 것이다. 아이는 자신이 똑똑하다는 부모의 말을 믿지만, 보상의 주스는 더 이상 그렇게 달콤하지 않을 것이다. 와츠의 지적처럼, 자신이 똑똑하다는 시각은 시간이 지나면서 "이런저런 습관의 덩어리"에 불과한 것이 된다. 흡연이나 페이스북에 재치 있는 명언을 올리는 행동처럼, '나는 똑똑한 애야!'와 같은 자아상도 보상과 강화를 통해 형성될 수 있다. 나아가 이런 과정이 다른 주관적 편향에도, 즉 우리의 자아상에 기초해 우리의 세계관을 물들이는 성격 특성과 특징, 다시 말해 '자아의 습관'에도 적용되는지 살펴볼 필요가 있다.

병리적 성격

보상 기반 학습의 메커니즘이 적용되는지를 확인하기 위해 성격 스펙트럼상의 극단적 사례부터 살펴보자. 성격장애는 흔히 정상적인 성격 특성들의 부적응적 확장으로 간주되는 만큼 인간의 존재 조건을 이해하는 데도 도움이 될 수 있다. 특정 성격 특성이 10배로 증폭된 경우를 상상해보라. 확대하면 내부 과정이 더 뚜렷이 보인다. 중독과 마찬가지로 성격장애도 반복된 행동이며, 이것이 '정상 사회'에서는 부정적 결과와 연합되어 두드러져 보일 뿐이다.

정상적인 자아상은 성격 스펙트럼의 중간 어딘가에 있다고 가정하자. 이런 자아상의 발달은 어린 시절이 비교적 안정된 궤도를 따라 진행되었음을 시사한다. 보상 기반 학습의 관점에서 보자면 이것은 부모가 자식을 꽤 예측 가능하게 대했음을 의미한다. 아이가 좋은 성적을 받으면 칭찬을 들었을 것이고, 거짓말을 하거나 물건을 훔치면 처벌을 받았을 것이다. 이런 아이는 성장기 내내 부모의 많은 관심과 사랑을 받는다. 아이가 넘어져 다치면 부모는 아이를 일으켜 세워주고, 아이가 학교에서 따돌림을 당하면 너는 똑똑한(또는 2장의 십대 소녀들 표현처럼 "주목받는") 아이라고 안심시킨다. 이렇게 시간이 지나면서 안정된 자아상이 발달한다.

성격 스펙트럼의 한쪽 끝에는 지나친 자존심 부추기기를 경험해 오만해진 또는 지나치게 자신감이 넘치는 사람이 있을 것이다. 예를 들어 나의 이전 동료 중에 전공의 과정과 직장생활 초기에 '엄친아' 취급을 받은 사람이 있었다. 내가 그와 마주칠 때마다 우리의 대화 주제는 늘 그 친구였다. 나는 그가 발표한 논문, (치열한 경쟁을 뚫고!) 그가 따낸 연구비, 그가 치료한 환자들의 놀라운 회복 과정 등에 대한 이야기를 들어야만 했다. 그럴 때마다 나는 그의 성공을

축하해주었는데, 이것은 우리가 다음번에 마주칠 때 똑같은 과정이 반복되도록 그를 자극했을 것이다. 촉발 요인(저드슨과 마주침), 행동(새로운 성공담), 보상(축하받기). 내가 어떻게 해야 했을까? 그에게 꼴도 보기 싫다고 말해야 했을까?

성격 스펙트럼의 이 극단에는 이른바 '자기애성 성격장애 narcissistic personality disorder'가 있다. 자기애성 성격장애의 특징은 타인의 인정을 받으려는 목표 설정, 타인의 반응을 지나치게 살피는 태도(다만 타인이 자신에게 중요한 인물로 지각된 경우), 관심의 초점이 되려는 과도한 시도, 칭찬의 추구 등이다. 자기애성 성격장애의 원인은 불분명하지만, 유전적 요인이 어느 정도 영향을 미치는 것으로 알려져 있다.[5] 보상 기반 학습의 단순한(어쩌면 너무 단순한) 관점에서 보면, 이것은 '나는 똑똑한 애야!' 패러다임이 엇나간 경우라 하겠다. 어쩌면 이것은 지나친 칭찬만 있고("모두가 트로피를 받을 자격이 있지만, 특히 너는 더더욱 그래!") 바로잡는 처벌이 전무한("우리 애는 알아서 잘할 거야") 일방적인 양육 방식의 지원을 받아 보상 기반 학습이 지나치게 촉진되어 사회규범을 넘어서는 지경까지 굳어진 것일지 모른다. 유전적으로 알코올 중독 성향이 있는 사람처럼 이제 이런 아이에게는 칭찬을 선호하는 취향, 아니, 쉽게 충족되지 않는 갈망이 형성되었다. 이런 아이는 술이 아니라 지속적인 긍정적 강화를 갈망한다. "날 좋아해줘. 내가 대단하다고 말해줘. 또 해줘."

이제 성격 스펙트럼의 다른 쪽 끝으로 이동해보자. 안정된 자아상이 (정상적으로든 과도하게든) 발달하지 않으면 어떻게 될까? 이것은 '경계성 성격장애borderline personality disorder'에 해당할 수 있다. 최신《정신질환의 진단 및 통계 편람Diagnostic and Statistical Manual of Mental Disorders》에 따르면 이 성격장애는 "제대로 발달하지 않았거나 불안정한 자아상", "만성적인 공허감", "불신, 애정결핍, 실제 또는 상상 속의 버림받음에 대한 집요한 불안으로 점철된 강렬하고 불안정하며 갈등적인 친밀한 관계", "중요한 타인의 거부 또는 중요한 타인과의 이별에 대한 두려움", "낮은 자존감" 등의 다양한 증상을 보인다.

나는 정신과 전공의 과정에서 경계성 성격장애에 관해 배우면서 이 특징 증상 목록이 좀처럼 이해되지 않았는데, 이제 그 이유를 알 것 같다. 나는 느슨하게 연결된 듯한 이 모든 증상을 하나로 묶을 수 없었다. 적어도 내가 보기에 이것들은 일관성이나 통일성이 없었다. 내 진료실이나 우리 병원의 정신과 응급실로 환자가 오면 나는 진단 기준 목록을 꺼내어 경계성 성격장애의 '스웨터'가 환자에게 맞는지 따져 보곤 했다. 그러면 잘 맞는 사람도 있었고 그렇지 않은 사람도 있었다. 우리 병원의 약물치료 옵션도 이 증상군을 종합적으로 이해하는 데 별 도움이 되지 않았다. 관련 치료 지침은 증상 완화에 초점을 맞추고 있었다. 즉 환자에게 우울증이 있으면 우울증을 치료하고, 정신병 증상이 약간 보이면('미세정신증') 소량의 정신병약을 처방하는 식이었다. 그러나 이런 증상 중심 치료는 경계성 성격장애 환자에게 큰 도움이 되지 않았다. 성격장애는 만성적이어서 치료가 어렵다. 의학전문대학원에서 내가 배운 바에 따르면 경계성 성격장애 환자의 한 가지 '연성징후'(진단에 도움이 되지만 진료기록부에는 절대로 기재되지 않는 속설과 같은 것)는 곰인형을 들고 병원을 찾는 행동이다. 어찌 보면 안정된 자아상이나 정체성을 형성하지 못한 채 성인이 된 경계성 성격장애 환자를 어떻게 치료해야 할까?

내 지도교수들은 마치 노련한 장군이 병사를 전장으로 보내면서 '병사여, 행운을 비네!'라고 눈빛으로 말하듯이 내게 임상의 지혜를 전수해주었다. 그들은 내게 다음과 같이 충고했다. "환자와 매주 같은 시간에 약속을 잡아라." "진료실의 모든 것을 똑같이 유지해라." "환자가 추가 진료를 요청하는 전화를 하면, 정중하지만 단호하게 거절해라." 또한 나는 다음과 같은 경고도 들었다. "환자는 계속해서 자네의 경계를 허물려 하는데, 절대로 밀리지 마라!" 경계성 성격장애 환자를 몇 명 진료한 후 나는 이 말을 점차 이해하게 되었다. 절박한 환자의 전화를 한 번 받기 시작하면, 더 많은 전화가 쏟아졌다. 진료 시간을 한 번 연장하면, 다음 진료 시간이 끝날 때으레 시간을 더 달라는 눈짓이 돌아왔다. 내가 경계성 성격장애 환자들을 진료하면서 쏟은 시간과 에너지는 제각각이었다. 그들과의 상호작용이 매번 내게는 총알 피하기와도 같았다. 그것은 전투와 다름없었고, 나는 늘 패잔병 같았다. 그래도 나는 최선을 다해 버티면서 방어선을 지키려 했다. 더 이상 어떤 추가 시간도, 어떤 추가 약속도 허용하지 않으려고 노력했다. 방어선을 사수해라!

어느 날 환자와의 상호작용에 대해 (나도 모르게) 너무 오랫동안 고민하던 중에 불현듯 무언가가 분명해졌다. 내 머릿속의 전구에 불이 들어왔다. 안정된 성장과정을 거치지 않으면 어떻게 될까? 나는 조작적 조건화의 렌즈를 통해 경계성 성격장애를 바라보기 시작했다. 혹시 경계성 성격장애 환자가 예측 가능하고 꾸준한 피드백 또는 안정된 강화 대신에 간헐적 강화를 제공하는 슬롯머신과 같은 어린 시절을 보낸 것은 아닐까? 나는 몇 가지 조사를 해보았다. 경계성 성격장애 환자의 어린 시절 양육환경과 관련해 가장 일관된 연구 결과 중에는 낮은 수준의 모성애와 성적·신체적 학대가 포함되어 있었다.[6] 게다가 내 환자들의 진술도 이를 뒷받침했다. 수많은 방치와 학대. 이것은 어떤 종류의 방치였을까? 내 환자들은 부모가 어떨 때는 따뜻하고 사랑이 넘쳤지만, 또 어떨 때는 정반대였다고 말했다. 그들은 엄마나 아빠가 언제 집에 와서 자신을 안아줄지 또는 때릴지 예측할 수 없었다. 이제 퍼즐 조각이 맞춰지기 시작했다. 그러다 최근에 진료한 환자의 행동에 대해 곰곰이 생각하며 칠판 앞에서 서성이던 중에 갑자기 완성된 그림이 떠올랐다.

환자들의 증상과 지도교수의 조언이 이제야 함께 이해되기 시작했다. 경계성 성격장애 환자에게 안정된 자아상이 발달하지 못한 까닭은 아마도 예측 가능한 상호작용 규칙이 없었기 때문일 것이다. 랜스에게 중독되었던 내 경우보다 더 심각하게(내 시뮬레이션은 적어도 그의 자백과 함께 영원히 멈추었다) 이런 환자들의 뇌는 계속 사랑받고 있다고 또는 적어도 살아 있다고 느끼기 위한 끊임없는 시뮬레이션의 과부하 상태에 있었다. 레버를 누르는 쥐나 페이스북에 무언가를 올리는 사람들처럼 그들은 무의식적으로 다음 도파민 보상을 받기 위한 방법을 찾고 있었다. 내 진료 시간이 길어지면, 그들은 특별대우를 받는다고 느꼈다. 행동-보상. 그들이 "정말로 필요해요"라고 간청해서 추가 진료 시간이 잡히면, 그들은 자신이 특별하다고 느꼈다. 행동-보상. 순진한 나는 그들이 언제 '위기'에 처할지 몰랐기 때문에 최선의 대응이 무엇인지를 즉흥적으로 결정해야 했다. 이 때문에 환자도 나도 내 행동을 예측할 수 없었다. 가장 기본적인 의미에서 그들에게는 그들을 사랑해주고 안정된 애착의 대상이 되며 그들이 세상에 예측 가능한 지침을 제시할 누군가가(이 경우에는 내가) 필요했다. 그래서 그들은 그렇게 보이는 내 행동을 유발하려고 무의식적으로 노력했다. 나의 일관되지 않은 행동은 그들에게 오히려 가장 끈적한 유형의 강화처럼 작용했다. 나도 모르게 나는 접착제 역할을 하고 있었다.

보상 기반 학습의 새로운 렌즈를 통해 바라보자 환자들의 시각이 더 쉽게 이해되었다. 더 나아가 나는 그들과 공감할 수도 있었다. 예를 들어 인간관계의 극단적 이상화와 평가절하는 경계성 성격장애의 대표적인(그러나 이전에는 혼란스러웠던) 한 가지 특징이다. 이상화와 동시에 평가절하라니, 역설적이지 않은가? 그들은 새로운 친구나 연인에 대해 엄청나게 칭찬을 늘어놓다가도 몇 주 지나면 그 사람을 '쓰레기 목록'에 넣어 놓곤 한다. 그들은 막 꽃피기 시작한 관계에 모든 것을 쏟아부으면서 삶의 안정을 꿈꾼다. 이것은 양쪽 모두에게 보상으로 작용하기 쉬운데, 왜냐하면 관심받기를 싫어하는 사람은 없기 때문이다. 그러다 상대방(예를 들어 남자 친구)이 관계에 익숙해지기 시작하면, 이 긍정적 느낌도 조금씩 사그라든다. 경계성 성격장애를 가진 쪽의 과도한 관심이 어느 순간부터 숨막히게 느껴지기 시작한다. 남자 친구는 이런 집착이 건강한 것일까 의아해하면서 점차 거리를 두기 시작한다. 그러면 불안정한 낌새를 알아챈 내 환자는 '과잉 모드'로 진입할 것이다. "안 돼, 이러다 또 잃겠네. 전력을 다해 붙잡아야 해!" 이는 남자 친구가 원하는 것의 정반대이므로 역효과를 낼 것이며, 그러면 이별의 쓴잔을 마신 환자로부터 또 다른 위기의 치료를 위한 특별 진료를 요청하는 전화가 또다시 걸려 올 것이다. 아버지에게 버림받은 느낌에 시달리던 나의 한 여성 환자는 이렇게 필사적으로 안정감을 찾아 헤매면서 거의 100개에 달하는 직장과 인간관계를 전전했다.

    이제 나는 그저 총알을 피하면서 또 다른 진료 시간을 무사히 마치기만 바라는 대신에 의미 있는 질문을 던질 수 있게 되었다. 난해하고 끊임없이 변하는 듯한 치료 지침서를 판독하려고 애쓰는 대신에 나는 환자 입장에서 끊임없이 불편함에 시달리며 일시적인 안도감을 선사할 다음 도파민 보상을 찾아 헤매는 내 모습을 상상해보았다. 이렇게 나는 문제의 핵심으로 곧장 들어갈 수 있었다. 이제 나는 경계성 성격장애 환자들에게 '추가' 시간을 주지 않아도 갈등이나 죄책감을 느끼지 않았다. 그것이 환자들에게 도움이 되기보다 해가 된다는 사실이 분명해졌고, 이 점에서 나의 히포크라테스 선서("첫째, 해를 끼치지 말 것!")는 명확했기 때문이다. 이런 접근법을 적용하고 이로부터 배우면서 경계성 성격장애 환자를 진료하기가 더 쉬워졌다. 나는 항상 정시에 진료를 시작하고 끝내는(더 이상의 간헐적 강화는 없다!) 아주 간단한 지침부터 적용하기 시작했고 이를 통해 안정된 학습과 습관화가 가능해지면서 그들이 더 안정된 자아상과 세계관을 키우도록 도울 수 있었다. 이 기법은 터무니없이 단순해 보였지만 놀랍도록 효과적이었다. 나는 더 이상 '적'과 싸우는 최전선에 있지 않았다. 나의 치료와 환자들의 결과가 모두 향상되었다. 나는 환자들과 협력하면서 그들의 증상을 그저 관리하는 대신에 그들의 삶이 나아지도록 최선을 다해 도왔다. 우리는 반창고를 붙이던 단계에서 출혈을 멈추기 위해 상처에 직접 압박을 가하는 단계로 나아간 셈이었다.

주관적 편향 개념으로 돌아가자면, 나는 그동안 내가 환자들에게 훌륭한 일을 하고 있다고 스스로를 속였을지 모른다. 어쩌면 그들은 나를 기쁘게 할 목적으로(그래서 우리 모두에게 보상이 되는 것을 받기 위해) 그들의 행동(이 경우, 나를 해고하고 다른 의사를 찾아가지 않는 행동)을 통해 내게 긍정적 강화를 주었을지 모른다. 내가 그저 한 접착제를 다른 접착제로 바꾸고 있는 것이 아님을 확인하기 위해 나는 동료들과 많은 대화를 나누었고 보상 기반 학습의 관점에서 본 경계성 성격장애에 관해 강연했다(과학자와 임상의는 이론과 치료법의 오류를 지적하는 데 도가 튼 사람들이다). 이 접근법은 그들에게 미친 소리로 들리지 않았다. 내가 사례 기반 학습의 형식으로 내 환자들에 관해 전공의들과 논의했을 때, 전공의들은 이제야 총알이 날아다니던 최전선에서 물러나 그들의 환자를 더 잘 이해하고 치료할 수 있게 되었다면서 내게 감사를 표했다. 그리고 한 대담한 수석전공의와 몇몇 연구 동료와 나는 「경계성 성격장애에 관한 계산적 설명: 신체 시뮬레이션을 통한 자신과 타인에 대한 예측 학습 장애」라는 제목의 (자신의 견해를 더 넓은 분야에 전파하기 위한 성배와도 같은) 동료 평가 논문을 발표했다.[7]

이 논문에서 우리는 "기저 병태생리학을 다루는 치료법을 위해 유용한 치료 지침"이 될 수 있는 경계성 성격장애 증상에 대한 알고리즘적 설명을 제시했다. 경계성 성격장애가 예측 가능한 규칙을 따르는 것을 확인한 우리는 이에 대한 치료법을 개발할 수 있었다. 이런 접근법을 통해 우리는 이전보다 더 정확하게 경계성 성격장애의 핵심 원인과 기여 요인을 특정할 수 있었다. 예를 들어 보상 기반 학습의 변경은 경계성 성격장애 환자의 주관적 편향에 뚜렷한 변화를 초래했다. 내가 눈앞의 명백한 증거에도 랜스의 도핑을 인정하지 않았던 것처럼, 경계성 성격장애 환자는 특히 감정조절 장애가 있는 경우 자신이나 타인의 행동과 그 결과를 잘못 해석하곤 한다. 그리고 이런 편향은 타인과 자신의 정신상태에 대한 부정확한 시뮬레이션으로 이어진다. 새로운 인간관계를 맺기 시작할 때 상대방에게 쏟는 과도한 관심은 이런 심리적 장벽으로 설명될 것이다. 본인에게는 이런 강렬한 관심이 당연해 보이지만, 상대방에게는 아주 부적절하거나 섬뜩하게까지 느껴질 수 있다. 그러다 새로 생긴 연인이 거리를 두기 시작하면 어떻게 될까? 상대방의 사랑(관심)을 원하는 사람은 상대방도 똑같이 사랑을 원할 것이라고 가정하면서 더 많은 사랑을 베풀려는 유혹에 넘어가기 쉬운 반면에, 한발 물러나 상대방의 관점에서 상대방이 숨 막힐 정도로 답답해할지 모른다는 현실을 직시하기란 쉽지 않다. 이런 경우 특히 경계성 성격장애 환자는 부상 기반 학습에 어려움을 겪을 것이며, 사회적 상호작용의 결과를 예측하는 데도 어려움을 겪을 것이다. 약물을 찾기 위해 많은 시간과 노력을 들이는 중독자처럼 경계성 성격장애 진단을 받은 사람들은 자신도 모르게 깊은 공허감을 채워줄 단기적인 도파민 보상과도 같은 타인의 관심을 낚기 위해 갖은 노력을 다한다.

앞서 살펴본 것처럼 이런 종류의 학습 실패는 좋은 결과를 낳을 수 없다. 에너지만 허비하고 인간관계와 삶 전반의 안정을 찾으려는 목표는 이루지 못할 것이다. 이런 성향이 10배로 증폭되면 경계성 성격장애의 또 다른 특징인 심한 감정 기복(즉 환자에게 정말로 세상이 끝난 것 같은 느낌이 드는 위기의 빈번한 발생)을 포함한 병리적 성격 특성들이 나타난다. 경계성 성격장애 환자들은 끊임없는 광적인 추구로 지치고 탈진하는데, 이 모든 것은 학습 과정이 엇나간 결과라 하겠다.

중도로의 복귀

너무 약하거나 너무 강한 자아의 형태를 띠는 극단적 성격을 이렇게 보상 기반 학습의 관점에서 바라보면 인간의 존재 조건을 더 잘 이해할 수 있다. 우리가 늘 정신적 시뮬레이션을 돌린다는 사실을 깨닫는 것이 중요하다. 우리 자신의 시뮬레이션을 깨달으면 이에 사로잡혀 헤매면서 시간과 에너지를 허비하는 것을 막을 수 있다.

주관적 편향의 작동 방식을 이해하면 궤도를 이탈한 시뮬레이션을 다시 정상 궤도로 되돌릴 수 있다. 그리고 이제 주관적 편향이 어디에서 비롯하는지도, 즉 "내가 얼마나 대단한지 봐라"라고 외치는 스타 배우와 무대 뒤편에 쭈그리고 앉아 어떻게 하면 카메라 앞에 설 수 있을지 고민하는 소외된 배우의 양극단 사이 어딘가에서 주관적 편향이 생긴다는 사실도 더 분명하게 눈에 들어온다. 관심, 강화, 칭찬 등을 좇는 중독성 스펙트럼에 빨려 들어가 주관적 편향이 이를 촉진하고 이를 통해 주관적 편향이 더욱 강화되는 악순환을 볼 수 있어야 한다. 우리가 어떤 점에서 편향되어 있는지 깨닫는 것은 왜곡된 세계관의 안경을 벗기 위한 출발점이다. 주관적 편향이 언제 어떻게 문제를 일으키는지 깨닫는 것은 이런 편향을 바로잡기 위한 첫걸음이다.

앞서 언급한 것처럼 주관적 편향의 작동 방식에 대한 이해를 바탕으로 삶을 개선하기 위한 첫걸음은 우리의 스트레스 나침반을 꺼내어 우리의 행동이 낳는 결과를 직시하는 것이다. 2장에서 우리는 우리가 우리 자신에게 빠지도록 만드는 접착제 역할을 하는 소셜미디어에 대해 살펴보았다. 그러나 현대 기술은 우리가 이미 수천 년 전부터 사회적 동물로서 해왔던 것들을 활용할 뿐이다. 예를 들어 누가 우리의 비위를 맞춰주면 어떤 기분이 드는가? 뿌듯함과 약간의 흥분이 느껴지지 않는가? 우리의 비위를 맞춰주는 사람에게 기대어 더 많은 것을 기대하지 않는가? 내가 나도 모르게 동료에게 그랬던 것처럼, 누군가의 자아를 계속 쓰다듬어주면 어떻게 되는가? 그러면 상대방은 무엇을 얻고, 또 우리는 무엇을 얻는가? 내 경우에 그때 얻은 것은 그 '엄친아'의 자기 자랑을 계속 들어줘야 하는 고통뿐이었다.

이럴 때 상황을 좀 더 명확히 보려면 한발 물러나 우리의 나침반을 확인할 필요가 있다. 우리의 습관적인 또는 당장 편리한 듯한 반응 때문에 (우리 자신과 타인의) 불편함이 계속 유지되는 것은 아닐까? 한발 물러나 자신의 가정과 편향 때문에 나침반을 잘못 읽고 있지 않은지 주의 깊게 살펴볼 때 비로소 자아의 불길을 계속 부채질하는 어리석은 행동을 멈출 수 있지 않을까? 종종 우리가 처한 상황과 우리의 삶을 개선할 수 있는 기회가 불분명해 보이는 까닭은 우리가 이런 상황에 너무 익숙해져 있기 때문이다. 커트 보니것 Kurt Vonnegut의 소설 《호커스 포커스Hocus Pocus》에 나오는 말처럼 "우리가 스스로를 훌륭하게 여긴다고 해서 우리가 실제로 그런 것은 아니다." 우리 자신의 자아상에 주의를 기울이고 나아가 이를 의심할 줄 알아야 한다. 누가 우리의 결점이나 진정한 강점을 지적할 때, 이런 건설적 비판이나 진심 어린 충고를 외면하는 대신에 상대방의 피드백을 감사히 받아들일 줄 알아야 한다. 우리는 피드백을 통해 성장한다. 또한 우리는 때때로 타인의 결점을 (정중하게) 지적하거나 적어도 우리 마음속에 다음과 같은 팻말을 세울 줄 알아야 한다. "경고! 저 사람의 자아를 부추기지 말자."

4장
영혼을 쏙 빼놓는 나만의 세상
: 재미 중독

> 대중오락의 영리한 장치들은 스스로를 치료하는 중독성 자기도취자를 양산하는 싸구려 정신수양 수단이다.
>
> _코넬 웨스트Cornel West

> 십대들은 서로에게 '완전히 집중하기'에 관해 이야기한다. 그들은 주의 분산의 문화 속에서 자란다. 그들은 어릴 적에 부모가 그네를 밀어주면서 휴대전화를 들여다보던 모습을 기억한다. 지금 그들의 부모는 저녁 식탁에서도 문자를 보내고 방과 후 아이를 데리러 와서도 휴대전화에서 눈을 떼지 않는다.
>
> _셰리 터클Sherry Turkle

밤에 신호등 앞에서 차를 멈추고 주위 차량을 둘러보았을 때, 사람들이 가랑이 사이에서 뿜어져 나오는 푸르스름하고 희끄무레한 불빛에 홀려 있는 으스스한 광경을 목격한 적이 있지 않은가? 직장에서 프로젝트가 한창 진행 중일 때, 갑자기 이메일을 (또다시) 확인하고 싶은 충동을 느낀 적이 있지 않은가?

대략 한 달에 한 번쯤 나는 《뉴욕타임스》(내 중독물?)에서 현대 기술에 중독된 누군가의 또 다른 기고문을 읽게 된다. 그것들은 마치 고해성사와도 같다. 그들은 아무 일도 할 수 없으며, 사생활은 엉망진창이 되었다고 말한다. 그렇다면 어떻게 해야 할까? 그들은 몇 주간 기술 '단식'이나 '휴가'를 시도한 후 "보라!" 하고 외친다. 그들은 지난 1년간 침대 옆 탁자에 놓아두었던 소설을 한 번에 한 문단 이상 읽었다며 흥분을 감추지 못한다. 이것이 정말로 그렇게 심각한가?

짧은 퀴즈를 통해 우리 자신의 상태를 체크해보자. 이 경우 'X'는 휴대전화를 의미한다. 해당하는 항목에 체크 표시를 해보자.

- ☐ 원래 의도한 것보다 오래 X를 사용한다.
- ☐ X 사용을 줄이거나 중단하고 싶지만, 그렇게 되질 않는다.
- ☐ X를 사용하거나 사용 후 정신을 차리는 데 많은 시간을 쓴다.
- ☐ X를 사용하고 싶은 갈망과 충동을 느낀다.
- ☐ X 때문에 직장, 가정, 학교 등에서 할 일을 제대로 하지 못한다.

☐ X 때문에 인간관계에 문제가 생겨도 X를 계속 사용한다.
☐ X 때문에 중요한 사회활동, 직업활동, 여가활동 등을 포기한다.
☐ X 때문에 위험한 상황에 빠져도 X를 계속 사용한다.
☐ X 때문에 신체적 또는 심리적 문제가 생겼거나 더 악화될 수 있다는 것을 알면서도 X를 계속 사용한다.
☐ 원하는 효과를 얻으려면 더 많은 X가 필요하다(내성).
☐ X를 더 많이 사용하면 완화되는 금단증상이 나타난다.

체크한 항목마다 1점을 부여하라. 총점을 통해 자신의 스마트폰 중독 정도를 다음과 같이 가늠할 수 있다. 경미한 수준(체크 표시 2~3개), 보통(4~5개), 심각한 수준(6~7개).

1장에서 우리는 중독을 "부정적 결과를 낳는데도 계속 사용하는 것"이라고 정의한 바 있다. 위의 항목은 실제로 《정신질환의 진단 및 통계 편람》에 실린 진단점검표다. 나와 내 동료들은 이것을 사용해 사람들의 물질사용장애 여부 및 중독 정도를 평가한다.

당신은 어떤 점수를 받았는가? 2016년 갤럽 여론조사에서 응답자의 절반이 한 시간에 여러 번 또는 그 이상 휴대전화를 확인한다고 답한 것처럼, 당신도 '휴, 나는 그래도 경증이네. 별일 아니야'라고 생각하지 않았는가? 또는 '휴대전화 중독은 어차피 피해자 없는 범죄와도 같은데, 무슨 상관?'이라고 생각하진 않았는가?

당신이 지금 어떻게 생각하든, 적어도 자녀를 안전하게 보호하는 것이 부모의 '주요 의무'라는 데는 동의하지 않는가? 좋다. 벤 워던Ben Worthen의 2012년 《월스트리트저널》 기사에 따르면 아동 부상률은 놀이터의 기본적인 개선, 아기 안전문 설치 등으로 인해 1970년대 이래로 꾸준히 감소했다.[1] 그러나 미국 질병통제예방센터에 따르면 5세 미만 아동의 비치명적 부상은 2007년부터 2010년까지 12퍼센트 증가했다. 아이폰은 2007년에 출시되었고, 2010년까지 스마트폰을 소유한 미국인의 수는 6배나 증가했다. 이것이 그저 우연의 일치일까? 앞에서도 말했듯이, 우리의 뇌는 사물을 연합하기를 좋아한다. 그리고 상관관계가 인과관계를 의미하지는 않는다.

2014년에 크레이그 팔슨Craig Palsson은 「아야! 스마트폰과 아동 부상」이라는 제목의 논문을 발표했다.[2] 그는 2007년부터 2012년까지 5세 미만 아동의 비치명적·비의도적 부상에 관한 질병통제예방센터 데이터를 이용했다. 당시에는 3G 통신망을 확장한 AT&T 통신사를 통해서만 아이폰을 사용할 수 있었다는 점에 착안한 그는 이 데이터를 토대로 아이폰 사용 증가가 간접적으로 아동 부상 급증에 인과적 기여를 했는지 살펴보았다. 그는 전국 병원 부상 감시 데이터베이스를 토대로 아동 부상 사례를 보고한 병원이 "부상 시점에 3G를 이용할 수 있던 지역에 소재"했는지 여부를 확인할 수 있었다. 그 결과, 3G 서비스를 받기 시작한 지역에서 (부모의 감독이 소홀할 때 가장 위험한 연령대인) 5세 미만 아동의 부상이 증가한 것으로 나타났는데, 이는 부상과 스마트폰 사용 간에 간접적이지만 인과적인 관계가 있음을 시사한다. 이것이 결정적 증거는 아니었지만, 더 조사해볼 가치가 있었다.

워던의 《월스트리트저널》 기사에는 18개월 된 아들과 함께 걸으면서 아내에게 문자를 보낸 한 남성의 사례가 소개되어 있었다. 이 남성이 고개를 들어 보니 아들은 경찰이 가족 간 싸움을 말리던 현장 한가운데로 걸어 들어가 있었고, 아들은 경찰에게 "거의 짓밟힐 뻔했다"고 했다.

그런가 하면 누가 스마트폰에 정신이 팔려서 차도로 걸어 들어갔다거나 부두에서 발을 헛디뎌 바다로 떨어졌다는 기사나 유튜브 영상을 접하곤 한다. 2007년부터 2010년까지 휴대전화 사용과 관련된 보행자 부상이 3배 이상 증가했다는 2013년의 보고서는 그리 놀랍지도 않다.[3] 또한 2015년이 첫 6개월 동안 보행자 사망률이 10퍼센트 증가했는데, 이는 40년 만에 가장 큰 폭의 증가였다.[4] 몇 년 전 뉴헤이븐시에서는 예일대학교 캠퍼스 주위의 횡단보도에 '고개를 드세요'라는 큰 노란 글자를 스프레이로 도색했다(뉴욕시에서도 비슷한 조치가 이루어졌다). 요즘에는 대입 기준이 낮아졌나? (그렇지 않을 것이다.) 아니면 어째서 젊은이들은 휴대전화의 유혹에 사로잡혀 간단한 생존 기술까지 잊어버린 것일까?

어째서 사람들은 이렇게 산만해졌는가

보상 기반 학습은 선택적 생존 이점을 제공한다. 즉 우리는 이런 학습을 통해 음식이 있는 곳을 기억하고 위험을 피하는 법을 배우게 된다. 그런데 어째서 현대 기술은 우리를 위험에 빠뜨리는 정반대의 일을 하는 것처럼 보일까? 2장에서 우리는 자신과 관련된 보상 기반 학습의 기회를 제공하는 특정 기술 요인(즉각적인 접속, 빠른 보상 등)에 관해 살펴보았다.

3장에서 언급한 볼프람 슐츠의 획기적인 실험에서 원숭이가 특정 행동에 대한 보상(약간의 주스)을 받았을 때 원숭이 뇌의 측좌핵에서는 도파민이 분비되었다. 이런 도파민 분비에 대한 뉴런의 반응은 계속 지속되지 않기 때문에 '일과성 발화phasic firing'라고 부른다. 시간이 지나면 도파민을 통해 활성화된 뉴런은 이런 유형의 발화를 멈추고, 보상을 받아도 낮은 수준의 지속적인(전문용어로는 '기저성tonic') 활성 상태를 유지한다. 신경과학의 현재 지식에 따르면 일과성 발화는 특정 행동과 보상을 연합하는 학습에 기여한다.

그리고 바로 여기에서 마법이 일어난다. 행동과 보상의 연합이 이루어지면, 도파민 뉴런은 보상을 예측하는 자극에 반응해 일과성 발화 양식으로 바뀐다. 보상 기반 학습의 무대에 촉발 요인이 등장한 셈이다. 누가 담배를 피우는 것을 보면, 갑자기 담배를 피우고 싶은 갈망이 생긴다. 갓 구운 쿠키 냄새가 나면, 기대감으로 입안에

군침이 돌기 시작한다. 최근에 내게 고함친 사람이 다가오는 것이 보이면, 즉시 탈출구를 찾기 시작한다. 이런 것들은 우리가 보상행동과 연합하도록 학습한 환경 단서다. 어쨌든 우리는 실제로 쿠키를 먹지도 않았고 적과 마주치지도 않았다. 우리의 뇌가 다음에 일어날 일을 예측했을 뿐이다. 내 환자들은 이런 모습을 자주 보인다. 그들은 (무엇에 중독되었든 상관없이) 중독물의 다음 '한 방'을 기대하며 초조하게 안절부절못한다. 때로는 내 진료실에서 최근에 나쁜 습관에 다시 빠졌던 기억을 떠올리면서 미묘하게 흥분하기도 한다. 기억만으로도 도파민이 분비되기에 충분한 셈이다. 내 환자들은 약물 사용 장면이 나오는 영화를 보기만 해도 (갈망의 파도를 타기 위한 정신적 도구가 없는 경우) 이 '가려움'을 긁기 위한 약물 찾기 모드로 전환되곤 한다.

    흥미롭게도, 이런 도파민 뉴런은 촉발 요인이 있을 때 예측 모드로 전환될 뿐만 아니라 예상치 못한 보상을 받을 때도 발화한다. 이는 혼란스럽게 들릴 수 있다. 어째서 우리의 뇌는 보상을 예측할 때와 예상치 못한 일이 일어날 때 모두 발화할까? 3장의 '나는 똑똑한 애야' 예로 돌아가보자. 학교 시험에서 처음으로 만점을 받고 집에 온 아이는 처음 겪는 상황이기 때문에 부모가 어떻게 반응할지 모른다. 아이는 조심스럽게 시험지를 부모에게 건네면서 다음에 무슨 일이 벌어질지 궁금해한다. 새로운 상황에 직면한 아이의 뇌는 무엇을 예측해야 할지 감을 잡지 못한다. 처음으로 부모의 칭찬을 받은 아이의 뇌에서 대량의 도파민이 일시적으로 분비되는데, 이는 앞서 설명한 보상 기반 학습과 습관화 과정의 출발점이 된다. 처음으로 그저 그런 점수를 받아서 집으로 간 경우에도 같은 일이 일어나며('엄마가 뭐라 할까?'), 이런 과정은 아이의 일상 세계에 대한 지도가 상당 부분 완성될 때까지 반복된다. 함께 놀기로 약속한 절친한 친구 수지가 문을 두드리면, 나는 즐거운 시간이 될 것이라고 예상한다. 그런데 그녀가 집에 들어와 갑자기 "너는 정말 나빠!"라며 장광설을 늘어놓으면, 이를 예상치 못한 내 도파민계는 미쳐 날뛰게 된다. 다음에 수지와 마주치면 우리의 상호작용이 어떻게 전개될지 불확실한 나는 조금 경계하거나 관망하는 태도를 취할 것이다. 이런 반응의 생존 이점이 무엇인지는 자명하다. 즉 우리가 신뢰할 수 있는 사람과 그렇지 못한 사람을 예측할 수 있다면, 그것은 우리에게 큰 도움이 될 것이다. 다시 말해, 신뢰의 저수지를 구축하기 위한 신경적 도구가 우리에게 있다는 것은 매우 좋은 일이다.

이 모든 것이 스마트폰에 정신이 팔린 것과 무슨 상관이 있을까? 우리는 보상 기반 학습에 대한 지식을 바탕으로 우리가 어떻게 비정상적인 또는 중독적인 기술 사용에 빠져드는지를 설명할 수 있다. 기대감만으로도 도파민이 분비된다는 것을 알고 있는 업계에서는 이를 이용해 자사 광고나 앱을 클릭하도록 유도한다. CNN 웹사이트 첫 페이지에 실린 다음과 같은 세 개의 기사 제목은 기대감이 어떻게 이용되는지를 잘 보여준다. 「스타워즈 돌격대: 그들의 메시지는 무엇인가?」,「부자병에 걸린 십대: 부자병의 폐해」,「푸틴이 트럼프를 칭찬한 이유」. 이것들은 푸틴이 트럼프를 활기차고 재능 있는 인물로 칭찬했다는 식의 사실 기반 기사가 아니다. 그 대신에 우리의 기대감 주스가 흐르게 만드는, 촉발 요인을 통해 우리의 도파민 뉴런을 활성화해 기사를 읽기 위해 링크를 클릭하도록 유도하는 티저 광고일 뿐이다. 따라서 이런 주의 끌기용 제목을 '낚시성 링크 clickbait'라고 부르는 것은 전혀 이상하지 않다.

이메일과 문자 메시지는 또 어떤가? 우리의 컴퓨터와 휴대전화에는 이메일이 도착할 때마다 알려주는 서비스(푸시 알림) 기능이 있다. 얼마나 편리한가! 상사의 '중요한' 이메일을 놓치면 안 되지 않는가? 인스턴트 메시지는 어떤가? 당연히 더 좋다. 이메일을 여는 추가 시간도 필요 없이 메시지가 바로 표시된다. 트위터? 트윗의 140자 제한은 우연이 아니다. 하필 이 길이가 선택된 까닭은 우리가 이 길이의 메시지를 자동으로 읽기 때문이다. 그리고 바로 여기서 예측 불가능성이 개입한다. 예상치 못한 벨소리, 삐 소리, 쨱쨱 소리 등이 들릴 때마다 우리 뇌에서 도파민이 분비된다. 앞서 언급했듯이 간헐적 강화는 가장 강력하고 끈적끈적한 유형의 학습으로 이어진다. 언제나 즉시 반응할 수 있도록 이메일과 문자 알림을 켜두는 우리는 마치 벨소리가 들리면 먹이를 기대해 침을 흘리도록 훈련된 파블로프의 개와 같은 신세가 된 셈이다.

분명히 말하지만, 통신기술의 잠재적 위험에 대한 이 논의는 그저 신기술 반대자의 불평이 아니다. 나는 당연히 서부개척시대의 조랑말 속달 우편이나 전령 비둘기보다 이메일을 더 좋아한다. 때로는 전화보다 문자 메시지로 더 빨리 답변을 받기도 한다. 이런 것들은 우리의 삶을 더 효율적이고 더 생산적으로 만들 수 있는 잠재력을 가지고 있다. 나는 그저 뇌의 학습 방식과 현대 기술의 작동 방식을 결합해 우리의 산만한 행동이 어디서 비롯하는지를 좀 더 명확히 밝히려 할 뿐이다. 이제 이런 정보를 정신적 시뮬레이션에 대한 우리의 지식과 결합해보자.

미쳐 날뛰는 시뮬레이션

3장에서 살펴본 것처럼 정신적 시뮬레이션은 변수가 많은 상황에서 가능한 결과들을 예측해 더 나은 결정을 내리기 위한 방법으로 진화했을 것이다. 만약 우리가 주관적 편향 때문에 우리가 원하거나 기대하는 대로만 세상을 본다면, 이런 시뮬레이션은 그리 잘 작동하지 않을 것이다. 이런 시뮬레이션은 '정답' 또는 적어도 우리의 세계관과 대충 어울리는 해결책을 찾는 데 그치기 쉽다. 급여 인상을 위해 상사에게 어떻게 접근하는 것이 최선인지 시뮬레이션을 돌린 후 실제 면담이 예상대로 진행된다면, 이는 분명히 보상으로 작용할 것이다. 그러나 똑같은 유형의 시뮬레이션이 우리의 보상체계에 사로잡힐 경우, 자녀를 지켜보거나 급여 인상에 도움이 될 일을 하는 대신에 '엉뚱한 데서' 시간을 허비하기도 한다. 우리가 공상에 빠져 있을 때가 바로 그런 경우다.

공상은 당면 과제에 집중하지 못하는 대표적인 예다. 벤치에 앉아 자녀의 축구 연습을 지켜보고 있다고 가정해보자. 아이들은 모두 경기장 저편에 몰려 있고, 경기는 그저 그렇다. 문득 다음 달에 함께 가기로 한 가족 여행에 대한 생각이 떠오른다. 갑자기 우리는 여행 계획을 짜기도 하고 따뜻한 모래사장에 앉아 바닷바람을 맞고 있는 자신의 모습을 상상하기도 한다. 곁에는 좋아하는 책과 시원한 음료가 놓여 있고, 아이들은 물놀이를 하느라 정신이 없다(물론 우리는 아이들을 잘 지켜보고 있다!). 방금 전까지 축구 연습장에 있던 우리는 이제 수천 킬로미터 떨어진 곳을 헤매고 있다.

공상이 뭐가 문제란 말인가? 전혀 문제 될 것이 없지 않은가? 우리가 계획을 세우는 공상에 빠진 경우, 우리는 해야 할 일도 어느 정도 하면서 멀티태스킹을 하고 있는 것 아닌가? 그러다 공상이 바닷가까지 이르면, 따스한 햇볕의 시뮬레이션을 통해 정신적 비타민 D까지 얻는 셈 아닌가? 그러면 당연히 기분이 좋다!

우리가 놓치고 있는 것은 무엇일까? 휴가나 그 밖의 미래 일정을 계획하면서 머릿속으로 '할 일 목록'을 작성하는 경우를 자세히 따져보자. 머릿속으로 할 일 목록을 작성한다. 그러다 '어이쿠, 이번 여행엔 정말 준비할 게 많네!'라거나 '뭔가 빠뜨리지 않았을까?'와 같은 생각이 들기도 한다. 그러다 마침내 공상에서 깨어나 축구 연습장으로 돌아온다. 이 경우 우리는 실제로 목록을 작성하지 않았는데, 왜냐하면 여행이 아직 한참 남았기 때문이다. 결국 우리는 다음 주에 똑같은 과정을 반복한다. 스트레스 대처의 관점에서 볼 때, 과연 이런 정신적 시뮬레이션을 통해 우리의 불편함이 조금이라도 줄어들까? 평균적으로 보면, 그렇지 않다. 오히려 상황이 더 악화되기 쉽다.

2010년에 맷 킬링스워스Matt Killingsworth와 댄 길버트Dan Gilbert는 우리가 잡념이나 공상(전문용어로는 '자극과 무관한 사고')에 빠졌을 때 무슨 일이 일어나는지 조사했다.[5] 그들은 하루 일과를 보내고 있는 2200여 명의 사람에게 아이폰을 사용해 무작위로 몇 가지 질문을 던졌다. 그들은 "지금 무엇을 하고 계십니까?", "현재 하고 있는 일 외의 다른 무언가를 생각하고 있지 않습니까?", "지금 기분이 어떻습니까?"(이 경우 '매우 나쁨'부터 '매우 좋음' 중에서 고르는 선다형 질문)와 같은 질문을 던졌다. 과연 얼마나 많은 사람이 딴생각을 하던 중이라고 답했을까? 놀랍게도, 사람들은 거의 50퍼센트의 시간 동안 딴생각을 하던 중이라고 답했다. 그들은 깨어 있는 시간의 절반을 딴생각을 하며 보낸 셈이었다! 결정적이면서도 반직관적인 연구 결과는 다음과 같았다. 연구진이 일에 집중할 때 또는 딴생각을 할 때와 행복감 사이의 상관관계를 살펴본 결과, 사람들은 딴생각을 할 때 평균적으로 덜 행복하다고 답했다. 그래서 이 연구의 결론은 다음과 같았다. "인간의 마음은 잡념에 빠진 마음이며, 잡념에 빠진 마음은 불행한 마음이다."

어떻게 이럴 수 있을까? 하와이를 생각하면 기분이 좋아지지 않나? 미래의 행동을 기대하기만 해도 도파민이 분비된다고 하지 않았나? 그리고 실제로 즐거운 일에 대해 공상할 때는 무슨 일이든 일에 집중할 때와 평균적으로 같은 수준의 행복감을 느끼는 것으로 보고되었다. 그러나 당연히 더 낮은 행복 점수와 상관관계가 있는 중립적이거나 불쾌한 일에 대한 공상까지 모두 합치면, 결론은 킬링스워스와 길버트가 제시한 '불행한 마음'이 된다. 우리가 딴생각에 빠져 있을 때도 인생은 흘러간다는 노랫말이나 속담도 있지 않은가? 공상은 불필요한 걱정이나 흥분을 야기할 뿐만 아니라 정작 눈앞의 현실을 놓치는 결과를 초래할 수도 있다.

우리의 뇌는 사태와 느낌을 연합하도록 설계된 듯하다(예를 들어, '하와이는 좋다'). 또한 우리는 미래의 사건을 기대할 때 도파민 '보상'을 받는다. 문제는 이 두 가지가 결합될 때 생긴다. 즐거운 생각이든 불쾌한 생각이든 떠오르는 생각을 거의 통제할 수 없는 우리는 결국 황홀하거나 끔찍한 공상에 사로잡혀 눈앞의 현실을, 예를 들어 우리에게 다가오는 자동차나 우리 아이의 첫 골 장면을 놓치곤 한다. 그렇다면 어떻게 해야 할까?

자기조절의 전통적 지혜

많은 인기를 끌었던 영화 〈초콜릿〉(2000)은 사순절 기간의 예스럽고 조용한 프랑스 마을을 배경으로 한다. 독실한 마을 사람들은 초콜릿 같은 일상의 유혹을 참으면서 교회에서 그들의 '죄 많은' 삶에 대해 죄책감을 불어넣는 설교를 들으며 많은 시간을 보낸다. 쥘리에트 비노슈Juliette Binoche가 연기한 여주인공 비안Vianne이 모자가 달린 빨간 망토를 두른 모습(악마!)으로 북풍과 함께 등장한다. 그녀가 초콜릿 가게를 차리자, 마을은 발칵 뒤집힌다. 영화의 나머지 부분에서는 초콜릿을 둘러싸고 펼쳐지는 의로운 자제력과 죄 많은 탐닉 사이의 싸움이 묘사된다.

영화 〈초콜릿〉은 우리 모두의 이야기다. 우리는 가끔 쾌락에 취해 양심의 가책을 느끼기도 하지만(남용과 나쁜 습관), 상태가 좋을 때는 이를 자제할 줄도 안다. 우리 아이의 축구 연습을 지켜보다가 문득 스마트폰을 꺼내 이메일을 확인하고 싶은 충동이 들 때면, 우리 마음속의 경건한 천사가 "아니야, 지금은 아이를 잘 지켜봐야지"라고 속삭인다. 운전 중에 새 문자 메시지를 알리는 삐 소리를 듣고 누군지 궁금해서 안절부절못할 때면, "운전 중에 문자 메시지를 보는 것은 음주 운전보다 더 위험하다고 라디오에서 그랬잖아!"라는 천사의 목소리가 들린다. 우리는 이런 선한 천사 덕분에 아이들과 삶을 함께할 수 있고 고속도로 사고의 주범이 되지 않는다.

이렇게 천사의 목소리에 귀를 기울이는 것은 자기조절의 전통적 지혜라고 부를 만하다. 과학자들은 이를 인지조절이라고 부르는데, 인지능력으로 행동을 조절한다는 뜻이다. 인지행동치료와 같은 치료법은 우울증과 중독을 포함한 다양한 장애에 이런 종류의 조절 능력을 적용한다. 내 친구 에밀리는 인지조절의 타고난 선수다. 그녀는 첫아이를 출산한 후 몸무게가 13킬로그램이나 늘었다. 그녀는 이전 체중으로 돌아가기 위해 5개월간 매일 줄여야 할 칼로리 양을 계산했다. 그리고 하루의 전체 칼로리 허용량을 (운동량에 따라 조정하면서) 매끼에 배분했다. 쓱쓱 척척, 그녀는 계획대로 임신 전 체중으로 돌아갔다! 그리고 두 번째 아이를 낳았을 때도 똑같은 방법으로 두 달 만에 7킬로그램을 감량했다.

"이건 불공평해!" 또는 "나도 그렇게 해봤는데, 안 되던데"라고 말하는 사람들에게 에밀리는 (여러모로 훌륭할 뿐만 아니라) 자기조절 능력 면에서 〈스타트렉Star Trek〉의 스팍 씨Mr. Spock와도 같다. 즉 그녀는 매우 논리적인 사고로 문제를 추론하고, 감정 섞인 이야기("이건 너무 힘들어서 못하겠어")에 휘둘리지 않으면서 계획을 실행에 옮긴다. 우리가 잘 알듯이 스팍 씨는 무슨 일로 신경이 곤두선 커크Kirk 선장의 흥분을 가라앉히곤 했다. 커크가 엔터프라이즈호를 아주 위험해 보이는 상황으로 몰아넣으려 할 때마다 스팍은 무표정하게 그를 바라보며 "매우 비논리적입니다, 선장님"이라고 말하곤 했다. 마찬가지로 에밀리는 "아직도 배고픈데"라고 말하는 자신의 식욕을 가라앉히면서 하루 칼로리 허용량이 다시 비워지는 다음 날까지 기다릴 줄 알았다.

오늘날 신경과학자들은 우리의 합리적 마음(스팍 씨)과 열정적이고 때로는 비합리적인 마음(커크 선장) 간의 균형과 관련된 뇌의 상관물을 밝혀내고 있다. 실제로《생각에 관한 생각Thinking, Fast and Slow》의 저자 대니얼 카너먼Daniel Kahneman은 이 분야의 연구로 2002년 노벨 경제학상을 수상했다. 카너먼 등은 이 두 가지 사고방식을 시스템 1과 시스템 2로 설명한다.

시스템 1은 더 원시적이고 감정적인 시스템이다. 이것은 커크 선장처럼 충동과 감정에 따라 빠르게 반응한다. 이 시스템과 관련된 뇌 영역은 내측(즉 한가운데에 위치한) 전전두피질medial prefrontal cortex과 후대상피질과 같은 정중선 구조물을 포함한다. 이 영역은 우리 자신에 대한 생각, 공상, 갈망과 같이 우리 자신과 관련된 일이 일어날 때 일관되게 활성화된다.[6] 시스템 1은 무언가에 대한 욕구와 충동 및 본능적 직감(즉각적 인상)을 대표한다. 카너먼은 이를 '빠른 사고fast thinking'라고 부른다.

최근에 진화한 뇌 영역인 시스템 2는 인간에게 고유한 고등 능력들을 대표한다. 이런 능력에는 계획 수립, 논리적 추론, 자기조절 등이 포함된다. 이 시스템의 뇌 영역은 배외측 전전두피질dorsolateral prefrontal cortex을 포함한다.[7] 만약 스팍이 속한 벌컨족의 뇌가 인간과 비슷하다면, 스팍의 배외측 전전두피질은 궤도를 따라 달리

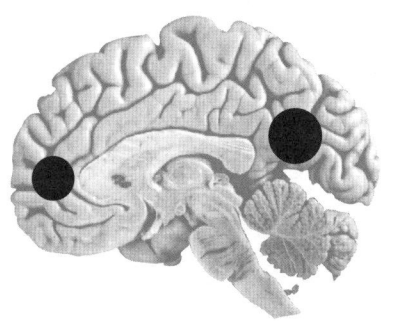

시스템 1: 자기참조적 사고에 기초한 충동적 반응에 관여하는 뇌 영역 시스템의 한 부분인 정중선 구조물인 내측 전전두피질(왼쪽)과 후대상피질(오른쪽).

는 화물열차처럼 느리고 안정적으로 작동하면서 딴 길로 새지 않을 것이다. 이 '느린' 시스템 2는 객관적이고 논리적인 사고방식을 대표한다.

영화 〈초콜릿〉에서 주민들의 사랑을 받는 시장 레노Reynaud 백작은 맛있는 음식을 삼가고(그는 크루아상, 차, 커피 대신에 뜨거운 레몬수를 마신다) 비서 캐롤라인Caroline에 대해 음흉한 생각을 품지 않는 훌륭한 자기절제 능력을 가진 인물이다. 내 친구 에밀리와 스팍 씨는 그를 자랑스러워했을 것이다! 영화가 진행되면서 그의 자제력은 점점 더 큰 도전에 직면한다. 그러나 때때로 심한 갈등에 휩싸이더라도 그는 결국 이를 악물며 힘겹게 이를 이겨낸다.

부활절 전날 밤, 백작은 자기조절의 또 다른 모범인 캐롤라인이 초콜릿 가게에서 나오는 모습을 보고 충격에 빠진다. 비안의 초콜릿이 마을의 미풍양속을 망친다고 확신한 그는 평정심을 잃고 가게

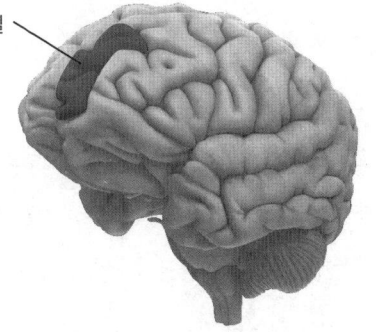

배외측 전전두피질

시스템 2: 인지조절에 관여하는 외측 구조물인 배외측 전전두피질.

로 뛰어 들어가 창가에 진열된 쾌락적이고 퇴폐적인 물건들을 마구 때려 부수기 시작한다. 그 와중에 초콜릿 크림이 그의 입술에 살짝 묻는다. 초콜릿 맛을 알게 된 그는 모든 자제력을 잃고 초콜릿을 마구 먹기 시작한다. 우리 중에 초콜릿 가게를 약탈해본 사람은 거의 없겠지만, 좋아하는 아이스크림 한 통을 순식간에 비운 경험은 흔하지 않을까?

이 시장에게(그리고 에밀리나 스팍 씨가 아닌 우리에게) 무슨 일이 일어난 것일까? 뇌의 막내뻘인 시스템 2는 집단이나 조직의 신규 구성원처럼 발언권이 가장 약하다. 그렇다면 우리가 스트레스를 받거나 기력이 고갈되었을 때 가장 먼저 작동을 멈추는 뇌 부위는 어디일까? 그것은 바로 시스템 2다. 예일대 신경과학자 에이미 아른스틴Amy Arnsten의 지적처럼 "통제할 수 없는 아주 가벼운 급성 스트레스만으로도 전전두엽의 인지능력이 급격히 떨어질 수 있다."[8] 다시 말해 우리는 일상생활의 사소한 일로도 궤도를 이탈할 수 있다.

심리학자 로이 바우마이스터Roy Baumeister는 이런 스트레스 반응을 가리켜 (어찌 보면 역설적으로) '자아 고갈'이라고 불렀다. 최근 연구에 따르면 연료탱크에 주행할 만큼의 연료만 넣고 다니는 자동차처럼 인간의 자기조절 탱크에도 하루 동안 사용할 만큼의 연료만 담겨 있는 듯하다. 특히 그의 연구팀은 '자원 고갈'(즉 우리의 탱크에 담긴 연료의 고갈) 시 다양한 유형의 행동 중에서도 욕망에 저항하는 능력이 직접적인 영향을 받는다는 사실을 발견했다.

한 연구에서 바우마이스터의 연구팀은 스마트폰을 사용해 사람들의 행동 및 여러 유혹(사회적 접촉, 성관계 등)에 대한 욕망의 정도를 추적했다.[9] 연구 참가자들은 지금 어떤 욕망을 느끼고 있는지 또는 지난 30분간 느낀 적이 있는지 묻는 질문을 스마트폰을 통해 무작위로 받았다. 그런 다음 참가자들은 욕망의 강도, 욕망으로 인해 다른 목표가 방해를 받았는지, 욕망에 저항할 수 있었는지 등을 스스로 평가했다. 그 결과, "참가자들이 최근에 욕망에 저항한 일이 빈번할수록 다음번 욕망에는 저항하지 못한" 것으로 나타났다. 〈초콜릿〉에서 시장은 점점 더 많은 도전에 직면했고, 그때마다 그의 탱크에 있는 연료가 조금씩 소진되었을 것이다. 그리고 그가 무너진 시점은 마을의 중요한 문제를 처리한 후의 저녁 때였다. 그때 그의 연료탱크는 비어 있었다. 흥미롭게도 바우마이스터 연구팀에 따르면 소셜미디어를 사용하고 싶은 욕망은 "저항에도 불구하고 특히 쉽게 행동으로 옮겨지는 경향이 있었다." 우리가 즐기는 심심풀이 장치들의 중독성을 고려하면 이는 그리 놀랍지도 않다.

시스템 2가 충분히 강력하지 못한 우리 대부분에게도 희망이 있을까? 아른스틴의 조언처럼 시스템 2의 연료탱크를 가득 채우면 도움이 될 것이다. 충분한 수면, 적절한 식사와 같은 기본적인 것들이 도움이 될 수 있다. 스트레스 수준을 낮게 유지하는 것은 또 다른 이야기일 것이다.

생각만으로 행복해질 수는 없으며, 계획을 세우거나 다른 종류의 공상에 빠질 경우 스트레스 수준이나 삶의 단절감이 오히려 증가할 수도 있다. 따라서 이런 과정이 이상적으로든 현실적으로든 어떻게 작동하는지를 이해하는 것이 앞으로 나아가기 위한 첫걸음이 될 수 있다. 소중한 사람에게 주의를 기울이지 않으면 어떻게 되는지를 깨달으면, 우리가 심심풀이 장치를 통해 얻는 실제 보상이 무엇인지가 분명해질 것이다. 바로 이 순간에 또다시 휴대전화에 들러붙는 대신에 한발 물러날 수 있으려면 우리가 지닌 스트레스 나침반의 삐 소리나 깜박임 신호에 주의를 기울여야 한다.

5장

내 머릿속은 생각으로 가득해
: 생각 중독

중독된 사람들도 그 사실을 모르기 때문에 신문에 보도된 적도 없는 가장 강력한 중독 중 하나는 생각에 대한 중독이다.

_에크하르트 톨레Eckhart Tolle

내가 처음 명상을 배웠을 때 연습한 한 가지는 내 호흡에 집중하는 것이었다. 이 연습의 목표는 내 호흡을 닻으로 삼아 마음의 표류를 막고 현재 순간에 머무는 것이었다. 지침은 간단했다. 호흡에 집중하고 잡념이 떠오르면 다시 호흡에 집중하라. 마음의 배가 표류를 시작하면, 해저에 내린 닻으로 마음을 붙잡는 것이다. 나는 조셉 골드스타인Joseph Goldstein, 샤론 샐즈버그Sharon Salzberg, 잭 콘필드Jack Kornfield가 설립한 저명한 수련원인 통찰명상협회Insight Meditation Society에 가서 9일간 호흡에 집중하는 수행을 했던 기억이 난다. 그곳에는 침묵과 내 호흡만이 있었다. 게다가 이 수련원은 매사추세츠주 바레Barre에 있었고 당시는 12월이라 너무 추워서 숲속을 산책하고 싶은 생각조차 없었다.

그것은 힘든 수행이었다. 명상 시간 내내 티셔츠가 땀으로 흠뻑 젖었고, 틈만 나면 졸음이 쏟아졌다. 내 안의 악마와 씨름하는 기분이었다. 아무리 애써도 내 생각을 통제할 수 없었다. 당시를 되돌아볼 때마다 항상 웃음을 자아내는 한 장면이 있다. 수련회를 이끌던 베트남 승려와의 개인 면담에서 나는 온갖 방법을 써서 잡념을 쫓아내려 한 이야기를 통역사를 통해 털어놓았다. 나는 명상 중에 내 몸이 정말로 뜨거워졌다고도 말했다. 그러자 그는 고개를 끄덕이며 미소를 지었고, 통역사를 통해 "아, 좋아요. 족쇄를 태워버려야죠!"라고 말했다. 그는 권투의 다음 라운드 벨이 울리기 전에 잘하고 있다면서 선수를 격려하는 코치와도 같았다.

그때는 몰랐지만, 나는 특히 생각에 중독되어 있었다. 오랫동안 나는 내 생각에 매혹되거나 사로잡혀 있었다. 그리고 이런 성향을 깨닫자 많은 것이 제자리를 찾았다. 프린스턴대학교의 홍보 동영상 제목은 '중요한 대화'였다. 그렇다. 나는 꼭두새벽까지 룸메이트와 깊은 대화를 나눌 수 있는 대학에 진학하길 원했다. 그래서 그렇게 했고(행동), 기분이 정말 좋았다(보상). 늘 도전을 마다하지 않은 나는 시험에서 틀린 합성 유기화학 문제를 다시 풀어보곤 했다. 실험실에서 논문을 준비하던 때는 일련의 합성 단계를 거쳐 새로운 유기분자를 만들기도 했다. 새로운 화합물을 정제해 실험이 계획대로 진행되었는지 확인한 후에도 나는 계속 데이터를 들여다보고 지도교수와 의견을 주고받으면서 이 화합물의 정체에 대해 다양한 의견을 제시했다. 그러다 마침내 '아하!' 하고 깨닫는 순간이 있었다. 지도교수에게 달려가 이를 알리자 지도교수는 흐뭇한 표정으로 "잘했어!"라고 말하면서 내 결론을 확인해주었다. 성취감에 들뜬 나는 그 후 몇 주간 실험실에서 지루할 때마다 내 데이터를 꺼내어 다시 살펴보면서 그때의 경험을 되새기곤 했다.

의학전문대학원 시절로 건너뛰자면, 당시에는 빠르고 명확한 사고가 강조되었다. 대학원의 상급 전공의나 교수는 수시로 우리의 지식을 시험하는 질문을 던졌고(또는 우리를 '털었고pimped'),[1] 우리가 정답을 맞히면 칭찬(보상)을 받았다. 학사 논문을 쓰던 시절과 마찬가지로 대학원에서도 우리는 과학적 문제를 해결해 결과를 게시판에 올리거나 학회에서 발표하면 보상을 받았다. 우리의 궁극적 보상은 연구가 동료 평가를 통과해 학술지에 게재되는 것이었다. 나는 너무 오랫동안 주관적으로 편향된 세계관에 빠진 채 평가자가 우리 연구의 탁월함을 보지 못하면 저주했고 이를 알아보면 칭찬했다. 학부 시절에 내 데이터를 꺼내 보던 것처럼 대학원에서 힘든 날에는 내 논문을 꺼내 보면서 우리 연구와 내 이름이 인쇄된 것을 보았을 때 느꼈던 짜릿하고 뿌듯한 기분을 되새기곤 했다.

명상수련회에서 한겨울에 엉덩이까지 땀이 찼던 바레 이야기로 돌아가, 나는 생각을 멈춰야 한다고 생각했다. 이것은 내가 그동안 수없이 보상을 받았던 어떤 것이었다. 내 마음은 빠른 속도로 항해 중인 대형 선박과도 같았다. 그 엄청난 관성 때문에 닻을 내려도 멈출 수 없었다.

생각 자체는 문제가 아니다

프린스턴대학교에서 유기화학을 가르쳤고 나중에 내 지도교수가 된 메이틀랜드 존스 주니어Maitland Jones Jr.는 멋진 강의를 하는 것으로 유명했다. 이는 다행스러운 일이었는데, 왜냐하면 특히 의학전문대학원 진학을 위한 필수과목으로 유기화학을 듣는 의예과 학생들에게 이 과목은 일부러 찾아 듣기보다 버텨야 하는 수업으로 여겨졌기 때문이다. 흥미를 더하기 위해 학생들이 존스 교수에게 장난을 치는 것은 학기 내내 흔한 일이었다. 장난은 꽤 무해한 것이었다. 예를 들어 한 학생이 수업 중에 신문을 보다 걸려서 (마땅히) 훈계를 받은 경우, 다음 주에 수업이 시작될 때 모든 학생이 신문을 읽는 척했다. (200명의 학생이 일제히 신문을 읽는 광경을 상상해보라.) 나도 기꺼이 장난을 함께했으며 때로는 이를 주도하기도 했다.

유기화학 수업의 두 번째 학기가 끝날 무렵에 존스 교수가 나를 교수실로 불렀다. 얼마 전에 나는 다른 학생과 함께 존스 교수가 아끼는 교실 칠판에 오일스프레이를 뿌린 적이 있었다. 그날 교실로 들어와서 분자 합성 경로를 칠판에 그리기 어렵다는 것을 알아챈 그는 용납할 수 있는 장난과 그렇지 않은 장난에 대해 장광설을 늘어놓았다. "이런 짓을 하면 누구든지 쫓아낼 것입니다"라는 말로 그의 훈계가 끝났을 때, 우리의 장난이 이 범주에 속한다는 것은 꽤 명백했다. 그 수업이 끝나자마자 친구와 나는 바로 자백을 하고 칠판을 닦았다. 이것으로 일단락된 듯했다. 그런데 왜 나를 불렀을까?

내가 교수실에 들어가자, 그는 나를 책상 쪽으로 부르더니 앞에 있는 무언가를 보라고 손짓했다. 나는 무슨 영문인지 알 수 없었다. 책상 위에는 다른 종이로 가려진 컴퓨터 출력물이 있었다. 그가 위의 종이를 아주 천천히 내리자 밑에 있던 종이의 맨 윗줄이 보였다. 그것은 수업 성적표였다. 나는 매우 긴장했다. 왜 나한테 이걸 보여주지? 그가 위 종이를 조금 더 내렸다. 1등 저드슨 브루어 A⁺. "축하해, 일등이네! 정말 잘했어"라면서 그는 한하게 웃었디. 니는 이 수업을 매우 좋아했지만, 일등은 꿈도 꾸지 않았다! 그 순간 나의 측좌핵은 크리스마스트리처럼 환하게 빛나면서 도파민을 마구 방출했을 것이다. 나는 롤러코스터를 탄 것처럼 흥분됐고 말문이 막혔다. 이 장면이 내게 왜 그렇게 생생하게 기억될까? 그것은 도파민의 작용 때문이다. 도파민은 특히 불확실한 상황에서 맥락 의존적 기억의 형성에 기여한다. 뇌에서 쾅 하며 폭죽이 터진다.

우리 대부분은 인생의 멋진 순간들을 기억한다. "내가 해냈어!"라고 말했던 배우자의 표정이 놀랍도록 생생하고 선명하게 떠오른다. 첫아이가 태어난 병실의 모든 것이 여전히 기억난다. 당시의 느낌도, 그때의 사건과 결부된 감정적 전율과 흥분도 생생하다. 이 모든 것을 가능케 한 우리 뇌에 감사할 따름이다.

우리에게 특정 사건을 기억하는 성향이 있다는 사실 자체는 문제가 되지 않는다. 이런 능력은 선사시대 조상들이 음식의 위치를 더 잘 기억하는 데 도움이 되었든 내가 힘든 대학원 시기를 버티는 데 도움이 되었든 상관없이 우리의 생존 메커니즘이라 하겠다. 생각 자체도 당연히 나쁜 것이 아니다. 학교에서 수학 문제를 풀거나 직장에서 새로운 거래 방법을 생각해내면 그만큼 삶이 더 나아질 수 있다. 휴가 계획을 미리 세우면 휴가를 보내는 데 당연히 도움이 된다. 비행기표를 미리 사지도 않고 파리로 날아갈 수는 없는 법이다.

그러나 우리의 작은 조력자인 도파민이 이따금 발목을 잡을 때가 있다. 주제가 '나'와 관련된 것일 때, 우리는 인스타그램에 사진을 올리거나 '좋아요'를 확인하는 활동에 너무 많은 시간을 쓴다. 주관적 편향에 눈이 멀면, 우리의 시뮬레이션은 사태를 정확히 예측하는 대신에 시간과 노력만 허비한다. 마음이 뒤숭숭하거나 지루하면, 자신의 예정된 결혼식 날과 같은 신나는 미래 계획에 대한 공상에 쉽게 빠진다.

다시 말해, 생각과 이에 수반되는 모든 것(시뮬레이션, 계획, 기억 등)은 그 자체로 문제가 되지 않는다. 문제는 우리가 이런 것에 사로잡힐 때 생긴다.

생각에 걸려 넘어지다

로리 롤로 존스Lori "lolo" Jones는 올림픽 허들 선수다. 1982년에 아이오와주에서 태어난 그녀는 100미터 허들 경기에서 아이오와주 고등학교 신기록을 세웠고, 루이지애나 주립대학교 시절에는 11번이나 미국 대표선수로 선발되었다. 그녀는 2007년 미국 실내선수권대회에서 첫 우승을 차지한 데 이어 2008년 실외선수권대회에서도 우승하면서 올림픽 출전권을 획득했다. 꽤 대단한 성과였다.

2008년 베이징 올림픽에서 존스는 좋은 경기를 펼쳐 100미터 허들 결승에 진출했다. 그런데 무슨 일이 벌어졌을까? 루이지애나주의 기자 케빈 스페인Kevin Spain은 이 결승전에 대해 다음과 같이 썼다.

> 세 번째 허들에서 롤로 존스는 경쟁자들을 따라잡았다. 다섯 번째 허들에서 그녀는 선두로 나섰다. 올림픽 여자 100미터 허들 결승의 여덟 번째 허들에서 그녀는 단연 앞서 있었다.
> 루이지애나 주립대학교 스타였던 그녀가 4년간의 도전을 마무리하고 평생의 꿈인 금메달을 목에 걸기까지 두 개의 허들, 아홉 걸음, 20미터가 남았다.
> 그러나 그때 재앙이 닥쳤다.[2]

존스는 열 개의 허들 중 아홉 번째 허들에 부딪쳤고, 올림픽 금메달은커녕 7위에 그쳤다. 4년 후 《타임》과의 인터뷰에서 그녀는 다음과 같이 말했다. "그때는 정말 놀라운 리듬을 타고 있었어요. 어느 순간 제가 선두라는 것을 알았죠. '아, 올림픽 금메달을 따겠네'라는 생각보다 그저 또 다른 경주처럼 느껴졌어요. 그러다 어느 순간부터…… 다리가 삐끗하지 않게 조심하자는 생각이 들었어요. 그래서 지나치게 노력하기 시작했어요. 몸이 너무 많이 긴장됐죠. 그 순간 허들에 부딪혔어요."[3]

존스의 사례는 생각과 생각에 사로잡힌 것의 차이를 잘 보여준다. 그녀가 달리던 중 많은 생각이 그녀의 머릿속을 스쳐 갔다. 그러다 제대로 달리는지 조심하자는 생각이 들면서부터 지나치게 노력하기 시작했고, 그 생각이 스스로를 방해했다. 그녀는 말 그대로 자기 자신에게 발목 잡혔다.

단 한 번의 경주, 연주, 순간의 선택 등으로 성공 여부가 결정되는 스포츠, 음악, 사업 등에서는 아주 능숙해질 때까지 반복해서 연습하는 것이 매우 중요하다. 그래야 비로소 중요한 순간이 왔을 때, 코치가 우리에게 "그냥 가서 하던 대로 하라"고 말할 수 있다. 어쩌면 코치는 웃으면서 "재밌게 해!"라고 우리의 긴장을 풀어줄 것이다. 왜 그럴까? 긴장하면 최고의 경주를 펼치거나 완벽한 연주를 할 수 없기 때문이다. 지나치게 노력한 존스는 너무 긴장해 결국 넘어지고 말았다.

이런 유형의 긴장감은 우리가 자신의 사고방식에 사로잡힐 때 일어나는 일을 이해하는 실마리가 될지 모른다. 이런 긴장감은 정신적으로나 신체적으로 말 그대로 쥐어짜거나 움켜쥐거나 옥죄이는 느낌으로 경험되곤 한다. 다음과 같은 사고 실험을 해보자. 동료에게 새로운 아이디어를 15분 동안 열심히 설명했더니 동료가 "참 멍청한 생각이네!"라며 이를 곧바로 일축했을 때 무슨 일이 벌어질지 상상해보라. 우리는 대화를 중단하고 자리를 뜬 후 몇 시간 동안 이 만남을 곱씹지 않을까? 이 씁쓸한 만남 후 생긴 긴장감으로 인해 하루가 끝날 즈음에는 어깨가 뻐근하지 않을까? 그리고 이런 생각을 떨쳐내지 못하면 어떻게 될까?

고인이 된 심리학자 수전 놀런혹스마Susan Nolen-Hoeksema는 부정적 감정에 대한 반복적이고 수동적인 생각이 미치는 영향에 큰 관심을 가졌다.[4] 다시 말해, 그녀가 '반추직 반응 양식ruminative response style'이라고 부른 것에 사로잡히면 무슨 일이 일어날까? 위의 예에서 멍청한 아이디어라는 동료의 지적에 대해 (평소라면 그 말을 그냥 흘려버렸거나 "그래, 좀 멍청하긴 했지"라며 그 아이디어만 포기했을 상황에서) 우리가 반추적 반응을 할 경우, 우리는 자신의 아이디어가 정말 멍청했는지 걱정할 뿐만 아니라 나아가 자신의 모든 아이디어가 멍청할지 모른다는 걱정에 휩싸일 수 있다.

여러 연구에 따르면 슬플 때 반추적 반응 양식을 보이는 사람은 시간이 지날수록 우울증이 더 심해지는 경향이 있다.[5] 반추, 즉 반복적인 생각의 순환고리에 사로잡히는 것은 우울증의 만성적 지속을 예측하는 요인이기도 하다. 솔직히 말해, 반추는 임상의들과 연구자들 사이에서 오래전부터 논쟁의 대상이 되어왔다. 어떤 이들은 반추가 선택적 생존 이점을 제공한다고 주장했지만, 이 분야의 의견 일치를 이끌어낼 만큼 설득력 있는 주장은 없었다. 보상 기반 학습의 진화적 관점에서 바라보면 이런 공백을 메울 수 있지 않을까? 반추는 특정 사고방식에 '중독된'(즉 부정적 결과를 낳는데도 이를 계속 고집하는) 또 다른 예가 아닐까?

「슬픔은 선택의 문제인가? 우울증의 감정조절 목표」라는 제목의 최근 논문에서 야엘 밀그램Yael Millgram 등은 우울증 집단과 비우울증 집단에게 행복한, 슬픈 또는 중립적인 사진을 보여준 후 동일한 사진 다시 보기 또는 검은 화면 보기 중에서 선택할 수 있는 기회를 준 다음에 마지막으로 자신의 기분을 평가하도록 요청했다.[6] 그 결과, 두 집단 모두 행복한 사진은 행복을, 슬픈 사진은 슬픔을 유발했다. 이것은 꽤 당연해 보인다. 흥미로운 부분은 이제부터다. 비우울증 집단에 비해 우울증 집단은 행복한 사진 다시 보기를 선택한 횟수에서 차이가 없었지만, 슬픔을 유발하는 사진 다시 보기를 선택한 횟수는 뚜렷이 더 많았다. 밀그램 연구팀은 훌륭한 과학자답게 동일한 조건에서 새로운 참가자들을 대상으로 이 실험을 반복했는데, 이번에는 행복 또는 슬픔을 유발하는 사진을 보여주는 대신에 행복한 또는 슬픈 음악을 들려주었다. 그러자 동일한 효과가 나타났다. 즉 우울증 집단은 비우울증 집단보다 슬픈 음악 다시 듣기를 더 자주 선택했다.

이제 연구팀은 한 걸음 더 나아갔다. 만약 우울증 집단이 자신의 기분을 좋게 또는 나쁘게 만드는 인지 전략을 배운다면, 그들은 어떤 선택을 할까? 마지막 실험의 참가자들은 감정적 자극에 대한 자신의 반응을 증폭하거나 완화하는 방법을 훈련받았다. 그런 다음 이들에게 첫 번째 실험과 마찬가지로 행복한, 슬픈 또는 중립적인 사진을 보여준 후 자신을 더 행복하게 또는 더 슬프게 만드는 전략 중에서 하나를 선택하도록 했다. 그러자 이제 짐작할 수 있듯이, 우울증 집단은 기분이 좋아지는 전략이 아니라 더 나빠지는 전략을 선택했다. 우울증이 없는 사람에게는 이것이 이상해 보일 것이다. 그러나 우울증이 있는 사람이라면 이것이 낯설지 않을 것이다. 어쩌면 이런 사람은 그저 이런 느낌에 더 익숙해진 것일지 모른다. 이것은 몸에 딱 맞는 스웨터, 어쩌면 너무 많이 입어서 몸에 맞게 변형된 스웨터와도 같다. 이때 반추는 자신의 우울증을 강화하고 심지어 자신의 정체성을 확인해주는 사고방식으로 작용했을 것이다. 맞아, 나는 원래 그래. 나는 원래 우울한 놈이야. 밀그램 연구팀의 표현처럼 "그들은 슬픔을 통해 자신의 감정적 자아를 확인하려는 동기를 가지고 있는 듯하다."

우리의 기본 상태

이제 우리는 우리가 빠지기 쉬운 사고방식과 뇌의 작동 방식을 연결할 수 있는 몇 가지 단서를 얻었다. 공상부터 시작해보자. 말리아 메이슨Malia Mason의 연구팀은 잡념이 떠오르는 동안의 뇌 활동을 연구했다.[7] 지원자들은 몇 가지 과제를 숙달하도록 연습했는데, 그중에는 "잡념이 생길 수밖에 없을 정도로" 지루한 과제도 있었다. 그런 다음 연구팀은 이렇게 연습한 과제와 낯선 과제를 수행하는 동안의 뇌 활동을 비교했다. 그 결과, 낯선 과제를 수행할 때보다 연습한 과제를 수행할 때 내측 전전두피질과 후대상피질이 더 활성화되는 것으로 나타났다. 앞서 살펴본 것처럼 해당 영역은 자기참조적 사고 시, 즉 자신에 대한 생각이나 흡연 갈망과 같이 자신과 관련된 일이 일어날 때 활성화되는 것으로 보이는 카너먼의 시스템 1에 관여하는 뇌의 정중선 구조물이다. 실제로 메이슨의 연구팀은 잡념이 떠오르는 빈도와 이 두 영역의 뇌 활동 간에 직접적인 상관관계가 있음을 발견했다. 비슷한 시기에 대니얼 와이즈먼Daniel Weissman이 이끈 연구팀에서도 주의력 감소가 해당 뇌 영역의 활동 증가와 관련이 있음을 발견했다.[8] 우리는 보통 주의력이 떨어지면 공상에 빠지거나 나중에 할 일을 생각하곤 하는데, 그러면 해당 뇌 영역이 활성화된다.

내측 전전두피질과 후대상피질은 '기본상태회로'라고 불리는 신경망의 중추에 해당한다. 기본상태회로의 정확한 기능은 아직 불확실하지만, 이 회로는 자기참조적 처리 시 두드러진 활동을 보이므로 우리의 내면세계와 외부 세계를 우리 자신과 연결하는 '나'의 신경망 역할을 하는 듯하다. 예를 들어 내가 처했던 특정 상황을 회상할 때, 두 대의 자동차 중에서 구매할 차를 선택할 때, 나와 관련된 형용사를 고를 때 일관되게 기본상태회로가 활성화되는데, 이는 이런 생각이 모두 나와 관련된 것이기 때문일 것이다.

기본상태회로가 어떻게 발견되었는지 살펴보면 이 회로가 좀 더 명확하게 이해될 것이다. 기본상태회로는 2000년경에 세인트루이스 워싱턴대학교의 마커스 레이클Marcus Raichle의 연구팀이 우연히 발견했다. 이것이 뜻밖의 발견인 까닭은 연구팀의 이른바 '휴식 상태' 과제가 애당초 실험 목표가 아니라 비교용 기준 과제에 불과했기 때문이다. 이 fMRI 연구에서는 두 과제를 수행하는 동안 혈류의 상대적 변화를 비교했다. 연구팀은 상대적 측정값을 얻기 위해 상태 A 중의 뇌 활동에서 상태 B(기준 과제) 중의 뇌 활동을 빼는 방법을 사용했다. 이 방법은 사람마다 또는 같은 사람이어도 날마다 다를 수 있는 뇌 활동의 기준치 편차를 보정하는 데 유용하다. 레이클의 연구팀은 누구나 연습 없이 할 수 있는 간단한 과제를 사용했는데, 그 지침은 다음과 같았다. "가만히 누워서 특별히 아무것도 하지 마시오." 이것이 기준 과제인 '휴식 상태' 과제였다.

과학자들이 '신경망 연결성', 즉 여러 뇌 영역이 동시에 활성화 또는 비활성화되는 정도를 살피기 시작했을 때 불가사의한 일이 일어났다. 과학자들은 서로 다른 뇌 영역의 발화 시점이 긴밀하게 동기화되어 있는 경우 이런 영역들이 다른 영역들보다 더 긴밀하게 서로 소통하면서 '기능적으로 연결되어' 있을 확률이 높다고 가정했다. 레이클의 연구팀은 휴식 상태 과제 중에 내측 전전두피질과 후대상피질(및 기타 영역)이 서로 소통하듯이 활성화되는 것을 반복해서 발견했다. 그러나 휴식 중에는 아무것도 하지 않아야 하는 것 아닌가? 이것은 풀리지 않는 커다란 의문이었다. 레이클은 신중한 과학자답게 실험과 분석을 계속 반복했다. 수년간 데이터와 씨름한 그는 마침내 2001년에 「내측 전전두피질과 자기참조적 정신 활동: 뇌 기능의 기본 상태와의 관계」라는 제목의 첫 번째 보고서를 발표했다.[9]

이후 몇 년간 메이슨이나 와이즈먼의 논문처럼 기본상태회로, 자기참조적 처리 및 잡념 간의 상관관계와 연관성을 시사하는 논문이 점점 더 많이 발표되었다. 우리가 딴생각을 하며 하루의 절반을 보낸다는 킬링스워스의 연구 결과도 이와 잘 들어맞는다. 만약 우리가 평소에 늘 하는 것이 공상이라면, 기본상태회로라는 이름은 매우 적절해 보인다. 레이클의 선구적인 논문이 발표된 지 10년 후, 매사추세츠대학교 공과대학의 신경과학자 수전 휘트필드-가브리엘리Susan Whitfield-Gabrieli는 이 불가사의의 관에 마지막 못을 박았다.[10] 단순하면서도 우아하게 설계된 그녀의 실험에서 사람들은 명시적으로 자기참조적인 과제(제시된 형용사가 자신에게 해당하는지 평가하기)와 휴식 상태 과제(특별히 아무것도 하지 않기)를 수행했다. 그녀는 휴식 상태를 기준치로 사용하는 대신에 이 두 과제를 직접 비교했는데, 그러자 두 과제가 모두 내측 전전두피질과 후대상피질을 활성화하는 것으로 나타났다. 이 연구는 매우 평범해 보일지 모르지만, 신경과학 분야에서 직접 비교와 재현연구는 결코 쉬운 일이 아니다. 새로운 자극일 때 도파민이 더 많이 분비된다고 하지 않았나? 어쩌면 기존 연구를 검증하는 논문을 심사하는 과학자와 편집자는 새로운 발견을 주장하는 논문을 심사할 때처럼 흥분하지 않을 것이다.

휘트필드-가브리엘리가 자기참조적 사고와 기본상태회로 활동의 관계를 연구하던 시기에 우리 실험실에서는 숙련된 명상가의 뇌 활동을 조사하고 있었다. 몇몇 임상연구에서 놀라운 결과를 확인한 나는 명상이 뇌 활동에 미치는 영향을 살펴보고자 했다. 우리는 초보 명상가와 숙련된 명상가의 뇌 활동을 비교하는 일부터 시작했다. 숙련된 명상가들은 평균 1만 시간 이상의 수행 경험을 가진 이들이었고, 초보 명상가들은 fMRI 촬영 당일 아침에 세 종류의 명상을 학습했다.

초보자들이 학습한 세 종류의 흔히 행해지는 유명한 정식 명상은 다음과 같았다.

1. **호흡명상**: 호흡에 집중하고 잡념이 떠오르면 다시 호흡에 집중하라.

2. **자애명상**: 누군가의 안녕을 진심으로 바랐던 순간을 생각하라. 이 느낌에 집중하고 스스로 선택한 짧은 문구를 계속 반복하면서 모든 존재의 안녕을 조용히 기원하라. 예를 들어 모든 존재가 행복하길, 건강하길 또는 안전하길 기원하라.

3. **자각명상**: 무엇이든 의식에 떠오르는 것(생각, 감정, 신체 감각 등)에 주의를 기울여라. 그것을 붙잡거나 바꾸려 하지 말고, 다른 무언가가 떠오를 때까지 그것에 그저 주의를 기울여라. 다른 무언가가 떠오르면, 다음 것이 떠오를 때까지 그것에 그저 주의를 기울여라.

우리가 이 세 가지 명상을 선택한 이유는 이것들의 공통점을 확인하고 싶었기 때문이다. 우리는 이 연구를 통해 다양한 명상 전통과 종교 공동체에서 보편적으로 나타나는 뇌 활동 유형을 이해하기 위한 열쇠를 찾고자 했다.

우리는 데이터를 분석하면서 숙련된 명상가들의 뇌에서 특정 영역의 활동 증가를 발견할 것으로 기대했다. 어쨌든 그들은 명상 중에 무언가를 하고 있었기 때문이다. 명상은 휴식이 아니다. 적어도 우리는 명상이 휴식과 거리가 먼 활동이라고 생각했다. 그러나 뇌 전체를 살펴본 결과, 숙련된 명상가가 초보 명상가보다 더 많은 활동을 보이는 영역을 단 한 곳도 찾을 수 없었다. 우리는 머리를 긁적이며 다시 살펴보았지만, 그래도 아무것도 발견되지 않았다.

그래서 우리는 초보 명상가에 비해 숙련된 명상가에게서 활동이 감소한 뇌 영역이 있는지 살펴보았다. 이거야! 우리는 네 군데를 찾았는데, 그중 두 곳은 기본상태회로의 중심인 내측 전전두피질과 후대상피질이었다. 이곳에는 많은 주변 뇌 영역이 연결되어 있다.[11] 이곳은 주요 항공사의 전국 항공편을 연결하는 거점도시와도 같다. 따라서 이런 뇌 영역이 우리의 연구 결과에 포함된 것은 결코 우연이 아니었다.

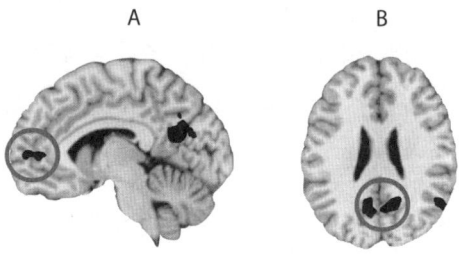

명상 중 기본상태회로의 비활성화. A: 숙련된 명상가들은 명상 중에 내측 전전두피질(머리 옆에서 봤을 때, 원으로 표시된 영역)과 후대상피질의 활동이 감소했다. B: 다른 각도에서 본 후대상피질(머리 위에서 봤을 때, 원으로 표시된 영역).
출처: J. A. Brewer et al., "Meditation Experience Is Associated with Differences in Default Mode Network Activity and Connectivity," *Proceedings of the National Academy of Sciences* 108, no. 50 (2011): 20254-59.

신경현상학 실험

레이클의 선례를 따라 나는 연구 결과에 신중을 기하고자 했다. 더 중요하게는, 반복 실험을 통해 우리의 발견이 통계적 착오나 그저 (각 집단이 12명으로 구성된) 소수의 명상가에게 국한된 결과가 아닌지 확인하고 싶었다. 그래서 우리는 추가로 숙련된 명상가를 모집하면서, 단순한 재현연구를 넘어서기 위한 방법에 관해 동료인 제니오스 파파데메트리스Xenios Papademetris와 이야기를 나누었다.

    2000년에 예일대에서 전기공학 박사학위를 받은 제니오스는 10년간 의료 영상을 개선하기 위한 새로운 방법을 개발해왔다. 내가 그를 만났을 때, 그는 연구자들이 뇌파검사electroencephalography, EEG 및 기능적 자기공명영상fMRI 데이터를 처리 및 분석하기 위해 무료로 사용할 수 있는 생체영상장비를 개발한 상태였다. 그런 다음 제니오스는 더스틴 샤이노스트Dustin Scheinost라는 키 크고 얌전한 대학원생과 함께 fMRI 결과를 연구자와 피험자가 실시간으로 볼 수 있도록 처리 속도를 높이는 작업을 하고 있었다. 그들이 만들고 있었던 것은 사실상 자신의 뇌 활동을 즉시 확인하고 피드백을 받을 수 있는 세계에서 가장 비싼 뉴로피드백 장치였다. 거기에 붙은 가격표는 그만한 가치가 있었다. fMRI 촬영을 통한 뉴로피드백의 공간 정밀도는 전례 없는 것이었다. EEG 장치 등은 말 그대로 피부 깊이까지만 도달하는 반면, 제니오스의 장비는 땅콩 크기의 모든 뇌 영역에서 국소 피드백을 제공할 수 있었다.

나는 제니오스와 더스틴의 실시간 fMRI 뉴로피드백을 시험하기 위해 fMRI 촬영장치 안에서 명상하는 동안 나의 후대상피질 활동 그래프를 지켜보았다. 기본적으로 나는 MRI 기계 안에 누워 눈을 뜬 채 명상하면서 몇 초마다 갱신되는 뇌 활동의 변화 그래프를 지켜보았다. 예를 들어 나는 호흡에 집중해 명상하다가 잠시 후 그래프를 보면서 그래프가 내 경험과 어떻게 일치하는지를 확인한 다

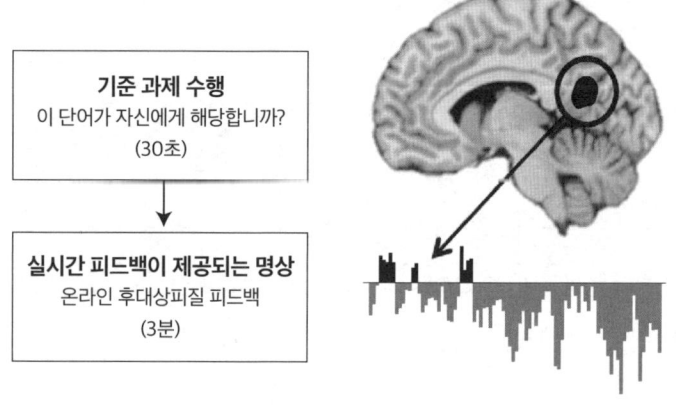

뉴로피드백 프로토콜 개요. 기준 과제 수행 후 실시간 피드백이 제공되는 명상이 이루어진다. 명상하는 동안 후대상피질의 신호 변화율(전체 뇌 활동 대비 상댓값)이 실시간으로 계산되어 표시된다.
출처: J. A. Brewer and K. A. Garrison, "The Posterior Cingulate Cortex as a Plausible Mechanistic Target of Meditation: Findings from Neuroimaging," *Annals of the New York Academy of Sciences* 1307, no. 1 (2014): 19-27.

음 다시 명상을 하곤 했다. 뇌 활동은 기준 상태 대비 상댓값으로 측정되므로 우리는 휘트필드-가브리엘리의 실험에서처럼 30초간 촬영장치의 화면에 형용사가 표시되도록 설정했다. 그래서 30초가 지난 후 그래프가 표시되기 시작하면, 나의 후대상피질 활동이 증가 또는 감소했는지 확인할 수 있었다. 촬영장치가 나의 뇌 활동을 측정해 결과를 갱신하면, 2초마다 새로운 막대가 이전 막대 옆에 생겼다. fMRI로 뇌 활동을 측정하면 약간의 신호 지연이 있지만, 이 절차는 놀랍도록 잘 작동했다. 나의 주관적인 명상 경험과 나의 뇌 활동을 거의 실시간으로 연결하는 것이 가능했다.

여러 차례의 예비시험을 거친 후 우리는 두 번째 명상 연구를 첫 번째 연구와 매우 비슷하게 설계했다. 즉 우리는 참가자들에게 명상의 주요 대상인 호흡에 집중하도록 요청했다. 그러나 이번에는 명상하는 동안 실시간 fMRI 뉴로피드백이 제공되었다. 참가자들은 눈을 뜬 채 호흡에 집중하면서 때때로 그래프를 통해 자신의 뇌 활동이 호흡 집중과 얼마나 일치하는지 확인할 수 있었다. 이런 방식으로 우리는 참가자들의 주관적 경험과 그들의 뇌 활동을 더 긴밀하게 연결할 수 있었다. 이전에는 매번 명상이 끝난 후 참가자들이 호흡에 얼마나 집중했는지 또는 주의가 산만했는지 등에 관한 전반적인 명상 경험을 질문해야 했다. 그리고 명상 중에 그들의 뇌 활동을 보여줄 수도 없었을 뿐만 아니라 실시간 데이터 분석도 불가능했다. 5분의 시간 동안 매 순간 많은 일이 일어난다. 우리는 이 모든 순간을 뒤섞어 뇌 신호 평균값을 계산할 수밖에 없었고, 그것도 때로는 마지막 피험자의 데이터가 수집된 지 수개월이 지난 후에야 이루어졌다. 우리에게는 매 순간 일어나는 일을 훨씬 더 정확히 관찰할 수 있는 방법이 필요했다. 특정 순간에 뇌는 어떻게 작동하고 있을까? 우리는 매 순간의 주관적 경험과 뇌 활동 간의 연관성을 탐구하는 신경현상학이라는 연구 분야로 진입하고 있었다. 이것은 인지신경과학 분야의 미개척 영역이었다.

그 후 2년은 내 경력에서 가장 흥미진진하고 신나는 시기였다. 우리는 뉴로피드백 연구에 참가한 거의 모든 초보 명상가와 숙련된 명상가로부터 무언가를 배울 수 있었다. 우리는 후대상피질의 피드백 제공을 바탕으로(우리는 한 번에 한 영역에서만 피드백이 제공되도록 설정했다) 초보 명상가와 숙련된 명상가의 뇌 활동에 상당한 차이가 있음을 거의 실시간으로 확인할 수 있었다. 예를 들어 초보 명상가가 명상하는 동안에는 후대상피질의 활동이 훨씬 더 가변적이었다. 이럴 때 초보 명상가는 다음과 같이 보고하곤 했다. "맞아요, 제 마음이 여기저기 흩어져 있었어요. (그래프의 특정 지점을 가리키며) 여기, 여기, 또 여기 보이는 것처럼요."

숙련된 명상가들은 평소에 명상하면서 자신의 뇌 활동을 보는 데 익숙하지 않았으므로(명상하면서 자신의 정신 활동 그래프를 지켜보는 것은 결코 아무 때나 할 수 있는 일이 아니다), 일단 그래프를 보면서 명상하는 법을 배워야 했다. 예를 들어 숙련된 명상가들이 (어찌

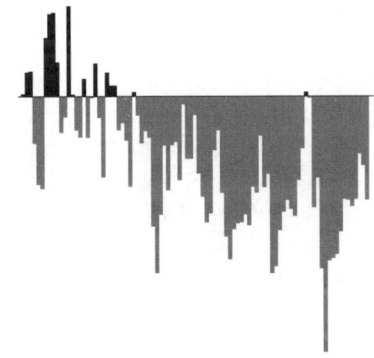

숙련된 명상가가 명상 중에 실시간으로 자신의 뇌 활동을 지켜보는 법을 배우는 과정. 수평선 위의 검은색 막대는 명상 중 후대상피질의 활동 증가를 나타내고, 수평선 아래의 회색 막대는 후대상피질의 활동 감소를 나타낸다(특정 형용사가 자신에게 해당하는지 판단하는 기준 과제 수행 시의 기준 활동 대비 상댓값). 각각의 막대는 2초 간격의 측정값이다. 저드슨 브루어의 실험실 보관 기록.

보면 집중을 매우 방해하고 마음을 사로잡는) 자신의 뇌 활동 그래프를 보는 데 적응해야 했던 처음에는 그래프가 올라갔다가, 명상이 깊어지고 그래프를 봐도 마음이 흔들리지 않게 되자 그래프가 다시 내려갔다. 그들이 수십 년간 매일 하던 수행 중에 자신의 뇌 반응을 보여주는 그래프가 바로 눈앞에 있는데도 호흡에 집중해야 했던 그들의 상황이 어땠을지 상상해보라.

몇몇 경우에는 숙련된 명상가들이 명상하는 동안 후대상피질 활동이 오랫동안 감소한 상태를 유지하다가 갑자기 크게 증가한 후 다시 떨어지기도 했다. 이럴 때 그들은 명상이 잘 되다가 그래프를 확인하는 순간 또는 "와, 내가 굉장히 잘하고 있네!" 같은 생각이 드는 순간 마음이 흔들려 뇌 활동이 크게 증가한 것이라고 보고했다.

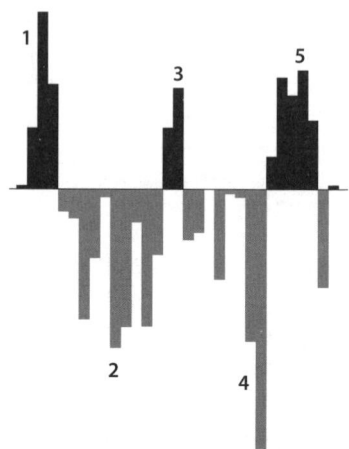

숙련된 명상가가 뉴로피드백을 받는 동안 후대상피질의 뇌 활동을 보여주는 그래프. 검은색은 뇌 활동 증가를 나타내고, 회색은 활동 감소를 나타낸다. 숫자는 명상 직후 숙련된 명상가가 보고한 주관적 경험을 가리킨다. 저드슨 브루어의 실험실 보관 기록.

다음은 자신의 뇌 활동을 지켜보면서 1분간 짧은 명상을 한 숙련된 명상가의 예다. 명상이 끝난 직후 그는 자신의 주관적 경험이 그래프와 일치하는지에 관해 보고했다.

1. 그러니까 처음에는 언제 단어들이 끝나고(기준 과제) 언제 명상이 시작될지 추측하고 있었어요. 말하자면 '좋아, 준비, 땡!' 하는 식이었죠. 그러다 갑자기 또 단어가 튀어나오는 바람에 '아, 망했다' 싶었죠. 그것이 저기 (검은색) 긴 막대예요······.

2. ······그러다 바로 적응하기 시작하면서 정말로 깊이 빠져들었죠.(첫 번째 회색 긴 막대)

3. ……그러다 '와, 대단한데'라는 생각이 들었어요.(두 번째 검은색 긴 막대)

4. ……그러다 '좋아, 잠깐만, 집중하자'라고 생각하면서 다시 명상에 빠져들었고, 그래서 다시 (회색) 저게 나타났어요.(두 번째 회색 긴 막대)

5. '와, 굉장한데, 내 마음과 똑같은데'라는 생각이 들면서 다시 (검은색) 저게 나타났어요.(마지막 검은색 긴 막대)

초보 명상가들의 뇌 활동도 숙련된 명상가들과 크게 다르지 않았다. 자신의 이야기에 빠지지 않고 현재 순간에 머무는 재능이 뛰어난 사람들과 마찬가지로 그들의 후대상피질 활동도 꾸준히 감소했다. 마찬가지로 숙련된 명상가들의 뇌 활동 유형도 초보 명상가들과 상당히 일치했다. 즉 그들의 매 순간 뇌 활동도 매우 불규칙했다. 가장 흥미로운 점은 이 실험이 학습을 목적으로 설계된 것이 아닌데도 초보 명상가와 숙련된 명상가 모두 자신의 경험에 대해 무언가를 배웠다고 보고한 점이었다. 이 실험의 유일한 목적은 명상과 후대상피질의 활동 감소 사이의 상관관계를 보여준 이전 연구 결과를 검증하는 것이었다.

예를 들어 몇몇 초보 명상가의 뇌에서는 처음 3회 명상 시(각각 3분씩, 총 9분의 명상) 후대상피질 활동이 크게 증가했다. 그러다 갑자기 다음 명상에서는 뇌 활동이 크게 감소했다. 이에 대해 한 초보 명상가는 "숨을 들이쉬고 내쉬는 것을 생각하기보다 신체 감각에 더 집중했어요"라고 보고했다. 또 다른 초보자는 뇌 활동 감소가 "잡념을 막으려고 애쓰지 않아도 훨씬 더 편안한" 느낌이 들었던 때와 일치한다고 보고했다.

이들은 뇌 활동 피드백을 명상 교정 도구로 사용하고 있었다. 지나치게 애쓰다가 긴장해서 넘어진 롤로 존스와 비슷하게 우리 실험의 참가자들은 명상하려고 애쓰면 어떻게 되는지를 실시간으로 체험했다. 이전에 우리는 이렇게 노력하는 부분을, 말하자면 이런 의식의 질 또는 태도를 우리 모형에 고려할 수 없었다. 그러나 이제 우리는 명상을 개념화하는 새로운 관점을 얻게 되었다.

우리는 참가자들의 경험이 착각에 기초한 것이 아님을 확인하기 위해 각종 대조실험을 수행했다. 우리는 흔히 크고 멋진 기계기 보여주는 결과를 자신의 경험보다 더 신뢰하곤 하기 때문이다. 또한 우리는 숙련된 명상가들이 필요에 따라 자신의 후대상피질 활동을 조절하고 때가 되면 이 '정신적 근육'을 구부릴 수 있다는 사실도 확인했다.

우리는 이 특별한 신경현상학 데이터를 수집해 브라운대학교의 동료인 캐시 커Cathy Kerr 및 그녀와 함께 일하던 학부생 후안 산토요Juan Santoyo에게 모두 넘겼다. 우리의 실험 방법이나 목표에 대한 정보를 공유하지 않았으므로 후안은 후대상피질의 활동 감소와 명상 사이에 상관관계가 있다는 우리의 가설을 전혀 몰랐다. 따라서 그는 주관적 보고를 있는 그대로 필사하고, 보고 시점을 기록한 후 '집중', '감각경험 관찰', '주의분산' 등의 경험 범주로 분류하는 작업에 완벽히 적합한 사람이었다. 후안은 참가자들의 주관적 경험을 분류한 후 타임스탬프를 바탕으로 주관적 경험과 뇌 활동을 하나로 묶는 작업을 했다.

실험 결과

이 실험은 두 가지 결과를 보여주었다. 먼저, 이것은 이전 연구들에서 후대상피질 활동과 관련해 여러 참가자의 평균을 내어 도달한 결론을 다시 확인해주었다. 즉 메이슨이나 와이즈먼의 연구에서처럼 후대상피질 활동은 사람들이 집중할 때(이 경우 명상하는 동안) 감소했고 주의가 산만하거나 잡념이 떠오를 때 증가했다. 이 '양성대조군positive control'은 우리의 패러다임과 이전 연구들을 멋지게 연결해주었다. 그러나 이것만으로는 명상과 후대상피질 활동의 독특한 관계를 설명하기에 뭔가 부족해 보였다.

우리 실험의 두 번째 놀라운 결과는 바로 이와 관련이 있다. 후안이 분류한 경험 범주 중 하나는 (자신의 경험을 통제하려고 애쓰는) '통제'였다. 이것은 후대상피질의 활동 증가와 짝을 이루었다. '애쓰

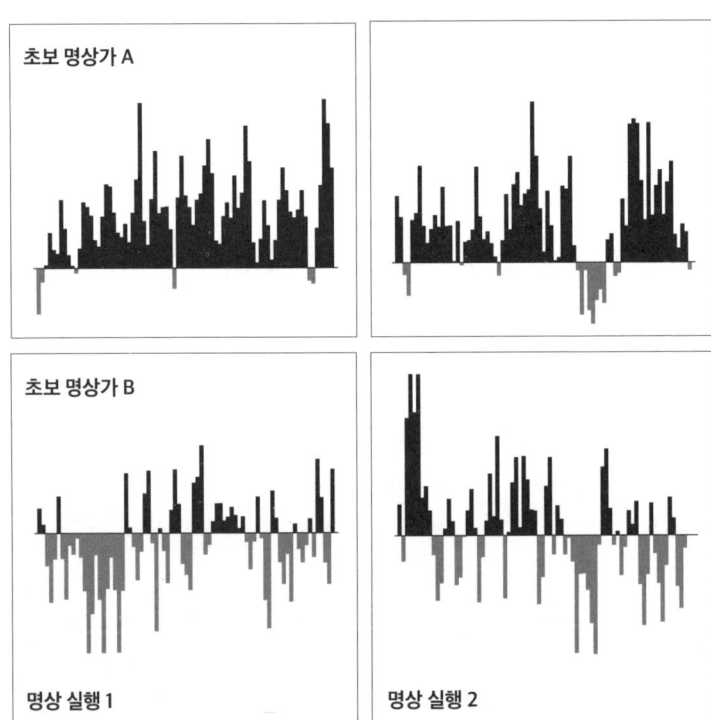

지 않고 하기'라는 라벨이 붙은 또 다른 범주는 후대상피질의 활동 감소와 상관관계가 있었다. 이 데이터를 종합해보면 후대상피질 활동과 짝을 이루는 주관적 경험의 양상은 대상의 지각이 아니라 우리가 대상과 관계를 맺는 방식임이 드러난다. 우리는 종종 상황(또는 우리의 삶)을 통제하려 하며, 이럴 때 우리는 원하는 결과를 얻기 위해 무언가를 하려고 열심히 노력한다. 그러나 반대로 우리는 대상과 춤을 추는 듯한 태도에 편안히 몸을 맡길 수도 있다. 이럴 때

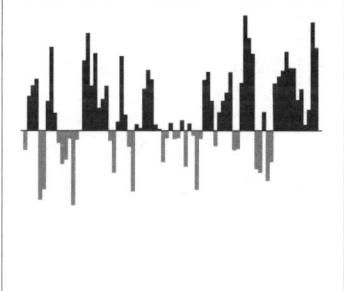

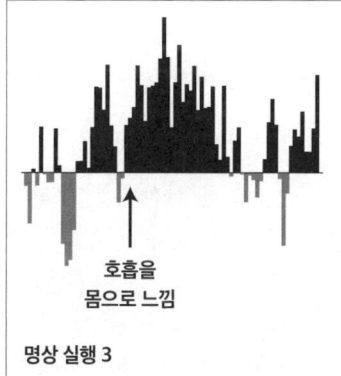
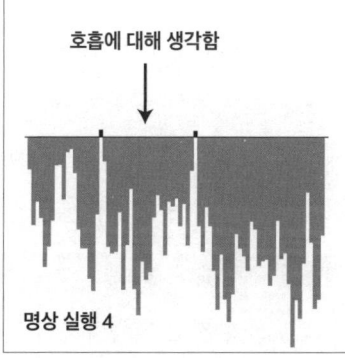

초보 명상가들이 실시간 fMRI 뉴로피드백을 통해 명상의 미묘한 측면들을 알게 되자 후대상 피질의 활동이 감소했다. 참가자들이 눈을 뜬 채 3분 단위로 명상하는 동안 후대상피질 활동이 제시되었다. 기준치 대비 후대상피질의 활동 증가는 검은색으로 표시되었고, 감소는 회색으로 표시되었다. 참가자들은 각 명상 실행 후 자신의 경험을 보고했다.
출처: J. A. Brewer and K. A. Garrison, "The Posterior Cingulate Cortex as a Plausible Mechanistic Target of Meditation: Findings from Neuroimaging," *Annals of the New York Academy of Sciences* 1307, no. 1 (2014): 19-27.

우리는 습관적 행동방식에서 벗어나 매 순간 일어나는 일에 집중하면서, 굳이 애쓰거나 발버둥 치는 대신에 상황이 전개되는 대로 대상과 함께한다.

우리의 연구 결과가 어느 정도 정리되었을 때 나는 휘트필드-가브리엘리 박사에게 전화해 우리의 데이터에 대한 2차 소견을 구했다. 우리는 숙련된 명상가들이 초보 명상가들만큼 잡념에 빠지지 않은 것이 당연하다는 데 의견이 일치했다. 경험의 이런 측면이 이전에도 보고된 적이 있을까? 우리는 후대상피질 활성화에 관해 발표된 모든 논문을 함께 살펴보기로 했다. 나의 박사후 연구원인 케이티 개리슨Katie Garrison과 함께 우리는 문헌을 샅샅이 뒤져 과제나 패러다임과 관계없이 후대상피질 활동의 변화를 보고한 다수의 연구를 수집했다.

그 결과 길고 뒤죽박죽이 된 듯한 목록을 얻었는데, 거기에는 레이클의 휴식 상태, 메이슨의 잡념 및 그 밖에 자기참조와 관련된 논문들도 포함되었다. 그러나 거기에는 특히 선택 정당화(자신이 선택한 것을 더 좋아하는 경향), 강박장애, 감정 처리(우울한 사람의 반추적 사고 포함), 죄책감, 비도덕적 행동 유도, 갈망 등과 관련된 후대상피질의 활동 증가를 보여주는 연구들도 있었다. 인스타그램 피드를 보는 청소년의 뇌 활동을 측정했던 셔먼 등의 연구(2장 참조)를 기억하는가? 그 연구에서는 자신의 사진에 '좋아요'가 많을수록 청소년들의 후대상피질 활동이 증가했다.

이렇게 다양한 연구를 설명할 수 있는 것은 무엇일까? 우리는 여러모로 검토한 끝에 '오컴의 면도날Occam's razor'을 적용하기로 했다. 이 철학적 또는 과학적 원칙은 불필요하게 수량을 늘리지 말라고 조언한다. 과학에서 이는 가장 간단한 설명을 복잡한 설명들보다 우선시해야 하며, 일단 기지의 수량 또는 사태에서 미지의 현상에 대한 설명을 찾아야 함을 의미한다. 이런 의미에서 우리는 우리의 모든 데이터뿐만 아니라 이전에 발표된 연구들까지 아우를 수 있는 기본 개념을 찾고자 했다. 우리가 신경현상학 데이터 세트에서 알게 된 것을 다른 연구들에 적용해볼 때, 가장 간결한 설명은 결국 롤로가 넘어진 이유와 다르지 않았다. 우리의 데이터는 경험적인 어떤 것을 적시하고 있었다.

기본상태회로에 대한 이런 연구들은 우리가 더 주목할 필요가 있는 일상생활의 중요한 측면, 즉 우리가 경험의 밀고 당김에 휘말리는 현상과 관련이 있지 않을까? 명상수련회에 참가했을 때 나는 중독적인 생각들을 물리치려고 온 힘을 기울였다. 단순한 공상이든 좀 더 복잡한 반추적 반응 양식이든 특정 사고방식이 습관으로 굳어지거나 심지어 이에 중독될 경우, 내 알코올 사용장애 환자들의 표현처럼 이런 '역겨운 생각'을 떨쳐버리기가 쉽지 않다. 우리의 뇌 데이터는 이 수수께끼의 결정적인 한 조각을 제공했는데, 그것은 바로 우리가 우리의 생각, 감정, 행동과 어떤 관계를 맺고 있는지에 관한 것이었다. 생각은 우리가 그것을 너무 멋지고 대단하게 여겨서 그것에 사로잡히지 않는다면 그저 하나의 단어나 심상일 뿐이다. 갈망은 우리가 그것에 빠져들지 않는다면 그저 하나의 갈망일 뿐이다.

우리가 우리의 생각이나 감정과 어떤 관계를 맺느냐에 따라 모든 것이 달라진다.

숙련된 명상가는 이런 경험에 주목하되 이에 사로잡히지 않는다. 즉 이를 개인적으로 받아들이는 대신에 그저 있는 그대로 바라본다. 어쩌면 후대상피질은 보상 기반 학습을 통해 우리를 우리의 경험과 연결하는 역할을 할지 모른다. 정신적·신체적 긴장감은 어떤 생각이나 갈망이 '내' 생각, '내' 갈망이 되었다는 신호일지 모른다. 이런 긴장감과 함께 우리는 우리의 생각이나 감정과 긴밀한 관계를 맺게 된다. 특정 안경을 통해 세상을 보는 것을 반복해서 학습하면, 결국에는 이 안경의 시각을 액면 그대로 받아들이고 이것을 우리 자신과 동일시하는 지경까지 이를 수 있다. 자아 자체가 문제는 아니다. 매일 아침 일어나서 내가 누구인지를 기억하는 것은 매우 중요하다. 문제는 우리에게 일어나는 좋거나 나쁜 일들을 개인적으로 받아들일 때, 우리가 우리의 인생 드라마에 사로잡힐 때 발생한다. 공상, 반추적 사고방식, 갈망 등에 사로잡힐 때, 몸과 마음이 어딘가 옥죄이거나 좁아지거나 위축되거나 문이 닫히는 듯한 느낌이 든다. 이럴 때 우리는 더 이상 우리를 설레게 또는 두려움에 떨게 만드는 갈고리를 벗어날 수 없게 된다.

6장

나의 세계는 애정으로 충만하다
: 사랑 중독

> 사랑은 죽음처럼 강한 것,
>
> 사랑의 시샘은 저승처럼 잔혹한 것,
>
> 사랑은 타오르는 불길,
>
> 아무도 못 끄는 거센 불길입니다.
>
> _아가서 8:6(성경전서 새번역)

    과학계에서는 보기 드문 유쾌한 마음으로 스탠퍼드대학교의 몇몇 연구자들은 '사랑 대회'를 개최했다. 연구팀은 사람들이 특별한 누군가를 "머릿속에서 사랑하는" 동안 fMRI 기계로 그들의 뇌를 촬영했다. 이 대회는 누가 뇌의 보상 중추를 가장 잘 활성화하는지를 겨루는 대회였다. 촬영의 초점은 측좌핵이었다. 참가자들은 5분간 "최선을 다해 누군가를 사랑해야" 했다. 어째서 연구자들은 중독과 관련된 뇌의 보상 중추에 초점을 맞추었을까?

나의 화학적 연애담

대학을 졸업한 직후 여름에 나는 (당시 결혼을 약속한 사이였던) 여자친구와 함께 일주일간 콜로라도로 배낭여행을 떠났다. 동부 해안으로 돌아오는 길에 우리는 조만간 의학전문대학원 공부를 함께 시작하고 우리의 향후 인생을 보내게 될 세인트루이스에 들렀다. 그러나 그곳에서 인접한 아파트 두 채의 임대계약에 서명한 지 한 시간도 지나지 않아 우리는 헤어졌다.

메리와 내가 사귀기 시작한 것은 우리가 프린스턴대학교 2학년일 때였다. 내 기억에 우리는 동화 같은 대학생 연애를 했다. 진지한 연주자였던 우리는 오케스트라에서 함께 연주했다(그녀는 플루트를, 나는 바이올린을 연주했다). 그녀는 화학공학을 전공했고, 나는 화학을 전공했다. 우리는 함께 공부했고, 함께 식사했으며, 함께 어울려 놀았다. 우리는 때때로 다투기도 했지만 금세 화해했다. 우리는 뜨겁게 사랑했다.

4학년 때 우리는 똑같은 대규모 의사과학자 프로그램에 지원했다. 이 의사과학자 양성사업은 환자 진료와 의학연구에 모두 관심이 있는 사람이 집중적으로 신속하게 의사면허와 박사학위를 동시에 취득할 수 있는 기회를 제공했다. 게다가 무료였다. 즉 합격자는 연방보조금으로 학비를 받았고 생활비로 약간의 급여까지 받았다. 따라서 당연히 자리는 많지 않았고 경쟁은 치열했다. 그해 가을에

메리와 나는 같은 기관의 면접 통지를 기다리면서 꽤나 신경이 곤두서 있었다. 내 룸메이트 중 한 명도 이 의사과학자 프로그램에 지원했고 다른 한 명은 직장에 지원한 상태였는데, 우리는 자신의 불합격 통지서를 기숙사 방 벽에 붙이곤 했다. 그러면 우리는 스트레스 해소의 한 방편으로 서로의 통지서에 번갈아 가며 손글씨로 다음과 같은 추신을 달곤 했다. "추신: 넌 완전 꽝이야!", "미국 파이팅!"(이듬해 여름에 1996년 애틀랜타 올림픽이 열렸다) 또는 그 밖에 아무렇게나 생각나는 대로 엉뚱하고 무례한 구절을 달곤 했다.

12월에 둘 다 세인트루이스의 워싱턴대학교에 합격했다는 소식을 들은 메리와 나는 날아갈 듯 기뻤다. 그곳은 학문적으로 탁월한 명성과 더불어 학생 지원을 고려할 때 우리가 가장 원했던 곳 중 하나였다. 프로그램 관리자의 귀띔에 따르면 입학위원회는 이 "사랑스러운 젊은 커플"을 받아들이게 되어 매우 기쁘게 생각하며 우리가 대학의 일원이 되는 것을 고대하고 있다고 했다. 우리는 함께 의학을 배우고 서로를 지원하면서 함께할 미래를 꿈꾸기 시작했다. 각자 실험실에서 긴 하루를 보낸 뒤 집에 돌아와 함께 포도주를 마시며 서로의 과학적 문제를 풀기 위해 머리를 맞대는 모습을 상상했다. 그것은 완벽한 미래였다.

그해 겨울방학 내내 나는 구름 위를 걷는 기분이었다. 내 머릿속은 온통 우리의 미래에 대한 시뮬레이션으로 가득했다. 나의 모든 예측은 성공과 행복만을 보여주었다. 그래서 나는 당연히 다음 단계를 밟기로, 즉 그녀에게 청혼하기로 결심했다. 나는 반지를 사와서 캠퍼스에서 청혼하는 계획을 세웠다. 그것은 나의 장밋빛 전망에 걸맞은 거창한 계획이었다.

나는 우리가 함께했던 지난 2년간의 의미 있는 사람들, 장소들, 물건들로 구성된 지도를 만든 후 그녀가 단서를 따라 캠퍼스 곳곳을 누벼야 하는 일종의 보물찾기를 준비했다. 그녀가 새로운 지점에 도착할 때마다 우리의 친구나 존경하는 교수님이 그녀를 맞이해 빨간 장미와 봉투를 건넬 것이다. 보물찾기가 끝날 즈음에 각 봉투에 담긴 퍼즐 조각을 맞추면 "이메일을 열어 봐!"라는 문구가 완성될 것이다. 이 문구가 구닥다리처럼 보일지 모르지만(실제로도 그랬다), 당시에는 이메일이 처음 사용되기 시작하던 때라 나는 이것을 꼭 마지막 단서로 사용하고 싶었다. 고등학교 시절 가장 친했던 내 친구가 보낸 이메일을 그녀가 열어 보면, 캠퍼스에서 가장 높은 긴 물인 수학관 꼭대기 층으로 오라는 메시지가 있을 것이다. 이 꼭대기 층에서는 아름다운 캠퍼스 전경을 360도로 감상할 수 있다. 나는 졸업한 학생으로부터 그 층의 임시 열쇠를 물려받았는데, 그곳은 주로 행사용으로 쓰였고 학생들의 개별 출입은 금지되어 있었다. 이전에 메리와 나는 그곳에 몰래 올라간 적이 있었고, 나는 그곳이 청혼하기에 완벽한 장소라고 생각했다. 그녀가 그곳에 나타나면, 내 룸메이트가 웨이터 역할을 하면서 우리가 가장 좋아하는 식당에서 주문한 저녁 식사를 내놓을 것이다.

쌀쌀했지만 맑고 아름다운 겨울날에 계획은 차질 없이 진행되었다. 모든 친구들과 교수님들이 나만큼이나 이 일에 몰두해 맡은 역할을 완벽하게 해냈다. 그 꼭대기 층에서 그녀는 내 청혼을 수락했고, 우리는 프린스턴 마을 위로 지는 해를 바라보며 그날 저녁을 마무리했다. 그리고 6개월 후, 세인트루이스의 따뜻한 여름날 어느 저녁에 우리는 끝났다.

내 사생활 이야기를 이렇게 속속들이 하는 까닭은 무엇일까? 내가 예일대 금연 모임에서 (앞 장에서 다룬 생각 중독도 포함해) "나도 많은 것에 중독되어 있어요"라고 말했던 것을 기억하는가? 당시에는 잘 몰랐지만, 이제 와서 돌이켜보면 나는 사랑에 중독되어 있었다.

마지막으로 연애를 시작했던 때를 떠올려 보라. 첫 키스를 하려고 몸을 기울였을 때의 두근거림을 기억하는가? 너무 황홀해 곧바로 두 번째 키스로 이어지진 않았나? 사랑의 감정이 달아오르면, 에너지가 넘치고 인생이 멋져 보인다. 이럴 때 우리는 자신의 애인이 얼마나 특별한 사람인지 여기저기 떠벌리고 다닌다. 그 사람이 머릿속에서 떠나질 않는다. 그다음 문자, 전화, 데이트를 기다리기가 너무 힘들다. 이럴 때 친구들은 우리가 그 사람에게 너무 빠져 있다고 말하기도 한다. 그러나 다른 중독의 황홀감과 마찬가지로 이런 황홀감에도 어두운 면이 있다. 우리의 특별한 사람이 약속한 시간에 전화를 하지 않을 때 느끼는 초조함, 그 사람이 며칠간 멀리 갔을 때 밀려오는 두려움 등이 그것이다.

보상 기반 학습의 관점에서 나의 대학 시절 연애를 바라보면, 이 퍼즐의 조각이 맞춰지기 시작한다. 이번에도 나는 그녀야말로 나의 천생연분이라는 주관적 편향을 나도 모르게 강화하면서 스스로 빠져들고 있었다. 나는 우리의 중요한 종교적 차이를 경시했다. 메리는 독실한 가톨릭 신자였는데, 나는 이것이 오히려 새로운 것을 배울 기회라고 생각했다(역설적이게도, 나는 현재 독실한 가톨릭 신자와 결혼해서 행복하게 살고 있다). 우리는 자녀에 대해 한 번도 의논하지 않았으며, 나중에 어떻게든 되겠지라고 생각했다. 우리는 주요 공공장소에서 격렬한 언쟁을 벌이기도 했다(그때를 생각하면 지금도 진저리가 난다). 그러나 말다툼을 하지 않는 사람이 있을까? 내가 그녀의 아버지에게 결혼해도 되냐고 묻자, 그는 우리가 너무 어리지 않냐면서도 결국에는 결혼을 허락했다. 존스 교수가 다른 교수에게 똑같은 이야기를 하는 것을 우연히 들은 적이 있는데, 과연 그들은 우리의 관계에 대해 얼마나 알고 있었을까? 이미 이혼한 나의 절친한 친구는 내 결혼을 간곡히 말렸는데, 그는 우리가 문제에 직면할 것을 알고 있었던 듯하다. 나는 화가 나서 몇 주간 그를 거들떠보지도 않았다.

나는 너무 들떠 있었고 자신만만했기 때문에 내 조종석 계기판의 모든 경고등을 무시했다. 비행기에 연료도 충분하고 추락할 일도 없다고 생각했다. 나는 비행기에 사랑의 연료를 공급하고 있었다. 나는 사랑의 크랙 코카인을 흡입하고 있었다. 정신을 차리고 현실을 직시하기까지 6개월이 걸린 이 중독의 마지막 절정을 장식한 것은 약혼식 날이었다. 흥분과 기대감의 연속된 보상을 받으며 내가 그날을 어떻게 준비했는지는 굳이 설명할 필요도 없을 것이다.

낭만적인 사랑 자체는 문제 될 것이 없다. 현대 사회에서 사랑은 사고나 계획과 마찬가지로 인간의 생존에 도움이 된다. 비행기가 추락해 불타버리는 것은 우리가 사랑에 완전히 매몰되어 모든 것이 통제 불능 상태가 될 때 일어난다. 아마도 이것은 우리의 스트레스 나침반을 제대로 읽지 못하는, 우리를 위험에 빠뜨리는 도파민의 작용을 깨닫지 못하는 또 다른 예일 것이다.

사랑 대회 우승자

신경과학자들과 심리학자들은 수십 년간 낭만적 사랑의 구성 요소를 밝혀내려고 노력해왔다. 낭만적 사랑의 초기 단계에서는 행복감, 연인에 대한 집착과 강박적 사고, 정서적 의존, 심지어 "사랑하는 이와의 정서적 결합에 대한 갈망" 등을 경험한다.[1] 수천 년 전으로 거슬러 올라가는 낭만적 사랑의 설명에는 흔히 보상과 관련된 이미지가 등장한다. 예를 들어 성경 아가서에서 화자는 "그대의 사랑은 포도주보다 더 나를 즐겁게 한다"(4:10)고 노래한다. 생물인류학자 헬렌 피셔Helen Fisher는 TED 강연에서 알래스카 남부의 이름 모를 콰키우틀족 인디언이 1896년에 선교사에게 들려준 시를 낭독했다. "그대를 사랑하는 고통으로 내 몸이 불타오르네. 그대를 향한 사랑의 불길로 내 몸이 괴로워하네. 그대를 향한 사랑으로 터지기 직전인 종기처럼, 고통이 그대를 향한 사랑으로 불타오르네. 그대가 내게 한 말이 떠오르네. 나를 향한 그대의 사랑이 생각나네. 나를 향한 그대의 사랑으로 내 가슴이 찢어지네. 고통만이 이어지는데, 그대는 내 사랑을 가지고 어디로 가는가?"[2]

이 모든 것이 중독과 비슷하다는 점에 주목한 피셔는 심리학자 아서 아론Arthur Aron 등과 함께 팀을 이뤄 낭만적 사랑이 알코올, 코카인, 헤로인 등의 약물과 동일한 뇌 영역을 활성화하는지 살펴보았는데, 해당 뇌 영역에는 보상회로에서 도파민 공급원 역할을 하는 복측피개영역ventral tegmental area도 포함되어 있었다. 연구팀은 우선 참가자들이 경험한 낭만적 사랑의 기간, 강도, 범위에 대한 면담을 진행했다. 그런 다음 참가자들은 이른바 '열정적 사랑 척도'를 작성했는데, 여기에는 "내게 X는 완벽한 연인이다", "때때로 X에 대한 강박적 사고를 멈출 수 없다"와 같은 문장이 포함되어 있었다. 이 척도는 낭만적 사랑이라는 복잡한 감정을 정량화하는 데 신뢰할 수 있는 수단으로 평가받는다.

연구팀은 실제로 사랑에 빠진 것이 확인된 피험자들을 fMRI

촬영장치에 눕혀 연인 사진('활성' 조건)과 동성 친구 사진('비교' 조건)을 보여주면서 뇌 활동을 측정했다. 앞에서도 말했듯이, 뇌 활동의 절대적 측정값은 없으므로(다시 말해 특정 값을 기준으로 모든 것을 일렬로 세울 수 있는 '온도계' 같은 것은 없으므로) fMRI는 다른 어떤 것, 즉 비교 조건(기준치)에 대한 상댓값으로 뇌 활동의 증가 또는 감소를 측정한다. 낭만적 사랑의 강렬한 느낌을 가라앉히기는 쉽지 않으므로 연구팀은 참가자들이 연인의 사진을 보지 않을 때는 지루한 수학 문제 풀기를 통해 주의를 분산해 뇌 활동이 좀 더 정상 또는 기준 수준에 가깝게 돌아가도록 조치했다. 이런 주의분산은 말하자면 '정신적 찬물 샤워'인 셈이었다.

어찌 보면 당연하게도, 연구팀은 낭만적 사랑의 감정에 반응해 도파민을 생성하는 뇌 부위(복측피개영역)의 활동이 증가하는 것을 발견했다. 피험자가 연인을 매력적으로 평가할수록 해당 영역의 활동이 증가했다. 이 결과는 전 세계에서 끊이질 않는 사랑의 표현들(시, 미술, 노래 등)이 시사하는 것처럼 낭만적 사랑이 뇌의 보상회로를 활성화할 것이라는 예측을 뒷받침한다. 이에 대해 피셔는 "낭만적 사랑이 지구상에서 가장 중독성 강한 물질 중 하나"라고 재치 있게 말했다.

그렇다면 스탠퍼드대학교의 사랑 대회 우승자는 누구였을까? 우승자는 소개팅에서 아내를 만났다고 밝힌 켄트Kent라는 75세의 노신사였다. 두 사람은 첫 만남 후 3일 만에 약혼했다고 한다. 이 대회를 기록한 짧은 영상에서 켄트는 다음과 같이 말했다. "우리는 정말 미친 듯이 사랑에 빠졌어요. 처음 만났을 때부터 종소리와 휘파람 소리만 들렸죠." 또한 그는 덧붙이길 비록 "첫 만남 때의 강렬함은 누그러들었지만, 그때의 감정을 아직도 느낄 수 있어요"라고 했다. 영상 마지막에 켄트가 50년을 함께한 아내를 포옹하는 장면은 그의 말이 진실임을 아름답게 보여주었다.

켄트의 말이 시사하는 것처럼, 사랑의 감정에 사로잡히지 않으면서도 그것을 느낄 수 있다는 생각에는 뭔가 특별한 것이 있을지 모른다. 앞서 언급한 아론, 피셔 등의 연구로 돌아가보자. 이 연구팀은 뇌의 보상 중추뿐만 아니라 후대상피질의 활동도 살펴보았다. 앞서 살펴본 것처럼, 후대상피질은 자기참조와 가장 일관되게 연관된 뇌 영역이다. 앞 장에서 논의한 것처럼, 후대상피질 활동의 상대적 증가는 어떤 일을 개인적으로 받아들이고 거기에 사로잡히는 자기참조적 사고의 지표일지 모른다. 아론의 연구팀이 발견한 바에 따르면 연애 기간이 짧을수록 후대상피질 활동이 더 활발했다. 다시 말해 연애가 아직 초기 단계거나 비교적 새롭게 느껴질수록 후대상피질은 더 활발하게 작동할 것이다. 그리고 관계가 (대충 시간으로 측정해) 안정될수록 후대상피질은 차분해질 것이다. 우리가 새로 관계를 맺기 시작해서 앞으로 어떻게 될지 불확실할 때 느끼는 관계의 신선함이나 '사냥의 흥분'에 사로잡히는 것도 이와 관련이 있지 않을까? 새로운 사람과 사귀기 시작할 때 우리는 애정의 대상을 유혹하기 위해 온갖 멋진 일을 하곤 한다. 그러나 이것은 실제로 누구를 위한 것일까? 바로 나 자신을 위한 것이다.

몇 년 후 후속 연구에서 아론, 피셔 등은 이전 연구와 동일한 절차를 사용하되, 이번에는 장기적인 관계를 맺고 있는 사람들을 모집했다. 그들은 10년 이상 행복한 결혼생활을 이어왔으며 아직도 서로를 매우 사랑한다고 말했다. 여기서 핵심은 다음과 같았다. 연구팀은 열정적 사랑 척도의 하위 척도를 사용해 뇌 활동이 연애의 특정 측면인 '집착'과 어떤 관계가 있는지 살펴보았다. 행복한 애착 관계를 맺고 있는 사람들은 강렬한 집착을 보이는 십대들과 같은 뇌 활동 유형을 보일까? 아니면 다른 연구팀의 연구에서 밝혀진 것처럼, 보상회로가 활성화되지만 후대상피질의 활동 감소를 보인 어머니들과 더 비슷할까?[3]

이 연구 결과는 어땠을까? 평균 21년간 일부일처의 혼인관계를 유지하면서도 여전히 낭만적 사랑을 하고 있다고 말한 지원자들이 배우자에 대해 열정적인 생각을 품자 도파민 기반 보상회로(복측피개영역)가 활성화되었다. 이 참가자들은 전체적으로 후대상피질의 활동도 증가했지만, 이 활동은 열정적 사랑 척도의 집착 점수에 따라 차이를 보였다. 즉 배우자에게 집착하는 사람일수록 후대상피질 활동이 더 활발했다. 피셔는 TED 강연에서 사랑을 중독으로 묘사하면서 다음과 같이 말했다. "상대방에게 집중할수록 그 사람에 대한 강박적 사고와 갈망이 커져 현실이 왜곡됩니다." 그대여, 그대

여, 그대여. 다시 말해 나의 그대여, 그대여, 그대여. 이것은 우리 모두가 어느 정도 공감할 수 있는 이야기다. 연애 초기에 우리는 잠재적인 연인이 자신에게 잘 맞는지를 살핀다. 그러다 나중에 한쪽 또는 양쪽 연인이 이런 자기중심성을 고집할 경우, 일이 꼬이기 시작한다. 우리가 '나'의 깃발을 땅에 꽂으면서 이런저런 것들을 주장하는 순간, 관계가 사양길로 접어들 것이다. 어쨌든 중독은 자녀를 돌보거나 세상을 구하는 것과는 거리가 멀다. 중독은 우리의 욕망을 끊임없이 충족하려는 소용돌이에 빨려 들어가는 것이다. 집착하는 사랑과 켄트가 보여준 더 '성숙한' 사랑 사이의 이런 차이는 사랑의 유형에 따라 다른 뇌의 표지가 있음을 시사하지 않을까?

사랑, 사랑, 사랑

고대 그리스인들은 적어도 네 가지 사랑을 구분했다. 친밀한 또는 열정적 사랑인 에로스eros, 부모와 자식 간의 애정인 스토르게storge, 우정인 필리아philia, 모든 사람을 향한 이타적 사랑인 아가페agape가 바로 그것이다.

처음 세 가지 사랑은 꽤 명백한 반면, 아가페는 좀 더 신비한 면이 있다. 예를 들어 기독교인들은 하나님의 자녀에 대한 하나님의 무조건적 사랑을 가리켜 아가페라고 부른다. 또한 이 감정은 상호

적일 수 있다. 즉 인간에 대한 하나님의 사랑뿐만 아니라 하나님에 대한 인간의 사랑도 아가페일 수 있다. 이 단어의 무조건적인 또는 이타적인 성격을 드러내기 위해 라틴어 작가들은 아가페를 카리타스caritas로 번역했는데, 이것은 영어 단어 '자선charity'의 어원이기도 하다.

이렇게 다양한 사랑의 개념은 정확히 무엇을 의미할까? 과학자인 나는 이 차이를 이해하려고 많은 노력을 기울였다. 대학을 졸업할 무렵, 나는 낭만적 사랑의 좋고, 나쁘고, 추한 면을 확실히 느낄 수 있었다. 그러나 이타적 사랑이란 도대체 무엇인가?

낭만적 사랑이 깨지면, 동화 같은 결말은 당연히 기대하기 어렵다. 메리와 나의 이별도 그랬다. 그 결과, 의학전문대학원을 시작할 즈음에 나는 난생처음으로 불면증에 시달렸다. 더 큰 문제는 메리와 내가 몇 집 건너 이웃에 살았고 하루 종일 같은 강의실에 있어야 했다는 점이다. 개강을 몇 주 앞두고 삶이 완전히 파국으로 치닫는 듯했던 나는 존 카밧진의 《삶의 모든 것을 받아들이기》를 집어 들었다. 나는 개강 첫날부터 녹음된 명상 지침을 듣기 시작했고, 이렇게 내 인생의 새 장이 열렸다.

나는 매일 아침 일찍 일어나 호흡명상 수련용 카세트테이프를 듣다가 어느 순간 다시 잠들곤 했다. 6개월을 꾸준히 연습하자 30분간 깨어 있을 수 있었다. 그 후로 나는 지루한 대학원 강의 중에도 명상을 시작했다.(그러면 안 될 이유가 있는가?) 그렇게 1~2년이 지나자 나는 명상이 한 순간에 머릿속을 스쳐 지나가는 수많은 이야기에 휘말리지 않는 데 도움이 된다는 사실을 점차 깨닫게 되었다 (내가 생각에 중독되었던 것을 기억하는가?). '그래, 이게 도움이 되겠네'라고 나는 생각했다. 나는 지역 명상 모임을 찾아갔다. 나는 그곳에서 일주일에 한 번씩 수행을 시작했다. 나는 명상지도사의 말씀을 경청했고 점점 더 많은 명상 책을 읽기 시작했다.

그 가르침이 내게 와닿았고, 특히 수행이 깊어질수록 편안함을 느꼈다. 내가 예전에 접했던 신앙적 전통과 달리 명상은 직접적인 경험에 뿌리를 두고 있었다. 물론 이는 종교 일반의 결함 때문이 아니라 내가 순진했고 신적인 것에 대한 경험(또는 그런 경험을 묘사할 어휘)이 부족했기 때문에 생긴 차이였다. "내 말을 믿지 말고 직접 해봐라"라고 부처는 말했다고 한다. 예를 들어 나는 왠지 불안할 때면 한발 물러나 내 생각을 돌이켜보곤 했는데, 이럴 때면 주로 미래의 무언가에 대한 과도한 생각이 불안감의 원인일 때가 많았다.

평소처럼 30분간 정좌명상을 마친 어느 날 저녁, 우리 모임의 명상지도사는 팔리어로 메타metta라고 부르는 자애에 관해 이야기했다. 그에 따르면 각자의 안녕을 바라는 마음이 다른 사람들로 확장되고 결국에는 모든 존재를 향한 자애심으로 나아가기 위한 수행이 수천 년간 행해져왔다고 한다. 나는 멈칫했다. 이런저런 수행의 전통이 얼마나 오래됐는지는 내게 중요치 않았다. 나 자신의 일로 인해 괴로워 죽을 것 같은 내게 자애심이 무슨 소용이란 말인가? 나는 지도사의 가르침대로 이것을 그저 집중명상의 한 단계로 활용하기로 했다. 해당 문구를 읊어라. 마음이 딴 데로 새면, 다시 문구를 읊어라. 자애니 뭐니 하는 감상적인 것들은 무시하자.

그렇게 몇 년간 자애명상을 하자 이타적 사랑이 어떤 느낌일지 감이 오기 시작했다. 전공의 과정이 시작될 무렵에는 자애명상을 하면 가슴이 따뜻해지고 몸의 긴장이 풀리는 느낌이 들기 시작했다. 항상 그렇지는 않았지만, 가끔은 그랬다. 확실히 내게는 설레고 긴장된 낭만적 사랑이 훨씬 더 친숙했다. 이 또 다른 느낌이 메타일까?

전공의 시절에 나는 이에 대해 다양한 개인적 실험을 해보았다. 예를 들어 자전거를 타고 출근할 때 누가 경적을 울리거나 내게 소리를 지르면 확실히 몸이 긴장되는 것을 느꼈다. 이럴 때 나는 이상한 보상체계에 빠져들곤 했다. 즉 누가 경적을 울릴 때(촉발 요인), 나도 고함을 치거나 특정 제스처를 취하거나 일부러 차 앞으로 끼어들면(행동), 내가 옳다는 느낌이 들었다(보상). 나는 이런 느낌을 병원에까지 가져와서 다른 의사들에게 내가 겪은 일에 대해 당당하게 불평을 늘어놓곤 했다.

내가 환자들에게 좋은 기운을 심어주지 못했다는 것을 깨달은 후, 나는 빵빵거리는 차들을 향해 고함치는 대신에 이런 경적 소리를 자애심 수행의 계기로 삼으면 나의 긴장감(과 태도)에 어떤 변화가 생길지 시험해보기로 했다. 먼저 나 자신에게 '내가 행복하길'이라고 빌었고, 그런 다음 운전자를 향해 '너도 행복하길'이라고 마음속으로 빌었다. 그러자 내가 옳다는 느낌과 이에 따른 긴장감의 악순환이 끊기기 시작했다. 그 효과는 놀라울 정도였다. 얼마 후 나는 내가 훨씬 더 가벼운 기분으로 병원에 도착한다는 것을 알아차렸다. 그 긴장감이 사라졌다. 그러다 문득 굳이 누가 경적을 울리지 않아도 사람들의 행복을 비는 수행을 할 수 있다는 생각이 들었다. 내가 누구와 마주치든 이런 수행을 할 수 있을 것이다. 그 후로 나는 거의 항상 기쁜 마음으로 출근하게 되었다. 이 수행은 한계가 없는 듯했다.

몇 년을 건너뛰어 우리 연구팀이 실시간 fMRI 뉴로피드백 실험을 하던 때로 가보자. 앞 장에서 언급했듯이 나는 종종 직접 기니피그 역할을 했다. 나는 우리 팀의 대학원생 더스틴이 장치를 돌리는 동안 기계 안으로 들어가 명상을 하곤 했다. 한번은 나의 뇌 활동 그래프를 보면서 자애명상을 하기로 했다. 나는 먼저 더스틴과 통제실 기술자들의 행복을 빌기 시작했다. 그러자 점차 가슴이 따뜻하게 열리는 느낌이 들었다. 점점 몸이 따뜻해지면서 확장되는 느낌이 들었다. 이 느낌은 무한함, 충만함, 따뜻함 같은 것이었다. 나는 아무것도 하지 않았다. 그저 그렇게 되었을 뿐이다. 그리고 이 감각은 내가 연애할 때 느꼈던 아찔한 설렘과는 매우 달랐다. 이것은 더 열려 있었다. 더 많은 것을 바라는 마음이 들지 않았다. 나는 3분간의 시험 명상을 끝낸 후 실시간 피드백 화면을 살펴보았다. 명상 시작 후 1분쯤 지나자 나의 후대상피질 활동이 감소했고(중간의 수평

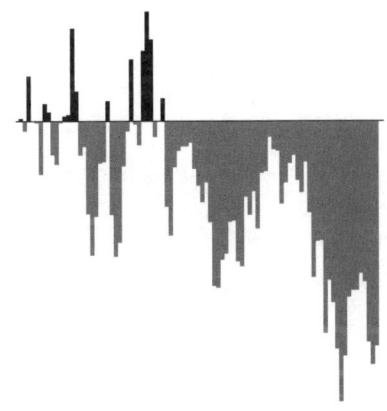

명상 중인 나의 뇌. fMRI 뉴로피드백 장치의 예비시험을 위해 자애명상을 하는 동안 나의 후대상피질 활동을 보여주는 그래프. 검은색은 뇌 활동 증가를 나타내고, 회색은 활동 감소를 나타낸다. 각각의 막대는 2초 간격의 측정값이다. 명상이 중간쯤에서 뜨거워지기 시작했고, 나의 뇌 활동은 점점 식었다.

선 아래 내려간 부분에 해당), 명상이 끝날 즈음에는 활동이 크게 감소한 것을 뚜렷이 확인할 수 있었다.

이렇게 결과를 직접 보는 것은 정말 멋진 경험이었다. 우리는 이미 명상 중 후대상피질의 평균적인 활동 감소를 보여주는 집단 수준의 분석 결과를 발표한 바 있었다. 그러나 내가 처음에는 매우 감상적이라며 대수롭지 않게 여겼던 자애명상을 하는 동안 나의 뇌 활동이 내 경험과 멋지게 일치하는 것을 보자 뭔가 특별한 느낌이 들었다.

우리는 초보 명상가와 숙련된 명상가의 훨씬 더 많은 데이터를 수집해 자애명상 중 뇌 활동 변화를 보고하는 첫 번째 논문을 발표했다.[4] 이 데이터는 사람들이 경험에 사로잡힐 때 후대상피질이 어떤 역할을 하는지에 대해 우리가 알게 된 것들과 멋지게 맞아떨어졌다. 촬영장치 안에서 자애명상을 할 때, 숙련된 명상가들은 긴장된 흥분과 반대되는 따뜻하고 열린 느낌 등을 일관되게 보고했다.

우리의 결과는 사랑의 퍼즐 조각을 하나 더 맞추는 데도 기여했다. 이전 연구들은 어머니나 (집착하지 않는) 연인의 후대상피질 활동 감소를 보여주었는데, 우리의 데이터는 사랑이 반드시 자기중심성과 관련된 뇌 영역의 활성화를 초래하는 것은 아니라는 사실을 다시 한번 확인해주었다. 사랑이 언제나 자기 자신에 관한 것일 필요는 없다. 실제로 사랑을 자기중심적으로만 바라보는 사람은 사랑의 광대하고 의미심장한 차원을 보지 못할 것이다.

또한 우리의 결과는 후대상피질의 활동 증가가 사랑에 빠지는 것과 사랑에 '중독'되는 것의 차이를 반영할 것이라는 아론과 피셔의 견해와도 일치했다. 낭만적 사랑에 대한 이전 연구들에서(그리고 코카인 중독자들에 대한 연구들에서) 활성화되는 것으로 나타난 뇌의 보상경로는 흥미롭게도 우리의 연구에서 자애명상을 하는 동안 눈에 띄게 조용했다. 집착하지 않는 사랑에 고유한 신경적 특징이 있는 것은 아닐까? 내 경험은 (그리스인들이 이를 가리키는 별도의 단어를 사용했다는 사실과 함께) 이런 견해를 뒷받침한다. 그리고 아직 초기 단계이긴 하지만, 우리의 결과는 이를 시사한다.

절묘하게도, 자애심에 대한 우리의 논문은 밸런타인데이 직전에 발표되었다.

The Craving Mind

2부
도파민으로부터의 해방

7장
집중력을 도둑맞은 이유

> 지루함의 치료제는 호기심이다. 호기심의 치료제는 없다.
> _도러시 파커Dorothy Parker의 말이라고 알려짐

> 나는 특별한 재능이 없다. 나는 그저 열렬한 호기심이 있을 뿐이다.
> _알베르트 아인슈타인Albert Einstein

아이를 키우든, 사업을 하든, 영적 수행을 하든, 환자를 돌보든 상관없이 주의가 산만해지지 않으면서 집중하는 능력은 반드시 필요한 기술이다. 의료 현장에서 환자들이 의사에게 가장 많이 제기하는 불만 중 하나는 의사들이 자신의 말을 경청하지 않는다는 것이다. 명상은 흔히 이런 '정신적 근육'을 단련하는 간단한 방법으로 홍보된다. 그러나 이 바닥에 뛰어든 많은 사람은 금세 발을 빼면서 "너무 어려워", "집중할 수가 없어", "이게 효과가 있을까? 나는 기분이 더 나빠졌는데"라고 말하곤 한다.

1998년 2년간의 의학전문대학원 과정과 마음챙김 수행을 모두 마친 나는 처음으로 일주일간 명상수련회에 참가했다. 지역 명상지도사인 지니 모건Ginny Morgan은 세인트루이스 서쪽에 있는 가톨릭 수련원을 빌렸다. 지니는 웨스트버지니아주에 있는 그의 수도원에서 반테 구나라타나Bhante Gunaratana라는 저명한 스승을 초청했다. 지니는 구나라타나가 가르침을 전하는 일주일 동안 수련회 운영을 맡을 예정이었다. 구나라타나의 책《위빠사나 명상Mindfulness in Plain English》을 읽었던 나는 그의 가르침을 받을 수 있게 되어(그리고 승려와 함께 지내는 것이 어떤 느낌일지 궁금하기도 해서) 무척 설렜다.

수련회에서는 침묵명상 시간이 많았고 지침은 거의 없었다. 보통 구나라타나는 명상실로 바뀐 성소의 앞쪽에 앉아 몇 시간 동안 명상 자세로 꼼짝하지 않았고, 나머지 사람들은 그의 주위에 동심의 반원 형태로 앉아 있었다. 우리는 각자 재량에 따라 정좌명상과 걷기명상을 번갈아 할 수 있다는 안내를 받았다. 질문이 있을 경우 적어서 제출하면 매일 저녁 모두가 명상실에 모였을 때 그가 답변을 주었는데, 아마도 이는 우리 모두가 서로의 질문을 통해 배울 수 있도록 하기 위해서였을 것이다.

수련회 이틀째쯤, 나는 좌절감과 탈진감을 느꼈다. 나는 지니의 어깨에 기대어 울면서 "못하겠어요", "너무 힘들어요"와 같은 말을 내뱉었다. 이런 일에 익숙한 구나라타나는 나와 일대일 면담도 했다. 그는 마음을 가라앉히기 위해 "숨을 일곱까지 세는 것부터 시작하세요"와 같은 조언을 해주었다. 그러나 내 마음은 이런 조언을 전혀 받아들이려 하지 않았다. 내 나름대로 노력해보았지만, 그 많은 것 중에서 하필이면 내 호흡에 집중하기가 무슨 소용이 있을까 싶었다. 지금 돌이켜보면, 그럴 만도 했다. 즐거운 추억, 앞으로 진행할 실험에 대한 설레는 생각 같은 것들로 머릿속이 가득 찼던 사람에게 호흡처럼 평범하고 따분해 보이는 대상이 눈에 들어오겠는가? 이 둘 중 하나를 선택하기는 생각에 중독된 사람에게 전혀 고민거리가 아니었다.

행복?

초기 단계의 명상 지침은 호흡에 집중하면서 잡념이 떠오르면 다시 호흡에 주의를 기울이라는 데 중점을 두었다. 이것은 간단했지만, 보상 기반 학습의 자연스러운 메커니즘에 반하는 방법이었다. 이 책 전반에 걸쳐 논의한 것처럼, 몇몇 상황에서 최선의 학습 방법은 특정 행동과 그 결과를 짝짓는 것이다. 부처도 이 원리를 가르쳤다. 그는 추종자들에게 원인과 결과에 주목하라고, 자신의 행동이 낳는 업보를 똑똑히 보라고 거듭 당부했다. 현대인의 삶에서 우리가 강화하는 것은 어떤 유형의 행동일까? 우리는 흔히 스트레스에서 벗어나는 것과 거리가 먼 행동을 강화한다. 우리가 스트레스 나침반을 제대로 읽을 줄 안다면, 우리가 얼마나 엉뚱한 곳에서 행복을 찾고 있는지 쉽게 알아차릴 것이다.

2008년부터 나는 팔리어 대장경과 같은 원전을 통해 연기(1장 참조) 등에 대해 더 많은 것을 읽기 시작했다. 그러면서 우리가 행복을 좇다 길을 잃곤 한다는 부처의 가르침이 눈에 들어오기 시작했다. 아마도 이런 관찰을 토대로 그는 고통과 행복에 대해 다음과 같이 급진적인 발언을 했을 것이다. "남들이 행복이라 부르는 것을 성자는 고통이라 한다. 남들이 고통이라 부르는 것을 성자는 행복이라 여긴다."[1] 아마도 같은 생각에서 미얀마 스승 사야도 우 판디타도 우리를 혼란스럽게 하고 고통으로 이끄는 흥분을 우리가 행복으로 착각한다고 말했을 것이다.

부처는 진정한 행복과 고통의 차이를 어떻게 알았을까? 먼저 그는 기본적인 강화 학습 과정의 작동 방식을 다음과 같이 면밀히 관찰했다. "[사람들이] 감각적 쾌락에 탐닉할수록 감각적 쾌락에 대한 갈망이 더욱 커지고 감각적 쾌락의 열병에 더욱 시달리게 된다. 그런데도 그들은 감각적 쾌락에 의존해 (…) 어느 정도 만족과 즐거움을 느낀다."[2] 행동(감각적 쾌락의 탐닉)이 보상(즐거움)으로 이어지고, 이를 통해 반복 과정(갈망)이 개시된다. 내가 낭만적 환상에 빠져 한 시간을 보내면, 그 흥분으로 인해 나는 더 많은 것을 갈망하게 된다. 내 환자들이 술을 마시거나 약물을 사용할 때도 마찬가지다.

흥미롭게도 부처는 이 탐닉과 도취의 과정을 끝까지 좇았다. "나는 세상의 만족을 찾아 나섰다. 나는 세상의 모든 만족을 누렸다. 나는 세상의 만족이 어디까지 미치는지를 지혜의 눈으로 분명히 보았다."[3] 역사적으로 부처는 왕자였다. 전해지는 바에 따르면 그의 어머니가 그를 임신했을 때 왕궁에 모인 많은 성자는 그가 강력한 군주나 위대한 영적 지도자가 될 것이라고 예언했다. 예언을 들은 그의 아버지인 왕은 그를 강력한 군주로 키우기 위해 온 힘을 다했다. 왕은 아들이 "모든 어려움과 심적 고통에서 벗어나면, 아들 안에 있는 영적 운명의 부름이 깨어나지 않을 것"이라고 생각했다.[4] 그래서 왕은 어린 왕자가 모든 욕망을 채우며 사치에 파묻혀 살도록 내버려두었다.

역설적이게도, 이 합리적인 듯한 전략이 역효과를 낳은 듯했다. 만족을 끝까지 좇았던 부처는 이것이 지속적인 만족을 가져다주는 대신 더 많은 것을 원하게 만들 뿐임을 깨달았기 때문이다. 이 끝없는 순환에 관해 묵상하면서 그는 마침내 깨어났다. 그는 이 과정이 어떻게 작동하고, 어떻게 해야 여기서 벗어나는지를 깨달았다. "승려들아, 그때까지 나는 세상의 만족을 (…) 만족으로, 있는 그대로 직접 알지 못했다. 그때까지 나는 이 세상에서 최상의 완벽한 깨달음을 얻었다고 주장하지 않았다……. 이 모든 것을 직접 알게 된 후에야 나는 깨달았다고 주장했다. '내 마음의 해탈은 흔들리지 않는다'는 깨달음과 통찰이 내 안에서 일어났다."[5]

다시 말해 그는 자신의 행동이 낳는 결과를, 어떤 행동이 행복으로 이어지고 어떤 행동이 스트레스와 고통의 지속으로 이어지는지를 분명히 알게 된 후에야 이를 어떻게 바꿀 수 있는지 깨닫게 되었다. 그는 자신의 스트레스 나침반을 읽을 줄 알게 되었다. 일단 그렇게 되자, 방향을 바꾸어 다른 쪽으로 가는 방법은 놀랍도록 간단했다. 그것은 스트레스를 일으키는 행동을 중단하면 곧바로 기분이 좋아진다는, 다시 말해 행동과 보상, 원인과 결과를 짝짓는 습관 형성의 기본 원리를 따르는 것이었다. 여기서 중요하고 어쩌면 역설적인 점은 상황을 바꾸거나 문제를 해결하기 위해 특별한 노력이 필요한 것이 아니라 우리가 무엇을 하고 있는지 깨닫기만 해도 스트레스를 일으키는 행동의 중단이 가능하다는 것이다. 삶의 뒤엉킨 실타래를 풀려고 애쓰는(그래서 더 엉키게 만드는) 대신, 한발 물러나 저절로 풀리도록 놔두는 것이다. 무엇을 하는 대신에 그지 곁에 있는 것이다.

나는 팔리어 대장경에서 이런 구절을 읽으며 "아하!" 하는 순간을 경험했다. 이런 통찰은 중요했다. 왜냐하면 내가 스트레스를 일으키는 행동을 내게 (어느 정도) 행복을 선사할 행동으로 착각해 이를 반복하는 악순환을 나 자신의 경험을 통해 거듭 확인했기 때문이다. 그리고 나는 내 환자들에게서도 똑같은 것을 확인했다. 게다가 이것은 학습 과정에 대한 현대 이론들과도 일치했다.

백문이 불여일견

'내 생각과 싸웠던' 2006년의 수련회를 마친 후 얼마 지나지 않아, 나는 (마침내) 내 생각과 싸우거나 이를 통제하려 애쓰는 대신에 생각이 저절로 흘러가도록 놔두면 몸과 마음이 어떻게 되는지 지켜보기 시작했다. 나는 원인과 결과에 주의를 기울이기 시작했다. 그리고 전공의 과정을 마친 후 2008년부터 더 오랫동안 수련회에 참가하면서 내 마음의 흐름이 눈에 들어오기 시작했다. 그러다 2009년에 한 달간의 수련회에서 나는 연기의 쳇바퀴를 진정으로 이해하기 시작했다.

나는 자가수련센터의 명상실에 앉아 머릿속에 떠오르는 다양한 생각(원인)이 내 몸에 어떤 영향을 미치는지 지켜보고 있었다. 내 마음은 너무 따분해서 못 참겠다는 듯 성적 환상과 나의 걱정거리를 오가기 시작했다. 즐거운 환상은 내 배나 명치 부근이 조여들고 요동치는 느낌의 충동으로 이어졌다. 그러다 불쾌한 걱정거리도 똑같이 작용한다는 것을 문득 깨달았다. 나는 내가 내 생각에 빠져드는 과정을 난생처음으로 생생하게 보았다. 내 생각이 즐거운 것인지 불쾌한 것인지는 중요하지 않았다. 두 가지 생각의 흐름이 모두 같은 결과로, 즉 만족되길 바라며 안절부절못하는 갈망으로 이어졌다. 수련회 지도사들이 나의 '놀라운 발견'에 대해 이야기하던 모습이 기억난다. 정중하게 미소 짓는 그들의 표정은 "클럽에 오신 것을 환영합니다. 이제 어디서 시작할지 알게 되셨군요"라고 말하는 것 같았다. 그리고 나는 그렇게 시작했다. 남은 수련회 기간 동안 나는 기회가 될 때마다 만족감을 끝까지 탐색했다. 나는 생각이 떠올라 더 많은 생각의 충동으로 이어지는 것을 지켜보았다. 나는 식사 중에 맛있는 입맛이 살아나 더 많은 음식의 충동으로 이어지는 것을 지켜보았다. 나는 오래 앉아 있으면 안절부절못하면서 일어나고 싶은 충동이 생기는 것을 지켜보았다. 나는 최대한 끝까지 만족감을 탐색했다. 그러다 나는 환멸의 맛을 보기 시작했다. '흥분을 행복으로 착각하는' 주문이 풀리기 시작했다. 나는 스트레스 나침반의 작동 방식을 이해하기 시작했다. 내가 착각을 통해 잘못된 방향으로 움직여 더 많은 고통을 낳았다는 것을 이해하기 시작했다.

생각의 환상에 빠졌던 내가 그랬던 것처럼, 우리는 대부분 살면서 고통을 행복으로 착각한다. 이것을 어떻게 알 수 있는가? 우리가 우리의 고통을 멈추지 못한 것이 그 증거다. 스트레스를 받아서 다른 사람에게 화를 내거나, 위안을 주는 음식을 먹거나, 쇼핑을 한 일이 하루에 몇 번이나 있는가? 소비를 통해 행복을 얻을 수 있다고 선전하는, 'X를 구매하면 행복해질 것'이라고 부추기는 광고가 도처에 널려 있다. 이런 유인책이 꽤 효과적인 까닭은 이것이 인간의 타고난 보상 기반 학습 과정을, 즉 행동이 보상으로 이어지고, 이를 통해 다시 미래 행동이 조성 및 강화되는 과정을 활용하기 때문이다.

우리가 학습한 스트레스 대처 방식은 스트레스를 없애기보다 이를 영구화하는 경향이 있다.

부처는 사람들이 스트레스를 행복으로 착각하는 것에 대해 다음과 같이 말했다. "이처럼 (…) 과거의 감각적 쾌락은 만지면 아프고 매우 뜨겁게 타는 듯했고, 미래의 감각적 쾌락은 만지면 아프고 매우 뜨겁게 타는 듯할 것이며, 현재의 감각적 쾌락은 만지면 아프고 매우 뜨겁게 타는 듯하다. 그러나 중생이 감각적 쾌락에 대한 열정에서 벗어나지 못하고 감각적 갈망에 사로잡혀 감각적 열병으로 불타오르면 여러 기능이 손상되어 감각적 쾌락이 실제로는 만지면 아픈데도 '유쾌하게' 왜곡되어 지각된다."[6] 이런 착각은 내 환자들에게 매일 일어난다. 그들은 스트레스 나침반을 사용할 줄 모른다. 흡연이나 약물 사용을 통한 단기적 보상이 그들을 잘못된 방향으로 이끈다. 배가 부른데도 계속 먹는 스트레스성 과식을 하거나 넷플릭스 드라마를 적당히 자제하지 못하고 마구 시청할 때, 우리도 똑같은 일을 한다.

보상 기반 학습이 우리의 자연스러운 성향이라면, 이를 활용해 일시적인 '행복'에서 평화, 만족, 기쁨의 지속적인 상태로 나아가는 법을 학습할 수도 있지 않을까? 아니, 어쩌면 우리는 이미 그렇게 할 수 있지 않을까?

B. F. 스키너는 보상이 행동을 바꾸는 데 결정적 역할을 한다고 주장했다. "행동의 결과를 바꾸면 행동도 바꿀 수 있다. 이것이 조작적 조건화다. 그러나 이것이 가능한 까닭은 행동에 다른 종류의

결과가 뒤따를 수도 있기 때문이다."7 이 말이 시사하는 것처럼 굳이 결과(보상)를 바꾸지 않고도 행동을 바꿀 수 있지 않을까? 행동의 결과를 더 명확히 보기만 해도, 우리가 현재 얻는 결과의 대가가 얼마나 큰지 깨달을 수 있지 않을까? 다시 말해, 우리가 보상의 실제 맛을 느낄 만큼 잠시 멈출 수만 있다면, 보상은 생각처럼 그렇게 달콤하지 않을 것이다. 14세기 페르시아의 신비주의자이자 시인인 하피즈Hafiz는 「그리고 박수를 친다」라는 시에서 이 진실을 다음과 같이 묘사했다.

한 청년이 내게 와서 말했네,

"스승님,
오늘은 제가 강하고 용감히게 느껴집니다.
그래서 제 집착의 모든 진실을
알고 싶습니다."

그래서 내가 답했네,

"집착?
집착!

그대여,
정말로 자네의 모든 집착에 대해
내가 말하길 원하는가.

내게는 아주 분명히 보이네.
자네가 그렇게 정성껏 지은,
자네의 모든 쾌락을 담을
거대한 매음굴이 보이네.

게다가 자네는 이 빌어먹을 장소 전체를
무장한 경비병들과 사나운 개들로 둘러싸
자네의 욕망을 지키고 있네.

그래서 자네는 때때로
몰래 빠져나와
자네의 메마른 존재에
빛을 짜 넣으려 애쓰네.
새도 뱉어내는
말린 대추씨처럼
메마른 곳에서
빛을 짜내려 하네."[8]

우리가 스스로 행복을 정의하고 흥분과 기쁨 등의 차이를 분명히 보지 못한다면, 우리의 습관은 좀처럼 바뀌지 않을 것이다. 그러면 우리는 계속해서 욕망의 열매에 매달릴 것이다.

레몬에서 레모네이드로

수식관數息觀을 다룬 《안반수의경Anapanasati Sutta》은 팔리어 초기 경전 중 하나다. 이 경전은 호흡자각명상에 대한 지침으로 시작된다. "늘 마음을 챙기며 숨을 들이쉬고, 마음을 챙기며 숨을 내쉰다."[9] 이어서 "숨을 길게 들이쉬면서 '내가 숨을 길게 들이쉰다'는 것을 알아차리고, 숨을 길게 내쉬면서 '내가 숨을 길게 내쉰다'는 것을 알아차린다." 그런 다음 이어서 주의를 기울일 대상으로 온몸, 쾌락, '마음의 조작mental fabrication'으로 번역된 행온行蘊[불교 영어 mental fabrication 은 팔리어 saṅkhāra-khandha의 번역으로 보이며, 이는 한국 불교에서 말하는 행온, 즉 오온五蘊의 하나로 의지나 충동적 욕구에 해당하는 마음의 작용을 가리킨다] 등이 열거된다. 많은 명상지도사는 호흡에서 멈추는 듯하다. 적어도 나는 그렇게 배웠으며, 호흡에 집중하기만으로도 나는 수년 동안 진땀을 빼야 했다.

이 경전 뒷부분에는 '칠각지七覺支, seven factors of awakening'가 열거된다. 이것은 마음챙김(팔리어로 사띠sati), 관심/탐구(담마위짜야 dhamma vicaya), 용감한 에너지(비리야viriya), 기쁨/희열(삐띠pīti), 평

온/이완(빠싸디passaddhi), 집중(사마디samadhi), 평정(우뻬카upekkhā)
이다.[10]

목록에 있는 항목의 순서도 목록 자체만큼이나 중요할 것이다. 인과관계 모형에 따라 부처는 우리가 고통에서 벗어나 현재 순간의 경험에 유념하려고 노력하면 인과관계를 보려는 관심이 자연스럽게 생긴다고 주장했다. 스트레스를 줄이거나 없애는 것이 목표라면, 우리에게 필요한 것은 그저 우리 경험에 주의를 기울이는 것이다. 그러면 이 순간 우리가 스트레스를 키우고 있는지 아니면 줄이고 있는지를 보려는 관심이 자연스럽게 생길 것이다. 무엇을 하려 하지 말고 그저 보기만 하면 된다. 이 과정은 좋은 책을 읽는 것과도 같다. 읽고 싶을 때, 읽기 시작하면 된다. 그러면 좋은 책이라고 가정할 때, 계속 읽고 싶은 마음이 생길 것이다. 이는 마음챙김 수행과도 비슷한데, 왜냐하면 고통을 멈추려고 진정으로 전심으로 원하는 마음이 있어야 하기 때문이다. 그렇지 않으면 자신의 행동을 충분히 주의 깊게 살피지 않아서 행동의 결과로 우리가 실제로 얻는 것이 무엇인지 깨닫지 못할 것이다. 책에 빠져들기 시작하면, 계속 읽고 싶은 에너지가 자연스럽게 생긴다. 마음챙김 수행도 마찬가지다. 내가 무엇을 하고 있는지 더 깊이 들여다보려는 관심이 자연스럽게 커진다. "이렇게 해서 내가 얻는 것은 무엇이지? 이를 통해 나는 고통에서 멀어지나 아니면 더 가까워지나?"라고 스스로 물을 수 있다. 책이 정말로 재미있어지면, 우리는 넋을 잃고 새벽 3

시까지 책을 읽기도 한다. 일단 빠져들면, 몇 시간이나 가만히 앉아 책을 읽는다.

이럴 때 우리는 정말로 집중하기 시작한다. 선행 요소들이 먼저 자리를 잡으면, 자연스럽게 집중이 된다.[집중은 칠각지의 여섯 번째 덕목인 사마디(정각지定覺支)에 해당하므로, 여기서 말하는 선행 요소들이란 칠각지의 선행 덕목인 사띠(염각지念覺支), 담마위짜야(택법각지擇法覺支), 비리아(정진각지精進覺支), 삐띠(희각지喜覺支), 빠싸디(제각지除覺支)를 가리킨다.] 공상이나 그 밖의 방해 요소를 물리치고 집중 대상으로 돌아가려고 억지로 애쓸 필요가 없다. 내가 처음 집중하는 법을 배웠을 때는 조금 달랐다. 집중해라. 그러다 잡념이 떠오르면, 다시 집중해라. 이렇게 반복해라. 이때 《안반수의경》은 인과관계의 사용을 특별히 강조한다. X의 조건을 만들어라. 그러면 자연스럽게 X가 생길 것이다.

마음챙김과 관심의 막대기를 함께 문지르면 5단게 후에 불이 붙으면서 자연스럽게 집중될 것이다. 누구나 경험을 통해 알다시피, 억지로 집중력을 유지하기란 정말로 어렵다. 면허 시험을 위해 공부하거나 페이스북 피드보다 덜 재미있는 배우자의 이야기를 들어야 하는 상황을 생각해보라. 마음이 뒤숭숭할 때 집중하기가 얼마나 어려운지는 우리 모두가 너무나 잘 안다. 반면에 집중할 줄 알게 되면, 평정심을 유지할 수 있는 조건이 자연스럽게 갖춰진다. 평정심에 도달하면, 지하철에서 좋은 책을 읽는 것도 전혀 어렵지 않다. 주변이 아무리 소란해도 흔들리지 않는다.

호흡이든 대화든 그밖의 무엇이든 어떤 대상에 집중하려 할 때, 이런 상태를 우리의 기본적인 존재 방식으로 만들려면 어떻게 해야 할까? 특정 순간에 우리의 행동을 통해 얻는 보상이 어떤 것인지 명확히 보려면 어떻게 해야 할까? 무언가에 관심, 호기심, 매력 등을 느낄 때, 이런 느낌을 그저 주시하는 것부터 시작할 수도 있다. 내 경우에는 호기심이 생기면 개방적이고 활기차고 즐거운 느낌이 든다. 이런 느낌은 칠각지의 첫 두 요소인 마음챙김과 관심이 함께 있을 때 얻는 보상의 핵심이라 하겠다. 이런 경험은 우리가 원하는 것을 손에 넣을 때 느끼는 잠깐의 '들뜬 행복'과 다르다. 메리에게 청혼하려고 보물찾기 이벤트를 준비했을 때, 나는 이런 흥분을 행복으로 착각했다. 몇 년이 지난 후에야 나는 이 차이를 분명히 볼 수 있었다. 흥분은 더 많은 것을 원하는 긴장되고 들뜬 충동으로 이어진다. 반면에 호기심에서 비롯한 기쁨은 긴장되기보다 부드럽고 열린 느낌이 든다.

이런 두 가지 보상의 결정적 차이는 주의 깊은 호기심에서 기쁨이 생긴다는 점이다. 이런 유형의 의식은 깨어 있는 거의 모든 순간에 가능하다. 특별한 작업이 필요 없다. 의식은 거의 늘 우리 곁에 있으므로, 그저 자각 상태에 머물면 된다. 반면에 흥분은 우리에게 무슨 일이 일어나거나 우리가 원하는 것을 손에 넣어야만 생긴다. 그리고 우리가 원하는 것을 손에 넣으려면 무언가를 해야만 한다. 흥분에서 기쁜 참여로 전환하는 출발점은 촉발 요인(스트레스)

을 알아차리고 행동(개방적이고 호기심 많은 자각 상태에 머물기)을 통해 받는 보상(기쁨, 평온, 평정)에 유념하는 것이다. 그리고 우리에게 자연스러운 보상 기반 학습 과정을 활용해 이런 단계를 더 깊이 밟을수록 더 깊이 집중하고 (흥분하지 않으면서) 더 행복해지는 습관을 기를 수 있다. 실제로 적절한 조건만 갖춰지면, 특히 습관적 행동 방식에서 벗어나면, 이런 존재 방식은 언제나 가능하다.

호기심의 뇌과학

보상 기반 학습에 기초한 중독이나 들뜬 행복을 극복하기 위해 습관 형성의 기초가 되는 보상 기반 학습 체계를 활용한다는 것이 허황되거나 여설적으로 보일지 모른다.

    어떨 때 우리는 무엇에 대한 관심이 지나쳐 그것에 매혹되고 넋을 잃는 지경까지 이르게 될까? 어떻게 우리는 기쁜 호기심과 이기적인 흥분을 구별할 수 있을까? 다시 말해, 우리의 수행이 올바른 방향으로 가고 있는지 어떻게 알 수 있을까? 특히 마음챙김 훈련의 초기 단계에는 이타적인 존재 방식에 대한 경험이 부족해 (이타적인) 기쁨과 (이기적인) 흥분을 구별하기가 어려울 수 있다. 게다가 이타적인 존재 방식의 경지에 이르려고 노력할수록 이로부터 멀어지기 쉽다. 그렇다면 신경과학 실험실에서는 우리가 어떤 대상에 관심을 가질 때 어떤 뇌 영역의 활동이 증가 또는 감소하는지 엿볼 수 있지 않을까? 예를 들어 우리가 호흡에 집중할 때 자기참조적 처리에 관여하는 뇌 영역에서는 무슨 일이 일어날까?

예를 들어 우리는 우리 실험실의 fMRI 촬영장치에 누운 초보 여성 명상가에게 다음과 같이 표준적인 호흡자각명상 지침을 주었다. "몸의 어느 부분에서든 가장 강하게 느껴지는 호흡의 신체 감각에 주의를 기울이세요. 호흡의 자연스럽고 자발적인 움직임을 따르되, 그것을 어떤 식으로든 바꾸려 하지 마세요." 이 실험에서 초보 명상가는 집중하기가 쉽지 않았다고 보고했는데, 이는 명상 초기 10년간의 내 경험에 비추어 볼 때 그리 놀라운 일이 아니었다. 이때 우리는 그녀의 후대상피질 활동을 측정했다. 우리의 다른 연구에 참가했던 사람들과 마찬가지로 그녀의 경우에도 특히 명상이 끝날 무렵에 집중하기가 어려웠다는 그녀의 주관적 경험과 뇌 활동 증가 간에 강한 상관관계가 나타났다(220쪽 A 그래프 참조). 그런 다음 우리는 숙련된 남성 명상가에게 똑같은 지침을 주었다. 그러자 예상대로 그의 후대상피질 활동은 기준치에 비해 꾸준히 감소했다(B 그래프). 또 다른 숙련된 남성 명상가는 "자신의 호흡에, 특히 호흡의 미묘한 움직임에 유념할 때 생기는 관심, 호기심, 기쁨의 느낌에 집중하면서" 명상을 했는데, 흥미롭게도 그가 "관심과 기쁨을 느꼈고, 손과 발에 스치는 찬바람에 호기심이 생겼어요"라고 보고한 시점에 후대상피질의 상대적 활동이 크게 감소했다(C 그래프).

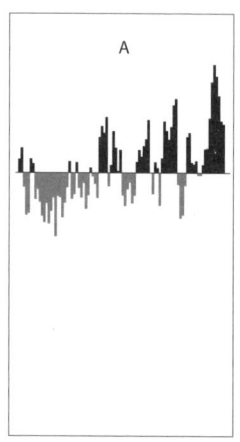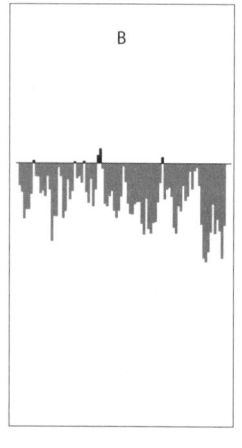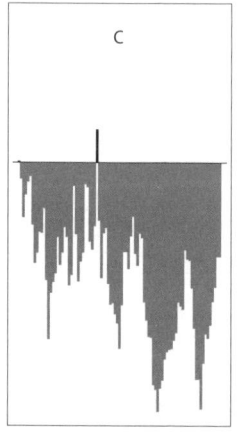

fMRI 후대상피질 활동 변화의 예. A: 호흡에 집중하라는 지침을 받은 초보 명상가 B: 호흡에 집중하라는 지침을 받은 숙련된 명상가 C: 호흡 및 특히 이와 관련된 관심, 호기심, 기쁨 등의 모든 느낌에 집중하라는 지침을 받은 숙련된 명상가. 수평선 위의 그래프(검은색)는 기준치 대비 뇌 활동 증가를 나타내고, 수평선 아래의 그래프(회색)는 감소를 나타낸다. 각 명상 시간은 3분이었다.

출처: J. A. Brewer, J. H. Davis, and J. Goldstein, "Why Is It So Hard to Pay Attention, or Is It? Mindfulness, the Factors of Awakening, and Reward-Based Learning," *Mindfulness* 4, no. 1 (2013): 75-80. 저작권: Springer Science+Business Media, New York, 2012. 허가를 받아 인용함.

비록 이 실험 결과는 이런 경험에 관여하는 더 큰 신경망의 일부에 불과할 단 하나의 뇌 영역에 관한 사례를 보여줄 뿐이지만, 이것은 호기심도 포함해 집중의 적절한 조건을 갖추는 것이 자기참조적 과정을 '키우지 않는' 데 도움이 될 수 있음을 시사한다. 향후에 명상하는 사람들에게 이런 유형의 뉴로피드백을 제공하면 내가 촬영장치 안에서 자애명상을 하면서 경험했던 것과 비슷하게 이기적인 존재 방식과 이타적인 존재 방식, 흥분과 기쁨, 긴장된 느낌과 열린 느낌 등을 구별하는 데 도움이 될 것이다.

집중력을 유지해야 하는 상황에서 호기심과 같은 마음 상태나 태도는 자연스럽게 집중으로 이어질 수 있는 조건이 될 것이다. 이럴 경우 우리의 자연스러운 보상 기반 학습 과정과 어울리지 않는 강제적인 방법은 불필요할 것이다. 우리는 보상 기반 학습에 내재하는 도구와 기술을 사용할 것이다. 이럴 경우 고통 없이는 얻는 것도 없다는 식으로 강제력을 동원하는, 서양인의 사고방식에 깊이 자리 잡은 듯한 억지스러운 방법론 없이도 우리의 삶을 바꾸는 것이 가능할 것이다. 이런 깨달음을 얻기 전에 내가 최선의 것이라고 생각해 사용한 기법들은 역설적이게도 나를 잘못된 방향으로 이끌었다. 그러나 이제는 우리의 스트레스 나침반에 따라 촉발 요인(스트레스)을 알아차리고 행동(관심과 호기심을 갖기)을 통해 우리 자신에게 보상을 주는 것(기쁨, 평온, 집중, 평정에 유념하기)이 가능하다. 그리고 필요할 때마다 이를 반복하면 된다.

시인 메리 올리버Mary Oliver는 다음과 같이 읊었다.

삶을 위한 지침:
주의를 기울여라.
놀라워하라.
이에 관해 이야기하라.[11]

8장

못된 행동과 착한 행동의 학습

> 좋은 일을 하면 기분이 좋고, 나쁜 일을 하면 기분이 나쁘다. 이것이 내 신앙이다.
>
> _에이브러햄 링컨Abraham Lincoln

타일러 드롤Tyler Droll과 브룩스 버핑턴Brooks Buffington이 개발한 소셜미디어 앱인 이크야크Yik Yak를 사용하면 사용자 휴대전화의 일정한 반경 내에서 익명으로 토론 스레드를 생성하고 읽을 수 있다. 이 회사의 블로그에 따르면 이크야크는 2013년에 출시되고 6개월 만에 미국에서 9번째로 많이 다운로드된 소셜미디어 앱이 되었다. 이런 인기의 원인은 무엇일까? 이 앱의 다음과 같은 시작 화면이 모든 것을 말해준다. "주위 사람들이 무슨 말을 하는지 실시간 피드를 받아보세요. 좋은 말에는 찬성표를 던지고, 그렇지 않은 말에는 반대표를 던지세요. 프로필이나 비밀번호도 필요 없으며, 모든 것이 익명으로 가능합니다." 「누가 이 욕설을 내뱉었는가? 익명의 이크야크 앱은 알려주지 않는다」라는 제목의 《뉴욕타임스》 기사에서 조너선 말러Jonathan Mahler는 이스턴 미시간대학교의 우등반에서 일어난 일에 대해 다음과 같이 썼다. "[세 명의 여성] 교수들이 종말 이후 문화에 대해 강의하는 동안, 강당에 있던 약 230명의 신입생 중 일부는 이크야크라는 소셜미디어 사이트에서 그들만의 대화를 나누고 있었다. 거기에는 수십 개의 게시물이 있었는데, 대부분 비하하는 내용이었으며 저속하고 성적으로 노골적인 언어와 이미지가 많이 사용되었다."[1]

이 학생들은 특정 문화에 대해 배우는 동안 다른 종류의 문화에 참여하고 있었는데, 그것은 다른 사람과의 직접적인 상호작용을 통해서가 아니라 포인트나 그 밖의 반짝이는 물건 형태의 스키너식 보상을 통해 조성된 앱 문화였다. 이크야크 웹사이트는 거리낌 없이 이것을 홍보했다. "야카르마Yakarma 포인트를 적립하세요. 멋진 야크를 게시해 보상을 받으세요!" 어쩌면 금별 받기보다 더 큰 보상은 험담을 늘어놓을 수 있는 기회일 것이다. 남의 흠을 들추어내기는 다른 종류의 흥분과 마찬가지로 짜릿한 느낌을 주기 때문에 '군침이 도는 험담'이라는 표현이 있을 정도다. 휴대전화를 무릎 위에 놓은 채 대학 강당에 앉아 있는데, 갑자기 휴대전화가 켜지면서 웃긴 게시물이 뜬다. 이 뜻밖의 자극은 도파민 한 방처럼 짜릿하다. 그러면 이전 게시물을 능가하고 싶은 충동과 흥분으로 마음이 소용돌이치면서 가만히 앉아 있을 수가 없다. 이 모든 활동은 익명으로 이루어지므로 (사용자에게) 안전하다. 말러의 《뉴욕타임스》 기사에서 미들버리대학교 2학년인 조던 세먼Jordan Seman은 다음과 같이 말했다. "어떤 감정 상태에 있든지 간에, 술에 취했든 우울하든 누군가에게 복수하고 싶든 누구나 아주 쉽게 글을 올릴 수 있어요. 그래도 전혀 문제될 것이 없어요."

누구나 어린 시절을 회상하다 보면 학교 운동장이나 교실에서 아이들을 괴롭히던 친구의 얼굴이 떠오를 수 있다. 그러나 이런 친구는 대개 한두 명뿐이었다. 그런데 소셜미디어의 익명성과 확장성 탓에 자기중심적인 사이버 불량배가 폭증한 것은 아닐까? 코미디언 루이Louis C. K.는 텔레비전 토크쇼 진행자 코넌 오브라이언Conan O'Brien과의 인터뷰(2013년 9월 20일)에서 스마트폰에 대해 다음과 같이 예리한 관찰을 내놓았다.

> 그러니까, 이런 것들은 특히 아이들에게 중독성이 있다고 생각해요. 이건 정말 나빠요. 아이들은 어른들과 대화할 때 얼굴을 쳐다보지도 않아요. 공감 능력도 없어요. 아이들이 못되게 구는 이유는 시험해보려고 그러는 거죠. 어떤 아이한테 직접 "이 뚱보야"라고 말하면, 아이는 얼굴을 찌푸리면서 "아, 기분 더럽네"라고 말하죠. 그러나 [스마트폰 문자 메시지로] "이 뚱보야"라고 보내면, "음, 재밌네"라는 식으로 반응하죠.

2장에서 살펴본 것처럼 모바일 기기는 셀카 올리기나 자기노

출과 같은 자기중심적 행동을 여러모로 강화해 우리를 쉽게 사로잡는 강력한 힘을 발휘한다. 그러나 여기서 루이는 뭔가 다른 것을 지적하는 듯하다. 비대면 접촉과 같은 스마트폰 기술의 특정 기능은 우리가 다른 사람과 상호작용하는 방식에 근본적인 영향을 미칠 수 있다. 어쩌면 익명의 소셜미디어 앱은 중독성이 가장 강할 것이다. 이런 앱은 단순한 스키너식 원리에 따라 온갖 달콤한 보상을 제공하지만, 책임을 묻지는 않는다(부정적 강화의 부재). 그래서 결국 우리의 행동이 초래하는 모든 결과를 정확히 평가할 수 없는 우리는 이런 종류의 보상을 점점 더 추구하고 우리가 초래할지 모를 피해는 외면하는 주관적 편향에 빠지게 된다.

《월든 투》서문에서 스키너는 다음과 같이 썼다. "좋은 인간관계는 대개 단순한 규칙이나 규범에 기초한 비난이나 질책의 즉각적인 신호에 따라 좌우된다." 고등학교에서는 남을 괴롭히는 학생을 처벌하고, 소셜미디어 앱은 기술 사용을 제한할 수 있다. 그러나 이런 규칙은 종종 반항적인 십대를 더 자극할 뿐이다. 앞에서도 말했듯이, 보상 기반 학습에서는 보상의 즉각적 제공이 중요하다. 우리의 이크야크 게시물이 찬성표를 받으면, 즉각적인 보상(야카르마 포인트)이 제공된다. 정학 조치나 이와 비슷한 형태의 처벌은 보상을 거둬들인 후 한참 지나서야 이루어진다. 게다가 앱 사용 금지는 인지조절(또는 다른 유형의 통제)의 범주에 속하는데, 우리가 약해지는 순간에는, 예를 들어 험담의 짜릿한 흥분에 중독된 상태에서는, 강의 중에 휴대전화를 해서는 안 된다는 것을 알면서도 우리 자신을 통제하기가 쉽지 않다.

스키너가 보상 기반 학습의 원리를 설명하면서 언급한 규범은 현재의 규범과 다른 것일 수 있다. 그는 처벌이 효과를 보려면, 즉 행동과 올바로 연합되려면 처벌도 즉각적으로 이루어져야 한다고 주장했다. 예를 들어 자식이 담배를 피우다 걸리면 곧바로 담배 열 개비 피우기라는 벌을 내리는 부모가 몇이나 될까? 니코틴은 독소이기 때문에, 우리 몸이 니코틴에 대한 내성을 갖추기 전에 담배를 연달아 피울 경우 몸에서 "유독한 행동! 중지! 중지!"라는 강력한 신호를 보낼 것이다. 몸에서 지금 하고 있는 행동을 멈추라는 강력한 신호를 보내면, 우리는 메스꺼움을 느끼고 (종종 여러 차례에 걸쳐) 구토를 하게 된다.

다행히도 이런 처벌과의 연합이 형성될 경우, 다음번에 담배를 보면 메스꺼움을 느낄 수 있는데, 이는 우리 몸이 흡연의 결과를 예상해 보내는 경고라 하겠다. 마찬가지로 알코올 중독 치료제인 안타부스Antabuse는 즉각적인 숙취와 비슷한 효과를 유발한다. 이와 비슷하게 사이버 괴롭힘과 악의적인 험담에 대한 즉각적인 처벌을 도입할 수도 있을 것이다. 그러나 과연 포괄적인 규칙이든 즉각적인 처벌이든 규범을 추가하는 것이 최선일까?

독선적인 분노

2010년에 나는 특정 유형의 집중명상인 선禪, jhana을 배우고 익힐 목적으로 한 달간의 침묵수련회에 참가했다. 제대로 수행할 경우 몇 시간 동안 같은 자세를 유지할 수 있는 이 수행법에 관해 나는 지난 2년간 적지 않은 자료를 읽었으며, 내 스승인 조셉 골드스타인의 현명한 지도를 받으며 수행을 계속했다. 다른 유형의 집중명상과 마찬가지로 특정 조건이 먼저 갖춰져야 선정禪定에 들 수 있다. 전해지는 바에 따르면, 이런 조건 중 하나는 즐거운 환상과 분노 등의 방해가 될 수 있는 마음 상태를 제거하거나 일시적으로 중지하는 것이라고 한다. 이 말은 일리가 있어 보였다. 작년에 수련회에서 나는 공상이나 화가 나는 생각이 떠오를 때마다 말하자면 나 자신에게 사로잡혀 집중 대상에서 멀어지는 것을 경험했다. 전해지는 바에 따르면, 좌선은 이런 마음의 장애물에 훨씬 더 민감하다고 한다. 살짝만 발을 헛디뎌도 오래된 습관적 행동방식에 빠져 맨 처음부터 다시 조건을 갖춰야만 할 것이다.

수련회에 참가했던 시기에 나는 직장에서 몇 가지 어려움을 겪고 있었다. 특히 제인이라는 동료와 약간의 문제가 있었다. 그래서 그녀에 대해 생각할 때마다 화가 치밀었다. (험담을 늘어놓고 싶은 유혹을 느끼지만, 자세한 이야기는 생략하겠다.) 나는 수련회 때마다 일기를 썼는데, 이번에는 수련회 초반부터 매일 제인에 대한 이야기를

(때로는 밑줄까지 그어가면서) 썼다. 이곳은 조용하고 아름다웠다. 집중하기 위한 물리적 조건은 완벽했다. 그러나 내 마음 상태는 엉망진창이었다. 그녀에 대한 생각이 떠오를 때마다 내 머릿속에서 이런저런 정신적 시뮬레이션이 무한 반복되었고, 그럴 때마다 점점 더 화가 치밀었다. 이것은 당연히 나의 시뮬레이션이었으므로, 그 안에서 나를 대하는 제인의 태도와 그녀가 내게 요구한 것들 때문에 내가 화를 내는 것은 너무나 당연했다. 그러나 이로 인해 나는 분노의 수렁에서 빠져나오기 위해 무진 애를 써야만 했고, 마음을 가라앉히기는 더더욱 어려워졌다.

이런 곤란한 상황에서 팔리어 대장경의 한 구절이 떠올랐다. "무엇이든 자주 생각하고 곱씹으면, 그것이 마음의 성향이 될 것이다."[2] 스키너식으로 표현하자면, 이제 분노가 나의 습관이 된 셈이었다. 내가 쳇바퀴만 돌리는 사이에 나는 점점 더 깊이 모래 속으로 빠져들었다.

수련회 사흘째 되던 날, 내가 무언가에 사로잡혀 수렁에 빠지려 할 때마다 재빨리 균형을 되찾기 위해 스스로 되뇌던 단어가 생각났다. 그것은 '크게'라는 단어였다. 크게. 크게. 크게. 내게 '크게'는 분노로 마음이 닫히려 할 때 마음을 크고 넓게 열라는 의미였다. 그 후 얼마 지나지 않아, 걷기명상 시간에 나는 다시 화가 나는 환상에 빠져들었다. 이런 마음 상태는 우리를 현혹하는 면이 있는데, 이에 대해 불교 경전인《법구경法句經》에서는 "뿌리에는 독이 있지만 꼭지에는 꿀이 있는" 분노라고 했다. "내가 여기서 얻는 것은 무엇인가?"라고 나는 스스로에게 물었다. 내가 무슨 보상을 받기에 이렇게 자주 수렁에 빠지는가? 답이 번개처럼 떠올랐다. 내가 얻는 것은 아무것도 없었다. 정말로 분노의 꼭지에는 꿀이 있었지만 뿌리에는 독이 있었다!

아마도 나는 이때 처음으로 독선적인 자기참조적 사고가 그 자체로 보상의 역할을 한다는 것을 깨달았다. 담배가 실제로는 맛이 없다는 것을 깨달은 흡연자처럼 나는 분노가 유발하는 들뜬 긴장감과 거만해지고 우쭐해지는 느낌이 그저 그 자체를 강화할 뿐이라는 것을 마침내 깨달았다. 나는 공자의 다음과 같은 조언을 새겨들을 필요가 있었다. "복수의 길을 떠나기 전에 두 개의 무덤을 파라."[복수는 그 대상뿐만 아니라 복수하는 자에게도 파괴적인 결과를 초래하므로 두 명의 무덤을 모두 준비해야 한다는 뜻이다.]

내가 이번 수련회에서 집중명상의 목표에 다가가기는커녕 분노에 휩싸여 이리저리 방황하고 있다는 것을 분명히 보게 되자, 안개가 걷히기 시작했다. 흡연에 대한 환상이 깨지기 시작한 내 환자들처럼 분노에 대한 내 환상이 깨지기 시작했다. 이제는 분노가 일어도 그것의 쓴맛이 곧바로 느껴졌기 때문에 분노를 내려놓기가 점점 더 쉬워졌다. 더 이상 누군가가 막대기로 나를 내려치면서 "화를 멈춰라!"라고 말할 필요가 없어졌다. 분노가 일어나는 것을 보기만 해도 분노를 내려놓을 수 있었다. 물론 그렇다고 해서 수련회에서 더 이상 분노가 일어나지 않았다거나 이제는 더 이상 분노가 일어나지 않는다는 것은 아니다. 다만 분노가 일어도 이전처럼 흥분하지는 않는다. 분노의 보상적인 성질이 사라졌기 때문이다. 그리고 이런 변화는 보상 기반 학습의 관점에서 볼 때 매우 흥미로운 것이었다.

보상과 처벌을 통한 학습의 관점에서 볼 때, '나쁜 행동'에 대해 (이왕이면 효과를 보기 위해, 즉각적으로) 처벌을 내리는 대신에 다른 방식의 성공 전략이 있을 수 있을까? 앞서 루이는 스마트폰을 사용하는 아이들에 대해 다음과 같이 중요한 지적을 했다. "아이들이 못되게 구는 이유는 시험해보려고 그러는 거죠. 어떤 아이한테 직접 '이 뚱보야'라고 말하면, 아이는 얼굴을 찌푸리면서 '아, 기분 더럽네'라고 말하죠. 그러나 '이 뚱보야'라고 보내면, '음, 재밌네'라는 식으로 반응하죠." 자신의 행동이 초래하는 결과를 보기만 해도 충분한 처벌이 될 수 있는데, 이런 행동이 해를 끼치는 것을 보게 되면 앞으로 같은 행동을 반복하고 싶은 유혹이 줄어들기 때문이다. 내가 수련회에서 분노에 사로잡히는 나 자신을 보게 되었을 때처럼, 해로운 행동의 환상에서 깨어나는 것이 가능하다. 왜냐하면 이런 행동이 우리를 아프게 하기 때문이다. 그러나 무엇보다 중요한 것은 실제로 무슨 일이 일어나고 있는지를 정확히 보는 것이다. 이 점에서 마음챙김은 매우 유용할 수 있다. 무슨 일이 일어나고 있는지에 대한 해석을 왜곡하는 ("음, 재밌네"라는 식의) 주관적 편향의 안경을 벗어야만 우리의 행동이 초래하는 모든 것이 명확히 보인다. 즉각적인 피드백을 받지 못하면, 즉 우리의 행동이 초래하는 결과를 보지 못하면, 엉뚱한 학습이 일어날 수 있다.

전세 뒤집기

나는 보상 기반 학습을 윤리적 행동의 영역까지 확장할 수 있을지에 대해 친구이자 철학자인 제이크 데이비스와 논의했다. 예전에 엄격한 계율에 따른 승려의 삶을 살았던 이 친구는 내게 적절한 대화 상대로 보였다. 과연 승려의 삶에는 얼마나 많은 규칙이 있을까? 소승불교 전통에서 비구는 200개 이상의 계율을 지켜야 하고, 비구니는 (이보다 훨씬 많은) 300개 이상의 계율을 지켜야 한다. 제이크는 윤리를 학습된 행동의 관점에서 탐구하는 것이 흥미롭다고 맞장구치면서, 이에 대한 탐구를 시작했다. 그리고 몇 년 후 그는 「온전히 깨어 있는 행동: 주의와 감정의 윤리」라는 제목의 165페이지짜리 논문을 성공적으로 발표해 박사학위를 취득했다.[3]

제이크의 논문은 문화나 역사적 시기 등의 특정 관점에 따라 도덕적 판단의 참 또는 거짓이 달라진다는 도덕적 상대주의를 배격했다. 그는 이런 상대주의를 논의하면서 강간당한 젊은 여성의 '명예살인'을 예로 들었다. 도덕적 상대주의에 따르면 몇몇 사람은 이런 관습을 부도덕하게 보는 반면, 또 다른 사람들은 이런 전통적 살인이 가족의 명예를 지키기 위해 필요하다고 생각할 것이다. 제이크는 이런 상대주의 대신에 개인의 감정적 동기를 윤리적 평가의 핵심으로 삼았다. 이와 관련해 그는 "특정 사태에 대한 '우리의 감정'에 대한 우리의 감정이 윤리적으로 중요한가?"(강조는 저자)라고 물었다.['감정에 대한 감정'은 (특정 상황에 대한 1차 감정에 대한) 2차 감정이라고도 부른다. 예를 들어 강간당한 여성의 슬픔(1차 감정)에 대한 가족의 분노나 수치심(2차 감정) 등에 따라 윤리적 판단이 달라질 수 있다.] 다시 말해, 개인의 상황윤리에서 보상 기반 학습은 (이 경우, 불교윤리에 해당하는) 마음챙김과 일치하는 토대를 제공하는가? 우리의 행동이 초래하는 결과를 보는 것이 윤리적 결정의 토대가 될 수 있는가? 논문의 나머지 부분에서 제이크는 필리파 풋Philippa Foot의 아리스토텔레스식 설명, 존 스튜어트 밀John Stuart Mill의 공리주의, 이마누엘 칸트Immanuel Kant와 데이비드 흄David Hume의 이론, 쾌락주의 등의 다양한 윤리석 접근법을 논의했다. 즉 그는 이런 견해들을 철학적 관점에서 비교하고 각각의 한계를 지적했다.

그런 다음 그의 논의는 현대 심리학의 관련 증거로 옮아갔다. 특정 상황에서 누가 불공정하게 느껴질 때, 어째서 우리는 금전적 손해를 감수하면서까지 그 사람을 처벌하려 드는가? 이른바 '최후통첩 게임Ultimatum Game'은 이런 경향을 시험하기 위해 특별히 고안된 도덕 연구 실험이다. 이 실험에서는 참가자 A(보통 컴퓨터 알고리즘에 해당하지만, 흔히 실제 사람으로 묘사된다)가 참가자 B(실제 피험자)에게 일정 금액의 분배를 제안한다. 참가자 B는 제안받은 분배

액을 수락할지 아니면 거절할지를 결정한다. B가 제안을 거절하면, 두 참가자 모두 한 푼도 받지 못한다. 다양한 시나리오에서 어떤 유형의 제안이 B의 수락 또는 거절로 이어지는지를 계산해 공정성의 기준치를 도출할 수 있다. 이런 게임에서 사람들은 상대방이 '공정하게 행동하지' 않는다고 느끼면 분노나 혐오 같은 감정이 커진다고 보고한다.[4]

그러나 이런 시나리오에서 명상가들은 비명상가들에 비해 불공정한 제안을 더 기꺼이 수락하는 더 이타적인 행동을 보인다.[5] 이런 현상을 살펴보기 위해 울리히 커크Ulrich Kirk 등은 최후통첩 게임을 하는 참가자들의 뇌 활동을 측정했다. 연구팀은 신체 상태에 대한 의식 및 특히 (혐오감 등의) 감정반응과 연관된 뇌 영역인 전측뇌섬엽anterior insula을 조사했다. 그 결과, 이 영역의 활동은 불공정한 제안의 거절을 예측하는 요인으로 밝혀졌다.[6] 특히 명상가들은 비명상가들에 비해 전측뇌섬엽의 활동이 적었다. 연구팀은 이런 낮은 수준의 활성화 덕분에 명상가들의 행동이 "부정적 감정반응에 휘둘리지 않았을 것"이라고 주장했다. 아마도 그들은 감정이 일어나 판단이 흐려지는(즉 '공정성'의 주관적 편향에 빠지는) 것을 더 쉽게 알아차렸을 것이며, 다른 참가자를 처벌하는 행동이 내적 보상 intrinsic reward을 제공하지 않음을 깨달았기 때문에 처벌을 실행에 옮기지 않았을 것이다. ['내적 보상'이란 금전적 보상, 타인의 칭찬 등과 같이 외부에서 제공되는 '외적 보상'과 달리 행동 자체에서 비롯하는 만족감, 성취감 등의 심리적 혜택을 의미한다.] "네

놈에게 본때를 보여주마!"라는 식의 대응이 그들에게는 보상이 되지 않았고 그래서 그들은 이런 습관의 순환고리에 빠지지 않았을 것이다. 제이크가 논문에서 지적한 것처럼 "보복 대응의 비용이 편익보다 더 클 수 있다." 불공정한 상대방에게 못되게 구는 것이 친절하게 대하는 것보다 더 고통스러울 수 있다.

제이크는 우리가 종종 문화적·상황적 규범에 기초한(그래서 이렇게 주관적으로 편향된) 윤리적 가치를 학습한다고 결론짓는다. 행동심리학과 신경생물학의 증거를 토대로 그는 "규범적 진실에 대한 개인이나 집단의 이해가 경우에 따라 잘못되었거나 옳다고 말할 수 있으려면 인류의 도덕공동체에 속하는 모든 구성원이 깨어 있고 편향되지 않을 때 내릴 윤리적 판단을 가정할 수 있어야 한다"고 주장한다. 다시 말해, 우리는 과거 반응에서 비롯한 주관적 편향을 볼 수만 있어도 모든 인간에게 공통된 윤리를 배울 수 있을 것이다.

스티븐 배철러의 견해도 이와 다르지 않은 듯하다.《불교 이후 After Buddhism》에서 그는 의식의 발전에 대해 이렇게 말한다. "타인의 감정, 욕구, 갈망, 두려움 등에 대한 우리의 감수성을 근본적으로 재조정하는 과정을 포함한다. (…) 마음챙김이란 타인의 신체를 더 잘 '읽어서' 타인의 상태와 곤경에 공감하는 것이다." 다시 말해, 마음챙김은 우리가 사태를 명확히 보도록 도와준다. 그에 따르면 이런 명확성은 "타고난 이기적 성향"을 깨뜨리는 데 중요하며, 이는 다시 "이기적인 단순 반응을 벗어나는" 데 기여한다.[7] 두려움, 분노

등의 형태로 세상에 습관적으로 반응하게 만드는 자기중심성과 주관적 편향의 흐릿한 안경을 벗어야만, (타인의 몸짓언어를 더 잘 읽어서) 우리의 행동이 초래하는 결과를 더 명확히 볼 수 있고 매 순간의 독특한 상황에 더 적절하게 대응할 수 있다.

온전히 깨어 있는 마음으로 타인을 마주하면 "내가 왜 그래야 하는데?", "그게 나랑 무슨 상관인데?"와 같은 태도에 기초한 둔감한 행동규범을 자연스럽게 넘어서게 된다. 우리가 "이 뚱보야!"라고 부른 상대방의 표정이 눈에 들어오면 많은 것이 이해되기 시작한다. "이래서 그랬구나." 특히 십대와 청년의 경우에 자신의 행동이 초래하는 결과를 볼 수 있게 되면, (외적 제약을 우회할 방법이나 허점을 반사적으로 찾는 대신에) "못되게 굴지 마라"는 규칙의 적용 범위를 스스로 넓혀서 광범위한 도덕적 결정을 내릴 수 있게 될 것이다. 우리의 생물학적 특성(즉 진화를 통해 형성된 우리의 학습 방식)과 우리 몸의 신호에 주의를 기울이기만 해도, 이런 규칙이 (더 쉬워지지는 않더라도) 더 간단해질 것이다. 촉발 요인. 못되게 굴기. 이로 인해 양쪽 모두가 얼마나 고통스러운지 보기. 반복하지 않기.

주는 기쁨

세상의 불의에 격분하는 사람은 정의의 분노를 좋은 것으로 간주할 것이다. 정치인의 연설을 듣다가 화가 치밀어 주먹을 휘두르며 소파에서 벌떡 일어나는 사람은 반드시 투표로 응징하겠다는 마음을 다시 한번 굳힐지 모른다. 경찰의 잔혹 행위를 폭로하는 영상을 보는 사람은 관련 시민단체에 가입하거나 지역사회 조직 활동에 참여하려는 의지가 솟구칠지 모른다. 만약 우리가 전혀 분노를 느끼지 않는다면 어떻게 될까? 그저 느려터진 뚱보처럼 소파에 앉아 있을까?

내가 툭하면 분노에 휩싸였던 명상수련회에서 나는 이런 습관이 집중에 전혀 도움이 되지 않는다는 것을 깨달았다. 그때부터 나는 화가 나도 덜 흥분하게 되었고(분노의 마법에서 풀려났고), 그래서 다른 일에 더 많은 에너지를 쏟을 수 있게 되었다. 왜 그럴까? 많은 사람이 이미 경험했듯이, 화가 나면 에너지가 소진된다. 수련회에서 나는 이렇게 절약한 에너지를 될 산만한, 아니, 훨씬 더 집중된 마음을 수양하는 데 쏟을 수 있었다. 분노로 인한 주의분산이 사라지자 (한 번에 한 시간 가까이 집중력을 유지하는) 매우 집중된 상태에 들 수 있는 조건이 자연스럽게 갖추어졌다. 이것은 내가 고대하던 변화였다.

앞 장에서 집중에 필요한 한 가지 요소로 언급한 것은 기쁨이었다. 다시 말하지만, 이것은 들뜨고 뒤숭숭한 흥분이 아니라 광활하고 고요하게 느껴지는 기쁨이다. 분노나 기대에 찬 흥분은 우리를 반대 방향으로 이끌기 때문에 어떤 유형의 활동이 기쁜 상태를 촉진하는지 알아낼 필요가 있다.

명상수련의 어느 시점에 나는 소승불교에서 가르치는 3단계의 '점진적' 가르침을 배웠다. 이에 따르면 보시布施가 덕행德行으로 이어지고, 이런 요소들이 제대로 갖춰진 경우에만 명상과 같은 수행修行으로 나아갈 수 있다. 이 전통과 내 경험에 기초한 통찰을 한마디로 요약하자면, 하루 종일 못되게 군 사람은 차분히 앉아서 명상하지 못할 것이다. 왜 그럴까? 이런 사람은 어떤 대상에 집중하려 하면 그날 언짢았던 온갖 것들이 머릿속에 떠올라 집중하지 못할 것이기 때문이다. 오늘 하루 거짓말을 하거나 누구를 속이거나 무엇을 훔친 일 없이 방석에 앉을 수 있는 사람은 (주로 집중명상을 가르치는 명상지도사 리 브래싱턴Leigh Brasington의 말처럼) "내버릴 쓰레기가 적을" 것이다. 이런 덕행이 두 번째 단계라면, 첫 번째 단계인 보시란 무엇인가?

우리가 무엇을 베풀 때는 어떤 느낌이 들까? 이럴 때는 기분이 좋아지면서 열리고 기쁜 상태가 된다. 보시의 실천은 내려놓는 느낌을 배울 수 있게 해준다. 누구에게 선물을 주는 것은 그것을 말 그대로 내려놓는 행위다. 그러나 모든 보시가 똑같지는 않다. 선물을 주면서 대가를 기대하면 어떻게 될까? 특정 종류의 인정을 기대하면서 거액을 기부하면 기쁠까? 상사나 데이트 상대에게 잘 보이려는 의도로 문을 잡고 있을 때, 우리는 어떤 종류의 만족감을 느낄까? 「조건 없는 선물: 부처의 보시 문화」라는 수필에서 타니사로 비구Thanissaro Bhikkhu는 이상적인 선물을 특징짓는 세 요소를 열거한 팔리어 대장경의 다음과 같은 구절을 언급했다. "보시하는 사람은 베풀기 전에 기쁘고, 베푸는 동안 마음이 고양되며, 베푼 후에 만족한다."[8] 이 순서는 보상 기반 학습과 매우 유사하다. 보시하는 사람은 기쁨을 느끼고(촉발 요인), 베푸는 동안 마음이 고양되며(행동), 베푼 후에 만족감을 느낀다(보상).

누구를 위해 문을 잡고 있는 행동은 두 가지로 해석할 수 있다. 누구와 첫 데이트를 하면서 좋은 인상을 남기고 싶을 때, 우리는 문을 잡고 있는 수고를 마다하지 않는다. 우리가 잘했다는 것을 인정받고자 할 경우(즉 보상을 원할 경우), 우리는 문을 잡고 있으면서 상대방이 "고마워요", "정말 친절하시네요"라고 말하거나 적어도 감사의 표시로 고개를 끄덕이길 기대할 것이다. 그러나 이런 반응이 없으면, 기분이 썩 좋지는 않을 것이나. 우리는 무언가를 기대했지만, 그것을 얻지 못했다. 특히 다른 사람에게 끊임없이 호의를 베풀지만 이를 제대로 인정받지 못한다고 느끼는 사람은 현대판 순교자처럼 극도의 절망감과 허탈감에 휩싸일 수 있다.

반면에 사심 없이 문을 잡고 있는 사람이 기대하는 것은 무엇일까? 아무것도 없다. 이런 사람은 보상을 바라지 않는다. 데이트 상대가 고마움을 표시하든 표시하지 않든 중요치 않다. 그래도 문을 잡고 있으면 기분이 좋아지는데, 왜냐하면 이런 행동은 내적 보상을 제공하기 때문이다. 특히 인정받으려는 은근한 기대조차 하지 않을 때, 조건 없는 선물일 때 주는 기쁨이 생긴다. 팔리어 대장경의 구절이 가리키는 것은 바로 이런 조건일 것이다. 사심 없이 베푸는 것은 그 대가로 무엇을 사려는 행동이 아니기 때문에 구매자의 후회 같은 것이 생기지 않는다. 이런 내적 보상은 만족감을 선사하며, 다음에도 똑같이 하도록 고무하는 기억을 남긴다. 보시가 건강과 행복에 이롭다는 사실은 많은 과학적 연구를 통해 증명되었다. 내가 관련 연구 결과를 일일이 설명하는 대신에, 독자 스스로 시험해보는 것은 어떨까? fMRI 촬영장치도 필요 없고 이중 맹검 실험을 설계할 필요도 없다. 다음에 누군가를 위해 문을 잡고 있을 경우, 보상을 기대하며 잡고 있을 때와 사심 없이 잡고 있을 때 느끼는 행복감(기쁨, 따뜻함 등)에 차이가 있는지 살펴보라. 그러면 자신의 스트레스 나침반을 제대로 읽는 데, 즉 어떤 유형의 보상이 자신을 스트레스로부터 멀어지게 하는지 또는 스트레스를 더 키우는지 깨닫는 데 도움이 될 것이다.

9장

내가 방해가 된다.

_대주혜해大珠慧海의 말이라고 전해짐

내가 어렸을 때 우리 집 텔레비전에는 자물쇠가 달려 있었다. 어머니가 텔레비전 전원장치에 비상정지 스위치를 달았는데, 그 열쇠는 어머니만 가지고 있었다. 아버지는 내가 여섯 살 때 우리 곁을 떠났기 때문에 어머니는 혼자서 네 아이를 키우느라 늘 일을 해야 했다. 방과 후나 여름방학 때 또 다른 흥밋거리가 없으면 우리는 텔레비전의 만화영화나 모험 시리즈를 넋 놓고 시청했다. 텔레비전 앞을 지나가기만 해도 촉발 요인이 작용했고, 텔레비전을 켜는 즉시 최면을 거는 듯한 즐거운 느낌이 보상으로 제공되었다. 그것은 카메라 앞에서 연출된 환상적인 삶 속으로 도피하는 것과도 같았다. 어머니는 우리가 바보상자에 중독되는 것을 원치 않았다. 어머니는 우리가 더 흥미롭고 덜 정신없는(즉 덜 중독적인) 다른 것에 몰두하길 원했다. 미국인들이 평균적으로 매일 4시간씩 텔레비전을 시청하는 것을 고려할 때, 나는 어머니가 취한 조치에 감사할 따름이다.

어머니의 맹꽁이자물쇠 탓에 나는 밖에 나가 노는 법을 배울 수밖에 없었다. 밖에서 내가 발견한 것은 자전거였다. 중학교 시절에 나는 친구 찰리와 함께 BMX 자전거를 타거나 수리하느라 시간 가는 줄 몰랐다. 우리는 신문 배달로 번 돈으로 새 부품을 샀고, 자전거에 흙이 조금만 묻어도 곧바로 세척했다. 우리 동네에서 그리 멀지 않은 곳에는 나무가 우거진 널따란 장소가 있었는데, 그곳에는 많은 경사로와 특히 언덕이 연달아 이어져 고난도의 2단 점프도 가능한 흙길이 있었다. 2단 점프를 하려면 속도와 타이밍이 완벽해야 한다. 속도가 부족하면 두 번째 언덕의 끝에 부딪히고, 너무 빠르면 목표 지점을 넘어가게 된다. 우리는 자전거를 타고 이 시골길을 수없이 오가면서 경쟁적으로 점프 연습을 했다.

인디애나폴리스에서 자란 찰리와 나는 운이 좋게도 메이저 테일러 경륜장 근처에 살았다. 이 경륜장은 어른들이 고정 기어 트랙 자전거로 경주를 할 수 있는 야외 원형 트랙이었다. 이 트랙 옆에는 우리가 이용할 수 있는 BMX 자전거용 비포장 트랙이 있었다. 여기에는 (당연히 흙으로 된) 경사진 커브 구간, 거대한 언덕들, (도약 지점과 착지 지점 사이의 트랙이 테이블처럼 평평한) 테이블탑 점프tabletop jump 및 3단 점프 구간도 있었다! 여름 주말이면 우리는 자주 어머니 차를 타고 이곳에 와서 경주를 했다.

내가 대학에 진학한 시기는 산악자전거가 막 등장하던 때였다. 나는 1학년 때 산악자전거를 사서 친구들과 함께 캠퍼스와 지역 산악자전거길 등 도처를 누비고 다녔다. 의학전문대학원에 다닐 때는 전륜 현가장치가 달린 자전거를 처음으로 장만해 더 험한 지형도 누비고 다녔다. 세인트루이스에서 한 시간 이내 거리에 훌륭한 자전거길이 많았기 때문에 나는 학교의 열광적인 자전거 애호가들과 어울려 틈만 나면 라이딩을 즐겼다. 여름이 되면 친구들과 함께 콜로라도나 와이오밍처럼 '진짜' 산악 라이딩이 가능한 곳으로 여행을 떠났다. 우리는 멕시코 두랑고주의 거대한 내리막길과 알래스카 케나이반도의 장거리 단일 구간도 달렸다. 이런 장거리 여행은 내게 굉장한 경험이었다.

내가 몰입을 경험하기 시작한 것은 그때부터였다. 몰입은 습관의 정반대편에 있다. 예를 들어 별생각 없이 텔레비전을 시청하는 일이나 누구를 만났을 때 "나는 잘 지내. 너는?"이라고 자동적으로 내뱉는 인사말은 특정 자극을 통해 촉발된, 그러나 건성으로 이루어지는 반응일 뿐이다. 이럴 때 우리는 마치 자동 조종 장치를 켠 채 어딘지도 모르면서 이리저리 배회하는 로봇처럼 몽롱하고 멍한 의식 상태에 있곤 한다. 반면에 몰입 상태에 있는 의식은 생생하고 밝으며 현재 순간에 집중한다. 이럴 때 우리는 '여기'에 있다. 이것은 마치 카메라에 너무 밀착한 나머지 자신의 연기에 지나치게 몰두해 배역과 하나가 된 연기자의 상태와도 같다. 산악 라이딩을 하면서 완전히 나 자신을 잊었을 때의 느낌을 처음에는 말로 표현하기 어려웠지만, 어쨌든 그것은 라이딩의 굉장한 경험과 직결되어 있었다. 나는 대학 시절에 연주를 하면서도 초월적인 순간들을 경험하곤 했지만, 그것은 사중주단이나 오케스트라의 연주가 특별히 조화를 이룰 때 드는 느낌 정도라고 생각했다. 그러나 산악 라이딩을 하면서 이런 몰입의 순간은 점점 더 규칙적인 경험이 되었다.

몰입의 조건

'몰입'이라는 용어는 1970년대에 심리학자 미하이 칙센트미하이가 만들었는데, 당시에 그는 사람들이 암벽 등반과 같은 "즐거운 행위를 할 때 경험하는 표현하기 어려운 느낌"을 위해 기꺼이 돈을 쓰는 이유에 대해 탐구하고 있었다.[1] 그 후로 몰입 상태를 개념화하는 것은 그의 평생에 걸친 연구 주제가 되었다. 《와이어드Wired》와의 인터뷰에서 그는 몰입을 "활동 자체에 완전히 몰두하는 것"이라고 설명했다. 이럴 때는 다음과 같이 놀라운 일이 일어난다. "자아가 사라지고, 시간이 쏜살같이 흐르죠. 이전 행위와 동작과 생각으로부터 다음 행위와 동작과 생각이 마치 재즈 연주처럼 자연스럽게 이어집니다."[2]

몰입의 요소는 다음과 같다.

- 현재 순간에 초점을 맞추고 머무는 집중 상태
- 행동과 의식의 융합
- 성찰적 자의식(자기평가)의 부재
- 자신의 '실천'이 체화된 암묵적 지식의 형태를 띠게 되어 어떤 상황에도 대처할 수 있다는 자신감
- 시간에 대한 주관적 경험의 변화로 '현재'가 끊임없이 펼쳐지는 듯한 느낌
- 활동 자체를 통해 내적 보상을 받는 경험[3]

나는 산악 라이딩을 하면서 이따금 나 자신과 자전거와 환경에 대한 모든 감각이 사라지는 것을 경험하곤 했다. 그것은 멍해진다기보다 무엇에 더 집중하게 되는 느낌이었다. 모든 것이 의식과 행동의 이 놀라운 융합 속으로 빨려 들어가는 듯했다. 거기에 나는 없었다. 그러나 내 인생에서 가장 멋졌던 이런 경험들 속에 분명히 내가 있었다. 이런 순간에는 기분이 아주 좋았다.

우리는 모두 한 번쯤 몰입을 경험해보았을 것이다. 스포츠 활동, 연주나 음악 감상, 프로젝트 수행 등의 순간에 우리는 이따금 그 일에 완전히 빠져들곤 한다. 그러다 잠시 일을 멈추고 고개를 들어보면 이미 밖은 어두컴컴하고 방광은 터지기 직전이다. 그것도 모

른 채 일에 집중한 셈인데, 우리가 원할 때마다 이렇게 집중할 수 있다면 얼마나 좋겠는가?

나는 라이딩 중에 몰입하는 경험이 반복되면서 몰입의 가능성을 높이는 조건이 무엇인지 점차 깨닫게 되었다. 몰입 경험이 반복된 지 1년쯤 지났을 때부터 나는 과학자의 눈으로 내 경험을 돌아보면서 이런 조건을 규명하고 재현할 수 있는 방법을 찾게 되었다.

완벽한 희열의 순간을 위해 부상과 생명을 무릅쓰는 익스트림 스포츠 선수와 같은 '몰입 중독자'(그렇다. 몰입도 중독성이 있다!)의 굉장한 활약을 다룬 책들이 쏟아졌는데, 예를 들어 2014년에 출간된 스티븐 코틀러Steven Kotler의 《슈퍼맨의 출현The Rise of Superman》이 그런 책이었다. 이런 책의 저자들은 종종 운동선수나 그 밖의 몰입 중독자들에게 정보를 캐물으면서 몰입의 비결을 찾으려 했다. 여러 신기록을 보유한 익스트림 스포츠 선수이자 몰입에 대해 자주 언급했던 딘 포터Dean Potter는 2014년에 기록영화 제작자 지미 친Jimmy Chin과의 인터뷰에서 다음과 같이 말했다.

> **지미:** 당신은 베이스점프, 줄타기, 무장비 단독 등반 등의 꽤 강렬한 활동을 다양하게 즐기시는데요, 아드레날린 외에 이것들의 공통점은 무엇입니까?
>
> **딘:** 제 세 가지 예술 행위의 공통점은 공포, 탈진, 아름다움, 미지의 세계로 뛰어들기입니다. 제가 치명적일 수 있는 상황

을 기꺼이 무릅쓰는 까닭은 그것이 고양된 의식 상태에 들어가는 예측 가능한 방법이기 때문입니다. 까딱하면 죽을지도 모를 상황에서는 생존을 위해 제 오감이 최고조에 달합니다. 그럴 때는 평소의 일상적인 의식 너머로 아주 세밀하게 보고 듣고 느끼고 직감하게 됩니다. 이런 고양된 의식을 좇아 저는 스스로를 위험에 빠뜨립니다.

게다가 이런 예술 행위를 하는 동안 저는 저 자신을 비우고 오로지 호흡에만 집중하는 명상 상태에서 움직입니다. 이것은 공허로 나타납니다. 이 공허는 채워져야 하는데, 이것이 어떤 식으로든 저를 끌어당겨 저의 가장 깊은 사색의 뿌리를 깨닫게 되고 때로는 모든 것과 연결된 느낌으로 이어집니다.[4]

비극적이게도, 포터는 2015년에 요세미티 국립공원 절벽에서 뛰어내리는 베이스점프를 하다가 사망했다.

포터는 몰입의 예측 가능한 조건이 있음을 관찰했다. 그중 하나는 극단적 위험인 듯하다. 위험한 상황에 처하면, 자기 자신에 대해 생각할 겨를도 없다. 이럴 때 우리는 '우리'를 살리는 데 집중한다. 그러다 잠시 후 자아가 제자리로 돌아와 근심 어린 부모처럼 "정말로 큰일 날 뻔했네. 다시는 그러지 마라"면서 요란을 떤다. 내게도 이런 일이 있었다. 오지의 스키 여행 중에 나는 얼어붙은 호수로 흘러드는 거센 강물 바로 위의 매우 가파르고 부서지기 쉬운 눈더미를 가로질러야만 했다. 나는 일주일치 식량과 장비가 담긴 무거운 등산용 배낭을 메고 있었다. 스키를 그리 잘 타지 못했던 나는 스키를 벗어 체중을 버티는 닻으로 사용하면서 등산화로 설면을 힘껏 찍어 발디딤을 만들었다. 그렇게 나는 발로 찍어 박기를 끝없이 반복했다. 마침내 눈더미를 무사히 건너고 나서야 주변이 눈에 들어오고 상황이 정리되기 시작했다. 아드레날린이 엄청나게 솟구치면서 '정말 죽을 뻔했네!'라는 안도의 목소리가 머릿속을 맴돌았다. 집중부터 하고, 걱정은 나중에 하라.

몰입 경험에 빠져들고 거기에 머물기 위한 조건에 대한 학술적 논쟁이 수십 년간 이어져 왔지만, 통제된 환경에서 이런 상태를 신뢰할 수 있게 재현하는 방법이나 이에 관여하는 뇌 활성화(또는 비활성화) 및 신경전달물질에 대한 일치된 견해는 존재하지 않는다. 어찌 보면 임사체험도 몰입 경험과 비슷한 면이 있지만, 이것은 우리가 실험실에서 시험하고 싶은 상태가 아니었다.

그렇다면 몰입의 (덜 위험한) 조건을 규명하기 위한 또 다른 단서는 무엇일까? 칙센트미하이는 과제의 난이도와 과제 수행자의 능력 간의 균형을 강조했다. 이를 통해 그가 말하려 한 것은 무엇일까? 산악 라이딩 후에 이 균형의 문제를 곰곰이 생각하던 나는 점차 그 의미를 이해할 수 있었다. 험난하지 않은 평지에서 라이딩을 할 때는 내 마음이 온갖 수다로 시끄럽곤 했다. 내게 너무 어려운 기술을 시도하면, 넘어지거나 포기하기 일쑤였고 좌절감만 커졌다.

그러나 조건이 완벽했을 때는, 즉 지루하지 않을 만큼 도전적이면서도 너무 어렵지 않은 지형에서는 몰입에 빠져드는 경우가 훨씬 더 많았다.

뇌의 관점에서 볼 때, 균형은 자기참조회로에 대한 우리의 현재 지식과 잘 들어맞는다. 기본상태회로는 과제에 집중할 때 조용해지고, 지루함을 유발하는 상황에서는 활성화된다. 또한 이 회로는 자기평가와 같은 자기참조 활동을 할 때 활성화된다. 그리고 명상 중에는 기본상태회로가 정말로 조용해진다. 기본상태회로의 비활성화는 칙센트미하이가 언급한 '성찰적 자의식의 부재'에 해당할지 모른다.

이와 관련해, 몰입의 다른 많은 요소는 명상과 여러 측면에서 놀라울 정도로 유사해 보인다. 현재 순간에 초점을 맞추고 머무는 집중 상태, 현재 순간이 끊임없이 펼쳐지는 듯한 주관적 경험, 내적 보상 등은 이 책 전체에 걸쳐 살펴본 (정식 명상이든 일상생활에서 무엇에 주의를 기울일 때든 우리가 때때로 경험하는) 마음챙김에도 적용된다. 습관적 행동 방식에서 벗어나 삶의 순간에 몰입하면, 매우 좋은 기분이 든다. 따라서 칙센트미하이가 명상을 몰입 훈련의 한 방법으로 언급한 것도 그리 놀라운 일이 아니다.

기쁨과 몰입은 어떤 관계일까? 앞 장에서 살펴본 것처럼 기쁨은 자기중심성에서 벗어나는 한 가지 사례인 보시의 결과로 생길 수 있다. 그렇다면 기쁨의 또 다른 원천은 무엇일까? 몰입을 지원하는 기쁜 조건은 무엇일까? 시카고 불스Chicago Bulls에서 선수 생활의 대부분을 보냈고 명예의 전당에 이름을 올린 농구선수 마이클 조던Michael Jordan은 이에 대한 좋은 예다. 그는 프로 경력 동안 총 172경기에서 40점 이상을 득점했다! 가장 기억에 남는 그의 동작을 꼽으라면? 그는 (몰입을 뜻하는 스포츠 팬들의 표현처럼) '푹 빠지면in the zone' 혀를 불쑥 내밀곤 했다. 그는 수비수들을 가볍게 제치며 점수를 쌓아갈 때 편안하고 즐겁기까지 한 상태에 있었을 것이다. 우리도 일단 '불이 붙으면' 여유 있게 경쟁자를 따돌리며 과정을 즐길 때가 있다.

필 잭슨Phil Jackson은 불스가 3연속 우승을 차지했을 때 조던의 코치였다. 그는 스포츠심리학자이자 명상지도사인 조지 멈퍼드George Mumford를 시카고로 불러 선수들에게 명상을 장려한 것으로 유명했다. 몇 년 후 잭슨은 멈퍼드에게 코비 브라이언트Kobe Bryant와 로스앤젤레스 레이커스Los Angeles Lakers의 훈련을 맡겼는데, 그 후 얼마 지나지 않아 레이커스도 3연속 우승을 했다. 경기 전 명상 시간의 목적은 선수들이 긴장을 풀고 승리에 대한 희망이나 패배에 대한 두려움 없이 현재 순간의 조건에만 집중하도록 돕는 것이었다. 《일레븐 링스Eleven Rings: The Soul of Success》에서 잭슨은 다음과 같이 썼다. "우리가 바랄 수 있는 최선은 성공을 위한 최상의 조건을 만든 다음 결과에 연연하지 않는 것이다. 그러면 훨씬 더 재미있게 풀린다."[5]

비밀 소스

팔리어 대장경에서 기쁨은 명상 중 집중을 위한 명시적 조건으로 간주된다. 7장에서 언급했듯이 칠각지의 네 번째 요소인 기쁨은 평온으로 이어지고, 이는 다시 집중의 조건이 된다. 호기심과 마찬가지로 기쁨은 위축되기보다 확장적인 특성을 지닌다. 8장에서 이야기한 나의 '분노에 찬' 수련회 때 나는 한곳에 집중하기 위한 조건을 마련하는 수행을 하고 있었다. 내가 배운 '레시피'에 따르면 이런 유형의 명상을 위해서는 다음과 같은 다섯 가지 '재료'가 필요하다. 이것들을 함께 섞으면 자연스럽게 집중이 된다고 한다.

대상에 유념하기(각성, 주의)
대상에 머물기(지속, 확장)
대상에 대한 관심을 발견하고 유지하기(기쁨)
대상에 만족하기(행복)
대상과 하나가 되기(안정)[6]

나는 수련회 기간 동안 이런 조건들을 반복적으로 결합해 점점 더 오랫동안 한곳에 집중할 수 있었다. 이렇게 나의 집중력이 계속 올라갔다. 그러다 한번은 모든 조건을 다 갖췄다고 생각했는데, 뭔가 빠진 것이 있었다. 집중 상태가 되질 않았다. 나는 앉은 채로

궁리했다. 이전에는 이렇게 단계를 밟으면 됐는데, 도대체 무슨 재료가 빠졌을까? 그러다 내 마음 상태를 확인해보고, 내가 기쁘지 않다는 것을 깨달았다. 이런 내 모습이 웃겼고, 그래서 마음속으로 웃음이 터지자마자 나는 곧바로 다시 명상 상태에 들 수 있었다. 다른 모든 재료는 이미 섞인 상태에서 마지막 재료를 기다리고 있었기에 그것만 추가하면 됐다.

하나가 되라!

내가 산악 라이딩이나 수련회 명상에서 경험한 것처럼, 자기평가를 하지 않으면서 현재 순간에 집중해 내적 기쁨을 느끼게 되는 조건을 반복적으로 재현할 수 있다는 사실은 명상이 몰입 상태에 들어가는 방법이 될 수 있다는 칙센트미하이의 주장을 뒷받침하는 듯했다. 《몰입의 즐거움Finding Flow: The Psychology of Engagement with Everyday Life》에서 그는 다음과 같이 썼다. "원칙적으로 스스로 숙달할 수 있는 모든 기술이나 훈련이 도움이 될 것이다. 원한다면, 명상이나 기도도 좋다." 그러나 그는 몰입의 조건을 확립하려면 활동에 임하는 사람의 태도나 동기가 중요하다고 강조했다. "그러나 중요한 것은 이런 훈련에 대한 태도다. 경건해지려고 기도하거나 흉근을 단련하려고 운동하거나 지식을 쌓으려고 공부하는 사람은 중요한 것을 놓칠 수 있다. 관건은 활동 자체를 즐기는 것이다. 결과가 아니라 주의의 통제력을 획득하는 것이 중요하다는 점을 알아야 한다."[7]

태도를 강조한 칙센트미하이의 지적처럼 태도가 몰입의 요소에 미치는 영향을 살펴볼 필요가 있겠다. 예를 들어 어떤 환상적인 상태에 도달하거나 경건해지기 위해 명상하는 사람의 방정식에는 암묵적인 자기참조가 들어 있기 마련이다. 그러나 경험이 자아를 통해 위축되거나 경험에 자아가 들러붙으면, '나'와 '내' 경험이 분리된다. 그러면 이 둘은 하나로 합쳐질 수 없다. '내'가 자전거를 탄다는 식으로 경험이 이루어진다. 이 경우 나는 지금 이 순간에 펼쳐지는 자기초월적 경험을 서술할 수 없는데, 왜냐하면 내가 거기에 푹 빠져 있지 않기 때문이다. 몰입하려고 애쓸수록 긴장된 흥분으로 인해 몰입에서 더 멀어질 뿐이다. '내'가 방해가 된다.

태도는 걱정이나 자기의심을 낳기도 한다. 산악자전거 내리막길에서 충돌하지 않을까 걱정할수록 충돌할 확률이 높아진다. 영화 〈스타워즈 에피소드 5: 제국의 역습 Star Wars: The Empire Strikes Back〉에서 요다 Yoda는 제다이 Jedi 기사단 훈련을 받는 루크 Luke에게 이 점을 지적한다. 루크는 엑스윙 전투기를 몰다가 늪에 빠진 적이 있었다. 훈련 상황에서 루크는 '포스 force'를 사용해 전투기를 들어 올리려 한다.[영화 〈스타워즈〉에서 포스는 모든 생명체를 연결하는 우주의 에너지장이다. 제다이 기사처럼 포스에 민감한 존재들은 포스를 사용해 특별한 능력을 발휘할 수 있다.] 그러나 늪에서 전투기를 들어 올리려고 노력할수록 전투기는 더 깊이 가라앉는다. 루크가 못하겠다고 징징거리자, 요다는 억지로 하지 말라며 다음과 같이 말한다.

요다: "네가 배운 것을 잊어야 해."
루크: "알았어요, 한번 해볼게요."
요다: "아니야! 해보는 게 아니야! 하든가 말든가 해야지, 해보는 것은 없어."

요다는 걱정이나 의심과 같은 자멸적 태도가 방해가 될 수 있다고 지적하는 것이다. 어쨌든 이런 태도는 자기참조적이기 때문이다. 자신이 어떤 과제를 해낼 수 있을지 의심하거나 걱정하는 것은 별다른 도움이 되질 않는다. 과제가 자신의 능력 범위 안에 있으면, 그냥 하면 된다. 이때 자아는 꼭 필요한 것이 아니다.

이런 견해를 뒷받침하는 생물학적 데이터가 있다. 우리의 실시간 fMRI 뉴로피드백 연구에서 숙련된 한 명상가는 어느 순간 몰입 상태에 빠졌다고 보고했다. 그녀는 명상을 마친 후 다음과 같이 말했다. "호흡과 하나가 된 듯한 몰입감이 들었어요……. 중간에 몰입감이 깊어졌어요." 경험에 자아가 들러붙는 것과 가장 밀접한 연관이 있는 기본상태회로 영역인 후대상피질의 활동도 그녀의 보고와 일치하게 눈에 띄게 감소했다. 우리가 드디어 몰입을 카메라로 찍은 셈이었다!

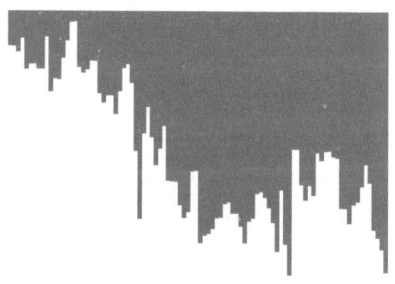

fMRI 촬영 중 몰입에 빠져든 숙련된 명상가. 이 그래프는 몰입에 빠져들었다는 명상가의 주관적 보고와 일치하는 후대상피질 활동의 현저한 감소를 보여준다(그래프 중간). 각각의 막대는 2초 간격의 측정값이다. 저드슨 브루어의 실험실 보관 기록.

비록 확정적이지 않은 사례 증거에 불과하지만, 이것은 몰입과 후대상피질 비활성화의 관계를 훌륭하게 보여준다. 몰입에 관여하는 다른 뇌 영역과 신경망도 있겠지만, 이에 대해서는 아직 알려진 것이 거의 없다. 재즈 즉흥 연주나 프리스타일 랩처럼 몰입을 유발할 수 있는 조건에서 다른 뇌 영역을 살펴본 연구들이 있었지만, 지금까지 몰입과 일관된 연관성을 보인 영역은 후대상피질이 유일하다.[8] 몰입에서 무아無我가 결정적으로 중요한 점을 고려할 때, 후대상피질은 몰입의 한 가지 필요조건을 가리키는 지표일 것이다.

음악적 몰입

소규모 현악합주나 재즈 앙상블 혹은 대규모 오케스트라 연주 등 몰입을 낳는 최고의 경험 중 하나는 연주일 것이다. 돌이켜보면 나도 고등학교 때 사중주단에서 연주할 때부터 몰입을 경험했던 듯하다. 대학 시절에는 프린스턴 오케스트라 전체가 무대 위에서 초월적 경험을 하곤 했다. 영국 순회공연 때 우리는 왕립음악원에서 라흐마니노프 교향곡 2번 2악장을 연주하고 있었다. 연주가 시작된 지 얼마 지나지 않아, 모든 것과 모든 사람이 하나로 합쳐졌다. 시간이 멈춘 듯했지만, 우리는 계속 연주했다. 그것은 T. S. 엘리엇의 대표작 《네 개의 사중주》에 나오는 다음 구절과도 같았다.

> 회전하는 세계의 정지점에서. 육체도 비육체도 아닌,
> 출발점도 도착점도 아닌, 정지점에 춤이 있네,
> 그러나 정지도 운동도 아니네. 그리고 이것을 고정이라 부르지 말라,
> 과거와 미래가 모인 곳. 어디에서 오지도 않았고 어디로 가지도 않는 운동,
> 상승도 하강도 아닌 운동. 오직 그 한 점, 정지점만 예외이네,
> 어느 한 춤이 아니라 춤 자체가 있네.
> 말할 수 있는 것은 거기에 우리가 있었다는 것뿐. 그러나 어디였는지는 말할 수 없네.
> 그리고 얼마나 오래였는지도 말할 수 없네, 그러면 거기가 시간에 갇힐 테니까.[9]

연주회가 끝난 후 우리는 모두 2악장에 대해 이야기했다. 뭔가 마법 같은 일이 일어났던 것이다. 어쩌면 오랜 연습과 공동의 목적의식이 완벽하게 하나로 수렴되어 유명한 연주회장에서의 멋진 공연으로 나타난 것일 수 있다. 자세한 사정은 알 길이 없지만, 어쨌든 그 후 며칠간 오케스트라 단원들은 모두 환히 빛나는 듯했다.

의학전문대학원 시절에 나는 세미프로 사중주단에서 연주하면서 칙센트미하이의 표현처럼 "즐거운 행위를 할 때 경험하는 표현하기 어려운 느낌"을 계속 즐겼다. ('가자!'라는 뜻의 이탈리아어 단어 'forza'를 붙여) '포르자 사중주단'이라는 이름으로 활동한 우리는 모두 음악으로 생계를 유지하는 음악가가 아니었다. 우리는 그저 연주 자체를 위해 기꺼이 연습하고 공연했다.

기술을 익히는 것은(이 경우 숙달할 때까지 연주 연습을 하는 것) 몰입의 중요한 조건이다. 곡도 모르면서 연주를 할 수는 없다. 그리고 이때 연습 방식이 매우 중요할 수 있다. 극단적인 예를 들자면, 바이올린의 음계를 대충 연습하면서 음정까지 틀린다면 아예 연습하지 않느니만 못할 것이다. 왜 그럴까? 그러면 틀린 음정으로 연주하는 법을 배우게 될 것이기 때문이다. 명상 또는 케이크 레시피에 맞게 적절한 재료가 필요한 것처럼 연주 시 몰입에 빠져들 수 있는지도 음악 연습의 질에 따라 좌우될 것이다. 연습의 질이 좋으면 결과도 좋을 확률이 크게 높아지기 마련이다. 「음악하기를 마음챙김 수행으로 재개념화해서 얻는 심리적 이점」이라는 제목의 논문에서

(심리학자이자 명상가가 되기 전에 줄리아드 음대에 다녔던) 내 동료 맷 스타인펠드Matt Steinfeld와 나는 이런 조건을 서술한 바 있다.[10] 다음은 음악뿐만 아니라 우리가 배우는 모든 것에 적용될 수 있는 몰입 및 보상 기반 학습의 몇 가지 주요 조건을 요약한 것이다.

- ☐ 자책하지 말라. 음악가라면 누구나 알듯이, 우리 자신이 우리의 최대 적이 될 수 있다. 예행연습을 하면서 자신을 꾸짖거나, 공연 불안에 시달리거나, 공연을 망쳤다고 자책하는 등 습관의 순환고리에 빠지면, 성공이 아니라 실패를 연습하는 꼴이 될 수 있다.
- ☐ 천천히 하라. 새로운 곡의 연주법을 처음부터 집중해서 주의 깊게 익히려면 처음에는 지루하게 느껴질 수 있지만, 음악의 적절한 기법과 메커니즘을 확실히 익히는 것이 중요하다. 곡의 모든 부분을 먼저 숙달하지 않은 채 전체 악장을 서둘러 연주하는 것은 안절부절못하거나 게으른 태도의 신호일 수 있다.
- ☐ 실수를 개인적으로 받아들이지 말라. 실수가 발생하는 즉시 이를 고치는 법을 배우면 실수가 악화되는 것을 방지할 수 있다. 자신의 행동을 분석하거나 누가 알아채지 않았는지 살피는 태도는 자의식의 발로일 뿐이다. 이런 잠재적인 방해 요소를 무시해야 실수가 더 큰 실수로 이어지

지 않는다.

□ 양보다 질이 중요하다. 피곤하거나 집중이 안 될 때는 멈출 줄도 알아야 한다. 자아는 하루에 6시간이나 연습했다고 자기 자신이나 동료에게 자랑하기 위해 계속 연습하라고 다그치곤 한다. 마찬가지로 일정 시간을 연습해야만 죄책감을 느끼지 않는 것도 자아의 쓸모없는 속삭임일 뿐이다.

집중하지 않고 연습하면, 나쁜 습관이 더 쉽게 스며든다. 유명한 미식축구 감독 빈스 롬바르디Vince Lombardi의 말처럼 "연습한다고 해서 완벽해지는 것이 아니다. 완벽하게 연습해야만 완벽해진다." 음악은 자기중심적인 일상 경험을 초월하는 마법적인 재료를 얻을 수 있는 좋은 기회를 제공한다. 음악 자체를 위해 연주하면, 적절한 요소들이 결합해 고양되고 기쁨에 찬 찬가가 저절로 울려 퍼질 수 있다. 완벽한 연습을 통해 몰입의 조건이 무르익는다.

딘 포터는 짧지만 행복한 삶을 살았던 듯하다. 그는 몰입 상태에 들어가는 재현 가능한 조건을 발견했지만, 결국 큰 대가를 치러야만 했다. 《슈퍼맨의 출현》에 따르면 포터는 앉아서 명상하기보다 비행을 선호했으며, 몰입하기 위해 '과정을 속이는' 법을 즐겨 사용했다고 한다. 그는 다음과 같이 말했다. "저는 쉬운 쪽을 택해요……. 저는 두 시간 동안 엉덩이를 붙이고 앉아 있으면, 15초간 이

상태(몰입 상태)를 맛볼 수 있어요. 그러나 목숨을 걸면 즉시 거기에 도달하고, 그것이 몇 시간이나 지속돼요."[11]

흥미롭게도, 나는 시간이 지나면서 명상에 대해 이와 정반대되는 것을 발견했다. 적절한 재료를 조합하는 법을 배운 후로 내 명상 수행은 수년에 걸쳐 더욱 깊어졌다. 그리고 이와 함께 산악 라이딩이든 연주든 그 밖의 활동이든 몰입 상태에 들어가고 거기에 머무는 내 능력도 향상되었다. 적절한 조건을 찾아서 이를 주의 깊게 연습하면 몰입을 지원하는 신경 경로가 강화될 수 있을까? (산악 라이딩, 명상, 음악 등처럼) 내적 보상을 제공하는 행동의 촉발 요인을 확인할 수만 있다면, 다른 행동과 마찬가지로 뇌가 이런 행동을 학습하는 것은 어렵지 않을 것이다. 우리로 하여금 텔레비전 시청, 음주, 약물 사용 등과 같이 세상과 멀어지는 맹목적인 습관에 빠지도록 만드는 뇌의 보상 기반 학습 경로를 활용해 세상에 더 깊이 관여하는 의미 있는 습관을 기르는 것이 가능하다.

10장
회복력 훈련

모든 것과 연결되어 있다고 느끼는 사람은 모든 것에 대한 책임감도 느낀다. 이런 사람은 외면하지 못한다. 자신의 운명이 다른 모든 것의 운명과 얽혀 있다. 이런 사람은 우주를 짊어지는 법을 배우지 않으면 우주에 짓밟힌다. 이런 사람은 세상을 사랑할 만큼 강하게 성장하되, 최악의 공포와 같은 식탁에 앉을 만큼 자신을 비워야 한다.

_앤드루 보이드Andrew Boyd

두 승려에 관한 유명한 우화가 있다. 지혜로운 노승이 젊은 수행자와 함께 조용히 길을 걷고 있었다. 그들은 거센 급류가 흐르는 강에 이르렀다. 그들이 강을 건너려 할 때, 아리따운 젊은 여인이 강가로 와서 거센 물살을 바라보았다. 그녀는 급류에 휩쓸릴까 두려워하면서 승려들에게 도움을 청했다. 두 승려는 서로를 쳐다보았다. 그들은 어떤 여성도 만지지 않겠다고 맹세를 한 적이 있었다. 그러나 노승은 말없이 여인을 업고 강을 건넌 뒤 가던 길을 계속 갔다. 젊은 수행자는 그 광경을 믿을 수 없었다. 승려의 계율을 어떻게 이렇게 쉽게 어길 수 있는가? 강을 건넌 젊은 승려는 노승의 뒤를 따랐다. 그는 할 말을 잃었다. 몇 시간 동안 머릿속이 복잡했다. 그러다 더 이상 참을 수 없었다. 마침내 그는 불쑥 말했다. "우리는 승려로서 어떤 여성도 만지지 않겠다고 맹세했어요! 그런데 어떻게 그 여인을 업을 수 있나요?" 지혜로운 승려는 다음과 같이 답했다. "나는 여인을 강 건너편에 내려놓았는데, 어째서 너는 아직도 여인을 업고 있느냐?"

노승은 상황에 따라 윤리적 판단을 내렸다. 반면에 젊은 수행자는 노승이 맹세를 어긴 사실만 보았고 그가 젊은 여인을 도와 그녀의 어려움을 덜어준 사실은 보지 못했다. 지혜로운 승려는 유용한 지침과 모든 상황에 적용하기에는 너무 경직된 독단론의 차이를 알려주려 한다. 이는 우리가 습관적 행동 방식에 빠져 자신의 견해를 고집할 때 무슨 일이 벌어지는지를 보여주는 좋은 예이기도 하다.

이 책은 습관이 어떻게 형성되는지를 주의 깊게 살펴 이를 고칠 수 있다고 강조한다. 별생각 없이 하는 공상이든 마약을 사기 위한 도둑질이든 우리가 습관적인 행동에 사로잡힐 때마다 우리가 짊어지는 삶의 짐은 더욱 무거워진다. 프로젝트를 제때 마치지 못한 채 시간을 낭비했거나 가족들이 힘들어하는 것을 알면서도 나쁜 습관을 끊지 못한 것에 대해 자책하면, 이런 짐은 더욱 무거워진다. 때때로 우리는 신들에게 벌을 받아 황천에서 언덕 위로 바위를 끊임없이 밀어 올려야 했던 시시포스 왕의 처지에 있는 것 같은 느낌이 들곤 한다. 그는 이 고된 일을 영원히 반복해야만 했다. 어찌 보면 우리의 삶도 이와 다르지 않다. 우리는 우리 자신의 바위를 언덕 위로 밀어 올리지만, 정작 어디에도 도달하지 못한다. 그리고 시간이 지날수록 바위는 점점 더 무거워진다. 그러나 삶이 반드시 시시포스의 끝없는 고통과 같을 필요는 없다. 우리는 땀을 뻘뻘 흘리며 습관의 짐을 어깨에 짊어질 필요도 없으며, 습관의 바위를 끊임없이 산 위로 밀어 올릴 필요도 없다. 습관의 불필요한 짐을 깨달으면 그것을 내려놓기가 가능하다. 그리고 발걸음이 가벼우면 기분도 좋아진다. 이렇게 불필요한 짐을 계속 내려놓으면, 발걸음이 점점 더 가벼워지면서 마침내는 삶의 여정에서 몰입을 경험하게 될 것이다.

불필요한 짐을 지고 가는 젊은 승려의 모습을 회복력resilience의 관점에서 바라보면 어떨까? 회복력은 다음과 같이 정의할 수 있다.

☐ 물질이나 물체가 원래 모양으로 돌아가는 능력(탄성)
☐ 어려운 처지에서 빠르게 회복하는 능력(강인함)

두 승려의 이야기에서 알 수 있듯이 젊은 승려는 탄성이 부족했다. 행복(또는 경건함)을 추구하기 위해 반드시 따라야 할 단순한 규칙 목록이란 존재하지 않는다. 행복의 흔한 공식은 'X이면 Y이다'의 형태를 띤다. 그러나 이런 형태의 행복은 우리 외부의 어떤 것에 의존하며, 우리와 우리의 환경이 끊임없이 변화한다는 사실을 고려하지 않는다. 세상이 변하면, 'X이면 Y이다'라는 공식은 더 이상 작동하지 않거나 금세 구식이 되기 쉽다. 우리가 살면서 형성하는 습관도 마찬가지다. 외부와 내부의 촉발 요인에 따라 'X이면 Y이다' 형태의 습관적 반응을 하는 것은 삶의 안정에 기여할지 모르지만, 이런 반응도 이내 구식이 된다.

이런 습관은 종종 저항으로 느껴진다. 앞에서 살펴본 허들 선수 롤로와 몰입광 딘은 모두 신체적 유연성을 지니고 있었으며, 그들에게는 또한 정신적 유연성이 필요했다. 그러나 정신적 유연성이 없다면 어떻게 될까? 직장에서 뭔가 새로운 것을 제안했으나 제안을 제대로 설명하거나 시도하기도 전에 저항의 물결에 부딪히는 경우가 얼마나 많은가? 이럴 때 우리는 신체적으로나 정신적으로 위축되거나 가능성의 문이 닫히는 느낌을 받곤 한다.

나는 환자들을 진료하면서 이런 일을 자주 겪었다. 진료실로 들어오는 그들의 수상한 눈빛이나 눈을 마주치지 않으려는 행동만 보아도 나는 무슨 일이 있음을 직감할 수 있다. 이럴 때면 술이나 약물 없이 수개월을 잘 버티던 사람이 갑자기 가족이 병에 걸렸다거나 자신이나 배우자가 실직했다거나 애인과 헤어졌다는 등의 핑계를 대면서 나쁜 습관에 다시 빠지게 된 사연을 늘어놓기 시작한다. 이런 사람은 자신에게 일어난 일을 받아들이지 못하고 저항하기 때문에 현재 순간에 집중하면서 이에 대처하기가 점점 더 어려워진다.

내 환자들의 증상 재발은 부적절한 스트레스 대처 방식 탓인 경우가 많았다. 유연성이나 회복력을 높이기 위한 훈련을 받지 않은 경우 그들의 예전 습관이 무섭게 되살아났다. 이럴 때 그들은 내게 "저는 힘들 때면 늘 그랬어요"라고 말했다. 이럴 때 그들의 전전두피질은 스트레스로 인해 작동을 멈추었고, 그들은 흡연, 음주, 약물 사용의 익숙하고 자동적인 습관으로 돌아갔다. 이것은 말 그대로 자동적인 과정이었다. 그들은 흔히 "정신을 차려보니" 담배를 피우고 있었다거나 술을 진탕 마시고 있었다고 말하며, 반쯤 탄 담배가 어떻게 입에 물려 있는지도 기억하지 못했다. 나는 그들의 속 이야기를 들은 후 재발 사정을 자세히 파고들었다. 그러면 그들은 재발이 전혀 도움이 되지 않았을 뿐만 아니라 (놀랍게도) 상황이 더 악화되었다고 한결같이 말했다. 그들은 최소한의 정신적 유연성도 지니지 못했기 때문에 예진 습관으로 돌아갈 수밖에 없었다. 이것은 악기의 줄이 너무 팽팽하게 감겨서 조금만 압력을 가해도 끊어질 상태인 것과 같았다.

삶의 많은 변화와 도전에 대처하기 위한 정신적 유연성을 키우면 이 줄을 느슨하게 하거나 미끄럼틀에 기름칠을 하는 것이 가능하다. 그러면 현재 일어나는 일에 저항해서 생기는 불필요한 짐이 훨씬 줄어들 것이다. 또한 상황의 변화에 따라 유연하게 대처하면서 어려움을 딛고 다시 일어설 수 있을 것이다. 그 결과 우리가 고난으로 여기는 사건이 거꾸로 성장의 기회가 될 수도 있다. 이에 대해 노자의 《도덕경道德經》에서는 다음과 같이 말한다.

> 검소한 자의 표식은
> 자신의 생각에 사로잡히지 않는 것이다.
> 그는 하늘처럼 너그럽고,
> 햇살처럼 두루 퍼져 있으며,
> 산처럼 단단하고,
> 바람에 흔들리는 나무처럼 유연하며,
> 특별한 목적지를 두지 않고
> 삶이 가져다주는
> 모든 것을 활용한다.
> 그는 내려놓았기 때문에
> 불가능한 것이 없다.[1]

이제 우리가 습관적으로 어떻게 굳어지는지 살펴보자. 그리고 이런 습관에 걸려 넘어지는 대신에 이를 활용해 회복력을 키우려면, 다시 말해 어려움을 극복하고 더욱 유연해지려면 어떻게 해야 하는지 살펴보자.

공감 피로증

공감에 대한 이야기부터 시작해보자. 공감은 '타인의 감정을 이해하고 공유하는 능력'이다. 타인의 입장에서 생각할 수 있는 능력은 대개 매우 유용한 도구로 간주된다. 또한 앞서 살펴본 것처럼 상황을 이해하는 능력은(이 경우 타인의 입장에서 생각하는 능력) 상황 자체만큼이나 중요하다.

의학전문대학원 시절에 우리는 환자와 공감할 수 있어야 한다고 배웠다. 나를 포함한 대다수 의사와 그 밖의 의료종사자는 타인을 도울 목적으로 의학을 공부한다. 공감의 강조는 그만한 이유가 있다. 환자의 입장에서 생각할 수 있어야 환자를 도울 가능성도 커지기 때문이다. 몇몇 연구에 따르면 의사의 '공감 점수'가 높을수록(감기의 극복이든 혈당 조절 능력이 하승이든) 환자의 회복 시간이 더 빠른 것으로 나타났다.[2] 그러나 안타깝게도, 대다수 의대생이 교과과정을 마치고 임상실습을 시작하는 의대 3학년쯤 되면 공감 능력이 감소하는 것으로 나타났다. 이런 감소세는 새로운 의사의 전공의 과정과 이 이후까지 이어진다. 개업의가 될 무렵에는 최대 60퍼센트의 의사가 탈진감을 느낀다고 보고한다. 그래서 환자를 물건처럼 대하거나 감정적으로 기진맥진한 상태가 된다고 한다. 의사들이 회복력을 잃은 셈이다.[3]

의사들이 회복력과 관련해 명예의 전당에 이름을 올리거나 후

보로조차 지명되는 일은 결코 없을 것이다. 이렇게 널리 퍼진 현상을 가리켜 '공감 피로증empathy fatigue'이라고 부른다. 여기에는 여러 요인이 작용할 수 있다. 예를 들어 의사가 환자의 입장에서 생각하는 데 능숙할 경우, 환자가 고통을 느끼면 의사도 고통을 느낄 것이다. 그러나 고통이 괴롭다는 사실을 깨닫는 순간, 의사는 자연스럽게 고통을 멀리하게 된다. 고통을 보면(촉발 요인), 방어적으로 위축되거나 거리를 두게 되고(행동), 그러면 기분이 좋아진다(보상). 위축될수록 더 경직되고, 그러면 회복력은 더 떨어진다.

난제는 바로 여기에 있다. 의사가 환자의 혈당 수치 조절을 위해 고통의 버스 아래로 몸을 던지는 순교자가 되어야 한다고 주장하는 사람은 아무도 없다. 그러나 의사가 환자와 공감할수록 환자는 더 잘 회복하는 듯하다. 이 역설적인 상황을 어떻게 이해해야 할까? 먼저 우리의 작업가설을 검토해보자. 환자의 고통을 바라보는 의사가 실제로 이 때문에 고통을 느낄까? 공감에 대한 기존 정의에 따르면 이 물음에 대해 '그렇다'고 답하는 의사는 공감 척도에서 만점을 받을 것이다. 그러나 여기에는 뭔가 빠진 것이 있는 듯하다. 실제로 공감에 대한 의료계의 정의는 여전히 유동적인 것 같다. 그저 '타인의 감정을 이해하고 공유하는 능력'만으로는 충분치 않아 보인다.

공감의 표준 정의에 빠진 것은 행동의 이면에 있는 동기일 것이다. 의사들은 사람들의 고통을 줄이는 데 기여할 목적으로 의학에

발을 들인다. 이 점을 고려할 때, 어떻게 하면 의사들은 환자와의 관계로 인해 탈진하지 않으면서 관계를 유지할 수 있을까? 여기서 중요한 것은 '동정심compassion'이라는 개념이다. 이 단어의 라틴어 어근 'compati'는 '함께 고통받다'라는 뜻이다. (이와 비슷하게 '환자patient'라는 단어도 '고통받다'라는 뜻의 pati에서 유래했다.) 동정을 베푸는 사람은 상대방의 고통을 함께하면서도(즉 상대방의 고통을 느끼면서도) 이 고통에 빨려 들어가지 않을 수 있을까? 아마도 그럴 수 있을 것이다.

빨려 들어가려면 빨려 들어가는 누군가가 있어야 한다. 이 책 전체에 걸쳐 언급했듯이 우리의 자아상은 다양한 방식으로 영구화된다. 사물을 개인적으로 받아들이지 않는, 즉 "이것이 내게 어떤 영향을 미칠까?"라는 관점에서 사물을 바라보지 않는 법을 배우면 많은 가능성이 열린다. 불교적 관점에서 밀 하사면, 습관적이고 주관적인 단순 반응을 버려야 고통도 함께 사라진다. 《자비로운 삶The Compassionate Life》에서 티베트의 영적 지도자 달라이 라마Dalai Lama는 다음과 같이 썼다. "집착하지 않는 동정이 가능하다. 그러므로 우리는 동정과 집착의 차이를 명확히 할 필요가 있다. 진정한 동정은 단순한 감정적 반응이라기보다 이성에 기초한 확고한 헌신이다. 이런 확고한 토대 덕분에 타인에게 진정으로 동정을 베푸는 태도는 타인이 부정적으로 행동해도 변하지 않는다. 진정한 동정은 우리 자신의 투사와 기대가 아니라 상대방의 필요에 기초한다. 상대방이 가

까운 친구든 적이든 상관없다. (…) 이것이 진정한 동정이다."⁴

우리가 상처받지 않으려고 방어벽을 치게 만드는 긴장감은 자기보존에 뿌리를 두지 않은 반응과는 매우 다르게 느껴진다. 고통을 목격했을 때 촉발되는 다양한 유형의 반응을 명확히 구별할 수 있으면, (자기방어적인) 보상 기반 학습에 기초한 반응과 (이타적인) 진정한 동정심에 기초한 반응을 구별할 수 있다.

내가 고통을 목격할 경우, 나는 이기적 반응과 이타적 대응을 쉽게 구별할 수 있다. 전자는 닫힌 느낌이 들고 후자는 확장된 느낌이 든다. 이런 확장된 느낌은 자애심과 몰입의 특징이기도 하다. 내 마음속의 자기참조적이고 긴장된 '나'라는 부분이 방해가 되지 않는다. 또한 '내'가 사이드라인에 (또는 아예 경기장 밖에) 있으면, 경기장에서 태클이나 부상을 당할까봐 걱정하면서 나를 방어할 필요도 없다. 이런 깨달음을 공감 피로증에 적용하면, '나'라는 요소를 제거할 경우 자기방어에 쏟는 에너지를 아낄 수 있고 이에 따른 피로도 생기지 않는다. 바꿔 말하면, 환자의 고통을 개인적으로 받아들이면 에너지가 소진된다. 그렇지 않으면 에너지를 아낄 수 있다. 환자들은 의사가 병실에 들어와 눈을 마주치며 환자의 말을 듣고 질문에 답할 때 미묘한 차이를 느끼곤 한다. 이런 소통의 전체 영역이 임상적이고 폐쇄적이며 무색무취하게 느껴질 수도 있고 따뜻하고 개방적으로 느껴질 수도 있다. 후자의 느낌은 환자의 높은 만족도 점수나 건강 지표의 향상으로 나타나곤 한다. 게다가 이런 차이는 양방향으로 작용한다.

로체스터대학교 의치학대학의 의사인 믹 크래스너Mick Krasner 와 론 엡스타인Ron Epstein은 마음챙김 훈련이 의사의 공감 피로증 감소에 도움이 되는지에 관심을 가졌다.[5] 그들은 자기인식, 마음챙김, 의사소통 능력을 기르기 위한 집중 교육 프로그램을 개발했다. 그들은 1차 진료 의사들을 8주간 훈련한 후 훈련 종료 시점과 1년 후 2회에 걸쳐 (기타 항목과 함께) 탈진 및 공감 점수를 측정했다.

그 결과 탈진 감소, 공감 능력 증가, 정서적 안정 증가 등 여러 항목에서 기준치 대비 유의미한 차이가 발견되었다. 이 연구 결과는 의사가 자신의 반응에 사로잡히지 않으면 의사와 환자 모두에게 이익이 된다는 견해를 실증적으로 뒷받침한다. 의사와 환자 진료의 이런 측면들이 규명됨에 따라 과연 공감에 대한 의료계의 정의가 (타인의 입장에서 생각하는 바람에 자신까지 고통받게 되는 것이 아니라 타인의 고통을 함께하면서도 거기에 빨려 들어가지 않는 형태의) 좀 더 동정심에 기초한 이해로 진화할지 지켜보는 것도 흥미로울 것이다. 이렇게 될 경우 공감 훈련은 동정심 훈련 및 관련 기법들로 대체될 것이다. 몇몇 의학전문대학원의 교과과정에는 이미 마음챙김이 포함되어 있다.

의료행위는 직장에서든 사생활에서든 우리의 경험에 주의를 기울여 ('나'를 보호하는 쪽으로 편향된) 이기적 반응과 (상황에 기초해 자연스럽게 일어나는) 이타적 대응을 구별할 수 있는 수많은 장면 중

하나일 뿐이다.

　고통을 개인적으로 받아들이지 않으면 그렇게 아낀 에너지를 타인을 돕는 데 사용할 수 있다. 실제로 나는 타인의 고통을 목격하면 돕고 싶은 마음이 자연스럽게 생긴다. 많은 사람이 이런 경험을 했을 것이다. 감정적으로 힘들어하는 친구의 전화를 받거나 뉴스에서 자연재해 소식을 접했을 때, 자신에 대한 걱정에서 한발 물러날 수 있다면 어떻게 될까? 신기하게도, 고통을 피하는 것이 아니라 고통 쪽으로 기우는 자신을(해당 소식에 귀를 기울이거나 기부금을 보내는 등의 행동을 하는 것) 발견할 것이다. 왜 그럴까? 확실히는 알 수 없지만, 자애심이나 보시와 마찬가지로 남을 도우면 분명히 기분이 좋아진다. 그리고 이런 종류의 보상은 자기방어를 포함한 습관적 반응을 버리는 데 기여함으로써 자연스럽게 회복력 증가로 이어질 것이다.

(무)저항 훈련

이 책에서는 우리가 본의 아니게 일종의 불편함을 지향하게 되는 여러 상황을 살펴보았다. 페이스북에서 '좋아요'를 받고 흥분할 때, 어떤 식으로든 자아상이 강화될 때, 또는 그저 어떤 생각에 사로잡힐 때, 우리는 이런 자기중심적인 활동으로 인해 몸이 옥죄이거나 마음이 뒤숭숭하거나 '뭔가를 해야만 한다'는 강박 등을 느끼게 된다. 이런 습관이 강화될수록 우리의 뇌 회로와 관련 행동에 더 깊은 '홈'이 파인다. 이런 홈이 깊이 파일수록 우리는 거기에 갇히기 쉽다. 또는 다른 비유를 들자면, 이런 습관은 우리가 쓰고 있는 것조차 의식하지 못할 만큼 자연스러운 우리의 세계관 안경이 되기 쉽다.

우리가 일종의 저항 반응을 보일 경우, 이는 우리가 (역설적이게도 우리 자신이 판) 타성의 구멍에 갇혀 있다는 신호일 수 있다. 우리가 어떤 관점이나 행동에 빠질수록 이 구멍은 더욱더 깊어진다. 말다툼을 하다 보면, 이런 느낌이 들곤 한다. 어느 순간, 우리가 그저 독단적으로 우길 뿐이며 점점 더 억지스러운 주장을 펼치고 있음을 깨닫게 된다. 그러나 무슨 이유에서인지 우리의 자아는 물러서려 하지 않는다. "구멍에 빠졌을 때는 파는 것을 멈춰라"라는 '구멍의 법칙'을 명심할 필요가 있다.[6]

이 책에서 살펴본 것처럼, 간단한 마음챙김을 통해서도 우리가 점점 더 깊이 구멍을 파고 있지 않은지(즉 우리의 주관적 편향을 통해 세상을 보고 있지 않은지) 또는 미래에 더 많은 불편함을 초래할 행동 방식을 스스로 강화하고 있지 않은지 판단하는 것이 가능하다. 불편한 느낌 또는 스트레스는 적절히 활용하기만 하면 우리의 나침반이 될 수 있다. 마음챙김은 우리의 나침반을 사용해 우리가 고통을 향해 가고 있는지 아니면 거기서 멀어지고 있는지, 우리가 구멍을 더 깊이 파고 있는지 아니면 삽을 내려놓고 있는지 분별하는 데 도움을 준다. 이에 대해 좀 더 자세히 살펴보자.

나침반을 만들려면 무엇이 필요할까? 지구에는 남북의 자기극이 있으므로 자유롭게 움직이는 강자성 바늘은 그 끝이 북쪽 또는 남쪽을 향하도록 정렬될 것이다. 다시 말해, 특정 원인이나 조건이 있는 경우(즉 지구에 자기극이 있고 바늘이 자성을 띠는 경우) 우리는 특정 효과나 결과(바늘이 특정 방향을 가리킴)를 기대 또는 예측할 수 있다. 지구의 자기장이 발견된 후 사람들은 전 세계에서 작동하는 나침반을 만들 수 있었다. 이런 기본 원리를 아는 사람은 누구에게나 나침반 만드는 법을 가르쳐줄 수 있다. 이때 특별한 바늘이나 격식은 필요 없으며, 적절한 재료만 있으면 된다. 이런 지식이 있는 사람은 나침반이 언제 작동하지 않는지(예를 들어, 나침반이 자석 근처에 있는 경우)도 예측할 수 있다.

앞서 언급했듯이, 마음챙김의 기원은 2500년 전의 인도 아대륙에서 대략 기원전 563년부터 기원전 483년까지 살았던 싯다르타 가우타마Siddhārtha Gautama(일명 부처)라는 역사적 인물로 거슬러 올라간다. 흥미롭게도 그의 가장 단순하고 유명한 몇몇 가르침은 나침반의 작동 원리에 대한 물리학의 설명과 비슷하다. 그는 인간 행동을 제약조건의 관점에서 설명할 수 있다고 주장했으며, 이런 조건의 대부분은 자연법칙과 비슷한 간단한 규칙(예를 들어, '나침반은 남북을 가리킨다')을 따른다. 그는 이런 규칙을 토대로 특정 원인이 특정 결과를 낳는 것을 예측할 수 있다고 주장했다.

부처의 가르침은 오로지 고통에 집중되어 있다. "나는 한 가지,

단 한 가지만을 가르친다. 고통(불편함, 스트레스)과 고통의 소멸이 그것이다." 이 핵심 원리를 명심해야 하는데, 이는 그의 가르침의 방향을 보여주는 나침반과도 같기 때문이다. 전해진 바에 따르면, 그는 불편함을 지배하는 인간 심리를 터득한 후 이런 자연법칙을 다른 사람들에게 가르쳐 그들이 불편함의 원인과 나아가 불편함을 없애는 법을 명확히 볼 수 있도록 도왔다고 한다.

팔리어 대장경의 첫 번째 가르침의 제목은 '진리의 수레바퀴 굴리기'[이를 한국 불교 전통에서는 '전법륜품轉法輪品'이라고 한다]로 번역되었다.[7] 여기서 부처는 아마도 대중문화에서 가장 잘 알려진 불교의 가르침인 네 가지 성스러운 진리, 즉 사성제四聖諦에 대해 설명한다. 그는 우선 나침반을 꺼내 불편함이 어디에서 비롯하는지를 보여준다. "승려들이여, 고통dukkha의 성스러운 진리, 즉 고제苦諦란 이것이니라……. 불쾌한 것과 어울리면 괴롭고, 즐거운 것과 헤어지면 괴로우며, 원하는 것을 얻지 못하면 괴로우니라." 그는 우리의 행동이 물리법칙에 따라 정렬되는 나침반만큼 명백한 논리적 성질을 띤다고 말한다. 누가 우리에게 소리를 지르면, 기분이 좋지 않다. 사랑하는 사람과 헤어져도 마찬가지다. 나침반이 계속 남북을 가리키는 것처럼, 이런 행동을 반복하면 대개 같은 결과를 얻는다.

이제 그는 불편함의 논리적 성질을 언급한 후 그 원인을 설명하면서 다음과 같이 말한다. "고통의 기원(원인)에 대한 성스러운 진리, 즉 집제集諦란 곧 이 갈망이니라." 누가 우리에게 소리를 지를 때 그 사람이 소리를 그만 지르기를 원하면 상황이 더 악화된다고 그는 말한다. 마찬가지로 여행을 떠난 배우자나 연인을 애타게 그리워하며 칭얼거려도 (친구들만 짜증 낼 뿐) 그 사람이 마법처럼 눈앞에 나타나지는 않는다. 이 가르침은 물리학 교수가 나침반에 빨간색 표시를 하면서 "여기가 북쪽이야"라고 말하는 것과도 비슷하다. 이전에는 고통을 가리키는 쪽만 알았지만, 이제는 남쪽과 북쪽을 알게 되었다. 남쪽으로 가면(원인), 고통을 겪을 것이다(결과). 스트레스를 나침반으로 활용하려면 스트레스를 명확히 볼 줄 알아야 한다.

부처의 세 번째 가르침은 다음과 같다. "그것(갈망)을 포기하고 내려놓고 거기에서 벗어나면…… 바로 이 갈망이 완전히 소멸된다." 북쪽으로 가면, 고통이 줄어들 것이다. 일주일간 자리를 비운 연인에 대한 공상을 멈추고 눈앞에 벌어지는 일에 집중하면 무슨 일이 일어나는지 명확히 보라. (그러면 십중팔구 기분이 좋아질 것이다.) 당면 과제에 깊이 몰두하다 보면 연인이 돌아올 때까지 며칠이 남았는지도 잊게 될 것이며, 그러면 어느 날 연인이 갑자기 문을 열고 들어올 것이다.

마지막으로 부처는 '고통의 소멸'로 이어지는 네 번째 진리의 길과 그 자세한 지도를 제시한다.

《불교 이후》에서 스티븐 배철러는 이 네 가지 성스러운 진리를 다음과 같은 '4중 과제'로 풀이한다.

고통을 이해하기

일어나는 단순 반응을 내려놓기

단순 반응이 잔잔해지는 것을 지켜보기

마음챙김의 관점에 기초한 길을 닦기[8]

이렇게 볼 때 부처의 첫 번째 가르침(쾌락, 불쾌, 고통)에 사용된 표현과 인과관계에 대한 강조는 조작적 조건화와도 비슷해 보인다. 갈망을 서둘러 충족하려고 자동적으로 또는 반사적으로 행동하면 갈망만 커진다. 우리는 여러 예를 통해 이런 습관의 순환고리를 살펴보았다. 살아가면서 특히 원하는 것을 얻지 못할 때, 우리는 주관적 편향에 따라 습관적으로 상황에 반응하곤 한다. 습관적 반응에 유념해 단순 반응에 휘말리지 말고 현재 순간에 집중하면 고통의 악순환에서 벗어날 수 있다. 이에 대해 배철러는 명확히 말한다. "'일어나는 것'은 갈망을 가리킨다. 탐욕, 증오, 망상…… 즉 세상과 접촉해서 촉발된 모든 단순 반응을 가리킨다. '잔잔해지는 것'은 이 단순 반응의 소멸을 가리킨다."[9]

회복력의 문제로 다시 돌아가자면, 단순 반응은 결국 회복력과 정반대되는 저항에 해당한다. 어째서 우리는 새로운 견해에 대해 깊이 생각하지도 않고 저항할까? 이럴 때 우리는 특정한 주관적 편향에 따라 반응하는 것이다. 어째서 우리는 연인에게 차여도 때로는 빌고 애원하면서까지 저항할까? 이럴 때 우리는 자아의 충격이

나 안정감의 상실 위험에 반응하는 것이다. 그러나 회복력이 있는 사람은 새로운 상황을 있는 그대로 경험하면서 유연하게 대처할 수 있다. 회복력이 있는 사람은 저항하거나 애도 과정을 회피하지 않는다. 이런 사람은 자아에 대한 집착과 위협감에서 더 빨리 회복하고 미련 없이 다음 걸음을 내딛는다.

우리가 통제할 수 없는 일에 대해 하루에 얼마나 많이 반응하거나 저항하는지를 살펴보면, 스스로 저항을 강화하는 우리의 모습이 눈에 들어오기 시작한다. 저항하는 사람은 '나쁜'(즉 새로운) 견해에 맞서 싸우려고 근육을 단련하는 셈이다. 이런 사람은 차여서 상처를 받을까봐 방어벽을 쌓는다. 이런 스펙트럼의 극단에는 자신을 강철처럼 만들어 개방적이고 취약한 모습을 허용하지 않으려는 태도가 있다. 폴 사이먼Paul Simon과 아트 가펑클Art Garfunkel은 「나는 바위I Am a Rock」라는 노래에서 "아무도 나를 건드리지 못하게" 방어벽을 쌓는다고 노래한다. 그러나 이것은 삶의 감정적 롤러코스터를 피하려는 헛된 시도일 뿐이다. 고통의 해결책으로 고립을 선택하는 사람은 절대 울지 않으려고 무인도에서 사는 사람과도 같다.

이 포크 록 2인조의 지적처럼 저항에는 대가가 따른다. 세상과 담을 쌓을수록 더 많은 것을 놓치게 된다. 우리의 자제력 메커니즘으로 작용하는 논리 기반 시스템 2를 기억하는가? 스팍 씨는 감정이 없다. 그는 편향되지 않은 행동에 최적화되어 있다. 대다수 사람의 경우 (평소 우세한 지위에 있는 시스템 1의 영역인) 감정은 정체성의 핵심을 이루므로 스트레스를 받거나 그 밖의 이유로 감정이 너무 격해지면 시스템 2가 제대로 작동하지 않는다.

온갖 중독 행동의 경우 단순 반응은 반복을 통해 강화되는데, 이는 일종의 저항 훈련과도 같다. 페이스북에서 '좋아요'를 찾을 때마다 우리는 정체성을 강화하는 역기를 드는 셈이다. 촉발 요인에 반응해 담배를 한 개비 피울 때마다 우리는 "나는 흡연자다"라고 되뇌며 팔굽혀펴기를 하는 셈이다. 멋지고 참신한 아이디어가 떠올라 흥분한 마음으로 동료에게 달려가 떠들 때마다 우리는 "나는 똑똑한 놈이야!"라고 외치며 윗몸일으키기를 하는 셈이다. 이것은 상당한 훈련 효과가 있다.

그러다 어느 순간, (끊임없이 반복되는) 긍정적·부정적 강화의 순환고리를 영구화하는 빙빙 돌기를 멈출 때가 있다. 언제 그런가? 대개 지쳤을 때, 그 모든 레버 누르기에 시져서 이것이 아무 소용없는 일임을 깨닫기 시작할 때 그렇다. 멈춰서 한발 물러나 자신의 삶을 돌아보면, 자신이 아무런 방향성도 없이 헤매고 있다는 사실이 보이기 시작한다. 이럴 때 우리는 나침반을 꺼내어 우리가 잘못된 방향으로 가고 있음을 확인할 수 있다. 다행인 점은 우리가 어떻게 스스로 스트레스를 유발하는지에 주의를 기울이기만 해도, 즉 우리의 마음을 챙기기만 해도 다른 방향으로 걸어가는 훈련이 개시된다는 점이다.

그러나 우리가 그때까지 해온 저항 훈련이 이제 목소리를 내기 시작할 것이다. 이것은 우리를 잘못된 방향으로, 즉 불편함과 불만의 증가로 이끌던 행동을 끊임없이 생각나게 할 것이다. 그러나 반복된 행동의 달갑지 않은 결과가 명확히 눈에 들어올수록 우리는 환상에서 깨어나 더 이상 자연스럽게 그쪽으로 이끌리지 않을 것이다. 예전에 행복의 원천처럼 보였던 흥분이 이제 매력을 잃을 것이다. 왜 그럴까? 내려놓고 그저 현재 순간에 머물 때 받는 보상이 불편함보다 훨씬 더 좋기 때문이다. 우리의 뇌는 학습하도록 설계되어 있다. 긴장된 자기강화적 보상과 개방적이고 확장적이며 기쁨에 찬 자기망각적 보상의 차이가 명확히 보이는 순간, 우리는 이미 나침반 읽는 법을 배운 것이다. 이제 우리는 제대로 방향을 잡아 다른 방향으로, 즉 진정한 행복을 향해 나아갈 수 있다. 도구의 작동 방식을 알면 엄청난 힘이 된다. 그러면 도구를 최대한 활용할 수 있기 때문이다. 고통에 직면했을 때, 이를 피하려 하거나 또 다른 습관의 순환고리에 사로잡힌 자신을 질책하는 대신에 나침반을 꺼내 "이 고통과 함께 나는 지금 어디로 가고 있지?"라고 스스로에게 물을 수 있어야 한다. 우리는 이런 습관에 오히려 감사의 절을 올려야 할 것이다. 왜냐하면 지금 이 순간 습관은 우리 자신과 우리의 습관적 반응에 대해 배울 기회를 제공해 경험을 통한 성장을 돕는 교사의 역할을 하고 있기 때문이다.

저항 훈련의 비유를 계속 이어가보자. 헬스장에서 운동할 때 우리는 역기를 얼마나 무겁게, 얼마나 자주 들어 올릴지, 그리고 중력(저항)에 맞서 얼마나 오래 버틸지를 계산한다. 운동의 이 모든 측면은 근육 강화에 기여한다. 이 장의 서두에서 소개한 우화 속의 젊은 승려는 마음의 짐을 한 번 들어 올린 후 무거워질 때까지 계속 버텼다. 그러다 더 이상 버틸 수 없게 되자, 그는 화를 내며 노승의 발 앞에 짐을 내던졌다.

마음챙김 기반 스트레스 감소 프로그램에 참가하든 그 밖의 방법으로 변화를 시도하든, 모든 유형의 무저항 또는 저항 방지 훈련을 할 때, 우리가 일상생활에서 보이는 단순 반응에 이 세 유형의 헬스장 측정법을 적용할 수 있다. 우리는 어떤 것을 개인적으로 받아들이는 반응을 얼마나 자주 하는가? 이를 알아내는 가장 간단한 방법은 충동이나 집착을 시사하는 내적 긴장감을 찾아보는 것이다. 앞에서 언급했듯이, 이런 신체 감각은 유쾌하거나 불쾌한 경험 모두에서 발생한다. 우리이 짐은 얼마나 무서운가? 다시 말해, 우리는 얼마나 긴장감을 느끼는가? 마지막으로 우리는 짐을 얼마나 오래 지고 있는가? 이런 측정법을 적용해 자신의 단순 반응을 명확히 볼 수 있게 되면 그 반대편에 있는 '놓아주기'도 자연스럽게 눈에 들어올 것이다. 또한 이 측정법을 사용해 해당 영역의 진전 상황을 점검하는 것도 가능하다. 우리는 얼마나 자주 내려놓거나 예전처럼 습관적으로 반응하지 않는가? 우리가 집어 든 것이 이전보다 가벼운가? 다시 말해 더 이상 이것에 얽매이지 않는가? 우리는 이것을 얼마나 오래 지고 있는가? 그리고 자신이 무언가를 지고 다닌 사실을 알아차린 경우, 얼마나 빨리 이것을 내려놓는가?(그리고 다시 집어 들지 않는가?)

저항 방지 훈련은 특정 결과를 얻기 위한 독단적 체계라기보다 탐험에 더 가깝다. 스트레스의 반대편으로 방향을 잡는다고 해서 곧바로 특정 결과에 도달하는 것은 아니다. 그 대신에, 주의를 기울이면 언제라도 특정 방향으로 나아갈 수 있을 뿐이다. 나침반에 익숙해질수록 이런 존재 방식이 늘 우리 곁에 있다는 것을 쉽게 깨달을 수 있다. 무언가를 얻기 위해 특별한 일을 하거나 어딘가로 갈 필요가 전혀 없다. 우리를 가로막는 습관적 행동방식에 빠지면 어떤 느낌이 드는지를 배우기만 하면 나머지는 저절로 풀리기 시작한다. 눈을 크게 뜨고 명확히 보기만 하면 이 방향으로 계속 나아갈 수 있다.

T. S. 엘리엇은《네 개의 사중주》의 마지막 편 말미에 다음과 같이 썼다.

우리는 탐험을 그만두지 않을 것이다
그리고 우리가 탐험하는 모든 것의 끝은
우리가 시작했던 곳에 도착하여
처음으로 그 장소를 알게 되는 것일 게다
미지의, 기억되지 않은 문을 지나서
깨닫도록 남겨진 이 세상의 마지막이

처음이었던 것일 때

우리가 찾는 것은 무엇인가? 이에 대해 그는 몇 줄 아래에서 다음과 같이 말한다.

아이들 목소리, 보이지 않고
들리기, 반쯤 들리기 때문에, 정적 속에서
바다의 두 파동 사이의.
지금 빨리, 여기에, 바로, 늘—
완전히 단순한 상태
(그 대가가 전부일지라도)

이 책의 맥락에서 볼 때, 그가 말하는 "전부"는 우리가 살아가면서 착용하고 또 우리의 자아상을 형성, 방어, 보호할 때도 계속 착용하는 온갖 안경에 해당할 것이다. 이런 모든 주관적 편향을 벗고 우리의 세계관을 내려놓고 습관적 행동방식에서 완전히 벗어나면 어떻게 될까? 그는 다음과 같이 끝을 맺는다.

그리고 모두 잘될 것이다 또
모든 것이 잘될 것이다
불꽃 혀들이 싸일 때

왕관 매듭을 한 불꽃 속으로
그리고 불과 장미가 합일할 때.[10]

이 정도면 꽤 큰 보상이 아닌가?

맺음말

미래는 여기에 있다

> 행복을 강요할 수는 없다. 장기적으로 보면 어떤 것도 강
> 요할 수 없다. 우리는 힘을 사용하지 않는다! 우리에게
> 필요한 것은 적절한 행동공학뿐이다.
>
> _B. F. 스키너의 《월든 투》에 나오는 프레이저 씨의 말

이 책 전체에 걸쳐 우리는 담배, 술, 마약, 심지어 자아상에 이르기까지 거의 모든 것에 중독될 수 있는 우리 자신에 대해 살펴보았다. 그러나 이것은 우리 잘못이 아니다. 행동과 결과, 자극과 보상을 짝 짓는 것은 우리 DNA에 내재된 생존 본능이다. 스키너 등의 행동연구를 통해 밝혀진 것처럼, 이런 학습 과정의 작동 방식을 이해하면 더 나은 방향으로 행동을 바꾸는 것도 가능하다.

이 발견의 광범위한 함의를 알아차린 스키너는 한 걸음 더 나아가 성행위와 정치를 포함한 모든 것에 이 학습 과정을 적용할 수 있다고 주장했다. 그가 쓴 유일한 소설 《월든 투》는 제2차 세계대전 직후 미국 중서부 어딘가를 배경으로 한다. 인위적인 이상사회를 묘사한 이 소설은 그가 수행한 동물연구의 연장선상에서 그 연구

결과를 사회 전체에까지 확대한 것이다. 《월든 투》에서 스키너는 이런 이상을 달성하기 위한 방법으로 자기조절의 행동공학을 강조했는데, 이는 고귀한 접근법이긴 했지만 인간 뇌의 현재 진화 상태에 비추어 볼 때 몇 가지 본질적인 한계를 지니고 있었던 듯하다.

흥미롭게도, 불교 심리학자들은 스키너가 탐구했던 것과 동일한 과정을 살펴보다가 우연히 한 가지 해결책을 발견한 듯하다. 번뇌의 핵심을 이루는 자아 및 보상 기반 학습에 기초한 주관적 편향의 발달에 주목한 그들은 이 과정의 핵심 요소(갈망과 단순 반응)뿐만 아니라 단순하면서도 우아한 해결책까지 발견했는데, 그것은 바로 행동의 지각된 보상에 주의를 기울이는 것이었다. 행동의 결과를 명확히 볼 수 있으면 주관적 편향을 줄일 수 있다. 그리고 이런 방향 전환을 통해 우리는 건강하지 못한 습관과 스트레스에서 벗어나 무언가를 얻는 데 의존하지 않는 행복으로 나아갈 수 있다. 이런 조정을 통해 아낀 활력은 우리의 삶을 개선하는 데 사용할 수 있다. 그래서 덜 산만하고 세상과 더 깊이 교감하며 더 큰 행복을 누리고 몰입을 경험하는 것도 가능할 것이다. 만약 이 중 하나라도 사실이라면(그리고 점점 더 많은 과학적 증거가 한결같이 이 방향을 가리킨다면), 더 이상 망설일 이유가 없지 않은가?

미친 과학자

《월든 투》에서 스키너는 인위적 이상사회 밖의 세상에서 이미 행동공학이 일상적으로 활용되고 있다는 사실을 여러 차례 언급한다. 광고판은 크고 매혹적이며, 나이트클럽과 그 밖의 유흥시설은 사람들을 흥분시켜 기꺼이 돈을 내고 쇼를 보게 만든다. 그는 공포와 흥분을 통해 대중을 사로잡는 선전과 책략이 난무하고 있다고 개탄한다. 이런 것들은 당연히 긍정적·부정적 강화의 사례이기도 하다. 특정 책략이 먹히면, 이것을 계속 사용할 가능성이 높다. 예를 들어 최근 선거판만 보아도 정치인들이 어떻게 공포를 선거운동에 이용하는지(행동) 쉽게 확인할 수 있다. "이 나라는 안전하지 않습니다! 제가 안전하게 만들겠습니다!" 그러면 피해를 입었다는 생각이 유권자를 하여금 그 후보를 지지하도록 부추긴다. 이 전략이 먹혀서 그 후보가 당선되면(보상), 다음 선거에서도 적절한 여건만 조성되면(즉 '그럴듯한' 위협이 있으면) 비슷한 전략을 구사할 것임에 틀림없다.

이런 유형의 행동공학은 워낙 흔하고 장기간에 걸쳐 작용하기 때문에 다소 평범하거나 무해해 보일 수 있다. 어쨌든 대통령 선거는 (미국의 경우) 4년에 한 번일 뿐이고, 공포를 이용한 선거운동은 새로운 것도 아니다. 그러나 인간 심리와 보상 기반 학습에 대한 과학적 이해의 발전이 현대 기술과 결합할 경우 스키너가 우려했던 것이 전례 없는 규모로 현실화될 수 있다. 《월든 투》에서 그가 강조한 한 가지는 특정 조직이 공동체 전체를 대상으로 과학실험을 진행해 명확한 결과를 비교적 빨리 얻을 수 있다는 점이었다. 월든 투 공동체의 주민 수는 1000명이었다. 반면에 오늘날 하나의 다국적 기업이 생산한 제품을 매일 사용하는 소비자가 수십억 명에 달하기도 한다. 이런 회사의 기술자는 제품의 이런저런 요소를 선택적으로 수정해 실험 규모에 따라서는 며칠 또는 몇 시간 내에 확정적인 결과를 얻을 수도 있을 것이다.

사회과학자들은 긍정적이거나 부정적인 감정이 한 사람에게서 주위 사람들에게 전염될 수 있다는 사실을 발견했다(이런 현상은 '감정 전염'이라고 불린다). 누가 행복한 기분을 뿜어내며 방 안에 들어오면, 방 안의 다른 사람들도 마치 감정이 전염되듯이 행복감을 느낄 가능성이 높다. 코넬대학교와 공동연구를 진행한 페이스북의 애덤 크레이머Adam Kramer는 이런 현상이 소셜네트워크의 디지털 상호작용에도 적용되는지 살펴보았다.[1] 이 연구에서는 70만 명에 달하는 페이스북 사용자의 뉴스피드 데이터를 조작해 사용자가 접하는 (긍정적 또는 부정적 성격의) 감정적 콘텐츠의 양을 변경했다. 연구자들이 긍정적 표현이 담긴 게시물의 수를 줄이자, 사용자들도 덩달아 긍정적 게시물을 적게 작성했다. 부정적 표현의 경우에는 혼합된 효과가 나타났다. 즉 부정적 표현이 줄자, 사용자들은 부정적 콘텐츠를 덜 올렸고 긍정적 콘텐츠는 더 많이 올렸다. 이런 유형의 행동공학은 스키너가 70년 전에 예측했던 것과 정확히 일치했다!

이 연구는 참가자의 동의 여부와 관련된 윤리적 문제로 인해 논란이 되기도 했다. 쟁점은 사용자가 페이스북 이용약관에 동의한 것을 이 연구에 대한 적절한 동의로 간주할 수 있는가라는 것이었다. 일반적으로 실험 참가자는 실험에 대한 정보를 사전에 제공받는다. 만약 속임수가 실험에 포함된 경우, 속임수의 이점이 위험보다 크다는 윤리위원회의 승인을 받아야 한다. 흥미롭게도, 이 논란이 불거진 이유 중 하나는 이 연구가 발표되었기 때문이다. 수익 창출을 목적으로 과학기술문헌을 출판하는 회사가 아닌 경우, 고객 확보 및 수익 창출을 명목으로 비공개 실험을 무제한으로 진행할 수 있다.

현재 사용 가능한 기술을 고려할 때, 거의 모든 규모의 회사는 단일 변수를 조작해 결과에 미치는 영향을 살펴보는 이른바 A/B 테스트를 수행할 수 있다. 이때 표본이 클수록 더 확실한 결과를 얻을 수 있다. 상당한 규모의 고객과 자원을 보유한 대기업의 경우 우리의 행동을 비교적 빠르고 지속적으로 조작하는 것이 가능하다.

행동공학은 스키너식 기법을 적용할 수 있는 모든 산업 분야에서 활용된다. 굳이 활용하지 않을 이유가 없지 않은가? 사람들이 자사 상품을 구매하게 하려면 그들을 움직이는 동기(그들의 '고충')를 알아내야 한다. 식품공학의 예를 들어보자. 2013년에 마이클 모스Michael Moss는 식품산업에 대한 폭로성 기사인 「중독성 정크푸드의 놀라운 과학」을 《뉴욕타임스》에 게재했다.[2] 여기서 그는 음식의 색, 냄새, 맛, 느낌 등을 완벽하게 조작하는 온갖 방법을 설명했다. 음식이 우리의 도파민계를 활성화해 배가 고프지 않아도 계속 먹도록 음식을 처리하는 것이 가능하다. 앞에서도 말했듯이, 진화와 관련된 모든 이야기의 출발점은 우리가 먹어야만 생존할 수 있다는 점이다. 군침이 도는 음식이 풍부한 환경에서는 우리가 행복하거나 슬프거나 불안하거나 뒤숭숭하거나 지루할 때 음식을 마구 먹어 치우는 행동이 쉽게 학습된다. 안타깝게도, 우리가 음식, 약물, 소셜미디어, 쇼핑 등의 보상을 과소비하게 만드는 데 이런 종류의 공학이 이용되고 있다.

내가 괜히 겁주려고 현대 사회의 이런 보편적 특징을 지적하는 것이 아니다. 이는 이미 오래된 관행이며, 시장이 확장되고 전 세계적으로 서로 연결될수록 더욱 탄력을 받게 될 것이다. 게다가 스키너의 지적처럼 공포도 조작에 이용될 수 있다. 나는 정신과 의사, 친구, 남편, 교수, 형제 등으로 살면서 내게 고충을 안기는 수많은 고통을 목격했다. 다른 사람이 고통받는 것을 보는 것은 내가 고통받는 것만큼이나 아프다. 나는 이런 고통을 느끼면서 무언가 도움 되는 일을 해야겠다는 동기가 생겼다. 그래서 나는 고통의 원인에 대해 내가 배운 것을 토대로 사람들이 자신과 다른 사람들을 위해 고통을 줄이는 도구를 스스로 개발하도록 돕는 일을 하고 있다.

피할 수 없다면 즐겨라

내가 친구의 소개로 알게 된 제프 워커Jeff Walker는 큰 키에 온화한 말투의 신사였는데, 그는 우리 실험실의 실시간 fMRI 뉴로피드백이 무엇인지 알고 싶어했다. 2007년에 사모펀드 업계에서 조기 은퇴한 워커는 점점 더 많은 시간을 할애해 비영리단체의 모금 활동을 돕고 있었다. 그는 비영리 부문의 이사회나 책임자들과 함께 일하면서 큰 보람을 느꼈고,《즐거운 모금, 행복한 기부The Generosity Network》라는 책까지 썼다.

음악과 명상 등 여러 공통 관심사를 확인한 나는 제프가 우리 fMRI 장비를 체험해보는 것을 흔쾌히 수락했다. 나는 촬영장치에 누운 그에게 후대상피질 활동이 오르락내리락하는 것을 지켜보면서 다양한 명상 기법, 즉흥 연주 등을 시도해보라고 했다. 약 한 시간 반 후에 자신의 체험에 꽤 만족한 듯한 표정으로 기계에서 기어 나온 그는 나와 함께 점심을 먹으러 갔다. 음식을 앞에 두고 자리에 앉자 그는 내가 조만간 창업할 것이라면서 냅킨에 자신의 구상을 그려 보였다. "이 도구들은 세상으로 나가야 해요"라고 그는 샌드위치를 한 입 베어 물며 말했다.

회사 설립은 내 계획과 거리가 멀었다. 나는 진리를 찾고 세상이 어떻게 돌아가는지 이해하기 위해 대학원에 진학한 과학자였고 지금도 그렇다. 나는 약간 불안했지만, 제프는 회사 설립이 사람들을 돕고 우리 연구를 학계의 상아탑 너머로 확장할 좋은 기회라고 설득했다. 우리는 투자 수익보다 사회 변화에 더 관심이 있고 뜻이 맞는 엔젤투자자들의 지원을 받아 회사를 설립했다. 처음에는 회사 이름을 '고블루 랩스goBlue Labs'라고 지었는데, 예일대학교를 상징하는 색이 파란색과 흰색이고 후대상피질이 비활성화되면 뉴로피드백 그래프가 파란색으로 표시되는 것에서 착안한 이름이었다. 그후 '클라리타스 마인드사이언스Claritas MindSciences'로 이름을 바꾸었는데, 라틴어로 claritas는 '명확성' 또는 '밝음'을 뜻했고, 명확히 보기만 해도 중독 행동을 극복할 수 있다는 메시지를 담고 있었다.

이 벤처기업의 목표는 우리 실험실에서 보상 기반 학습에 대해 알게 된 것을 세상에 알리고, 이를 통해 사람들이 자신의 나침반에 따라 방향을 전환하도록 훈련해 소비문화 풍조에 도전하는 것이었다. 4장에서 '내려놓기'를 경험했던 몇몇 초보 명상가처럼, 어쩌면 우리는 내려놓기의 의도적 실천을 돕는 장치와 훈련 프로그램을 개발할 수 있을 것이다. 우리는 현대 세계의 여건과 맞물려 중독이 증가하는 추세를 고려할 때 우리 실험실에서 축적한 지식을 활용할 때가 되었다고 확신했다.

흥미롭게도, 예일대의 캐시 캐럴Kathy Carroll 연구팀은 행동치료법의 효능과 효과를 잃지 않으면서 이를 가장 잘 보급할 수 있는 방법을 연구하고 있었다. 캐럴의 연구팀 소속인 스티브 마티노Steve Martino가 주도한 최근 연구에 따르면 훈련된 치료사들은 연구 목적의 녹음이 진행 중인 사실을 아는 경우에도 상담 시간에 내담자와 비공식 토론(즉 수다)을 하면서 상당한 시간을 보낸다고 한다. 이들 중 무려 88퍼센트는 상담 시간의 상당 부분을 자신에 대한 토론을 주도하는 데 썼다.[3] 뇌의 '보상'은 제쳐 두더라도, 이런 불필요한 대화는 환자에게 도움이 되지 않을 것이다. 이런 사실을 고려해 캐럴은 일대일 상담을 녹화된 지침과 역할극으로 대체한 컴퓨터 기반 인지행동치료법을 개발했다. 그리고 이 치료법은 약물 사용 치료에 효과적인 것으로 나타났다.[4]

캐럴의 접근법을 바탕으로 우리 회사는 디지털 치료법을 한층 더 개선했다. 우리는 사람들의 습관이 특정 맥락에서 형성되었고 (자신의 차 안에서 담배를 피우는 습관 등) 그들이 이미 휴대전화에 중독되었다고 가정할 때, 그들의 주의분산을 유발했던 바로 그 기술을 사용해 그들이 흡연, 스트레스성 과식 및 기타 중독 행동의 건강하지 못한 습관에서 벗어나도록 도울 수 있을 것이라고 생각했다. 흡연, 스트레스성 과식 또는 그 밖의 강박 행동에 대한 충동이 촉발될 때, 호기심을 가지고 주의를 기울일 수 있는 우리의 타고난 능력을 활용할 줄 알아야 한다.

이를 위해 우리는 우리의 마음챙김 훈련 설명서를 디지털화해 스마트폰(또는 웹)을 통해 짧게 끊어서 제공했다. 우리는 이 앱에 "그 문제라면 이 앱이 제격입니다"라는 슬로건을 달았다. 흡연 및 스트레스성 과식과 관련된 고충을 다루는 우리의 첫 번째 프로그램인 'Craving to Quit' 'Eat Right Now' 앱은 짧은 시간 동안(보통 하루에 5~10분간) 진행되는 마음챙김 훈련을 소개하는 동영상, 애니메이션 및 마음챙김 연습으로 구성되었다. 우리는 이 훈련을 프로그램 참가자만 가입할 수 있는 온라인 커뮤니티와 연계해 서로를 지원할 수 있는 여건을 조성했다. 나도 거기에 가입해 연습을 위한 조언과 정보를 제공했다. 그리고 우리는 이 앱의 효과를 검증하기 위한 임상시험도 진행했다.

우리의 벤처기업이 출범한 지 약 1년 후인 2013년 5월에 나는 워싱턴 지역에 있었다. 나는 며칠간 존스홉킨스대학교에서 명상 연구 프로젝트에 대한 컨설팅을 마친 후 마음챙김에 관한 TED 엑스 강연을 촬영했다. 이 지역에 있는 동안 나는 오하이오주 하원의원인 팀 라이언Tim Ryan과 만날 약속을 잡았다. 팀과 나는 작년에 명상과학 연구학회의 파티에서 만난 적이 있었다. 그는 몇 년 전에 존 카밧진과 함께한 첫 명상수련회에서 큰 감동을 받은 후 매일 명상을 하기 시작했다. 마음챙김이 의회 내 당파성을 줄이는 데 유용할 수 있다는 것을 깨달은 그는 하원에서 매주 명상 모임을 열었고, 2012년에는《마음챙김 국가: 스트레스 완화, 실적 향상, 미국 정신의 회복을 위한 간단한 수행법A Mindful Nation: How a Simple Practice Can Help Us Reduce Stress, Improve Performance, and Recapture the American Spirit》이라는 책도 출간했다.

그의 사무실에서 팀은 바로 본론으로 들어가 최근 마음챙김 연구에 대한 정보를 물었다. 무언가를 지지하기 전에 그 이면의 관련 사실과 과학을 제대로 이해하려는 그의 태도는 매우 인상적이었다. 나는 대화를 나누면서 마음챙김과 금연에 대한 우리의 최신 연구 결과 및 훈련법을 디지털 방식으로 제공하는 우리 앱의 개발 현황에 대해 이야기했다. 내가 휴대전화로 이 프로그램의 기능을 보여주자, 그는 자리에서 벌떡 일어나 젊은 직원을 한 명 불렀다. "마이클, 들어와 봐요!" 마이클이 사무실로 들어오자, 팀은 "담배 피우죠?"라고 물었다. 마이클은 멋쩍게 그렇다고 답했다. "뭐, 굳이 끊을 필요는 없지만, 이 앱을 한번 써보고 괜찮은지 말해줘요"라고 팀이 말했다. 마이클은 고개를 끄덕이고 방을 나갔다.

그날 오후 북쪽으로 가는 기차 안에서 나는 마이클에게 이메일을 보냈다. "저희 프로그램을 시험하는 데 자원해주셔서(또는 라이언 의원님 탓에 자원하게 되셔서) 감사합니다"라고 적은 후 나는 프로그램 사용법을 자세히 설명했다. 이틀 후 그는 프로그램을 시작했다. 다음 주에 그는 이메일로 진행 상황을 설명하면서 다음과 같이 끝을 맺었다. "이런 기회를 주셔서 다시 한번 감사를 드립니다. 저는 금연할 마음이 없었는데, 이 프로그램을 사용해보니 지금이야말로 끊기에 딱 좋은 때인 것 같아요." 마이클은 한 달 후 다시 이메일을 보냈다. "제가 이 프로그램을 시작했을 때는 회의적이었는데, 거의 즉시 효과를 보고 있습니다. 저는 하루에 10개비씩 피웠고, 담배와 라이터 없이는 집을 나서기도 두려웠는데, 21일이 지나자 담배를 완전히 끊게 되었습니다. 이 앱이 없었다면 절대 불가능했을 것입니다." 이 글을 읽으면서 눈물이 내 얼굴을 타고 흘러내렸다. 아내가 무슨 일이냐고 물었을 때, 나는 더듬거리며 "이게 정말 효과가 있나 봐"라고 답했다.

그로부터 1년이 지난 후, CBS 탐사보도 프로그램 〈60분 60 Minutes〉에 나올 이야기를 촬영하기 위해 기자 앤더슨 쿠퍼 Anderson Cooper가 마음챙김센터의 우리 실험실을 방문했다. 그는 방금 라이언 의원과 인터뷰를 하고 온 참이었다. 나는 이 쇼의 프로듀서인 데니즈에게 마이클에 대해 물었다. 그녀도 마이클을 기억하고 있었으며, 그가 여전히 금연 중이라는 말을 들었다고 했다.

'Craving to Quit'은 현재 우리 실험실에서 설계한 활성대조군과 비교하는 임상시험 및 국립암연구소에서 개발한 금연 앱들과의 일대일 비교 연구를 진행 중이다. 또한 우리는 이 앱을 일반에 공개해 전 세계의 흡연자들로부터 그 효과에 대한 피드백을 받고 있으며, 이를 통해 지속적으로 프로그램을 개선하고 있다. 또한 우리는 스트레스성이나 감정적 과식을 극복하는 데 도움이 되는 프로그램인 (현재 순간에 올바로 먹는다는 의미의) 'Eat Right Now' 앱을 출시했다. 이 프로그램들과 특히 온라인 커뮤니티의 한 가지 장점은 사용자들의 상호 지원뿐만 아니라(주는 것은 보람 있는 일이다!) 관련 수행에 대한 크라우드소싱 지식 기반 구축도 가능하다는 점이다. 누가 진행 상황 일지를 기록하거나 내가 질문에 답할 때마다 이 프로젝트의 지식 기반이 확장된다. 미래의 사용자들은 이 축적된 지식과 경험의 혜택을 누릴 것이며, 이는 '선행 나누기pay it forward'의 구체적 사례라 하겠다.

우리는 마음챙김의 디지털 보급을 위한 다른 도구도 개발 중이다. 보상 기반 학습은 피드백(보상)을 통해 가장 효과적으로 작동하므로, 클라리타스 회사와 우리 실험실은 수백만 달러짜리 fMRI 기계가 필요 없는 뉴로피드백 도구를 개발하기 위해 긴밀히 협력해왔다. 프라산타(3장에서 소개한 물리학자), 렘코 반 루터펠트Remko van Lutterveld 박사(우리 실험실의 선임 박사후 연구원) 및 나머지 팀원들은 fMRI 뉴로피드백과 거의 동일한 기능을 수행하는, 즉 우리가 경험에 사로잡힐 때와 경험을 내려놓을 때 후대상피질의 변화를 기록하는 EEG 장치를 개발 중이다. 가장 좋은 피드백 유형은 신호가 증가하든 감소하든 우리에게 이미 있는 정보를 제공하는 피드백이다. 예비시험에서 우리의 EEG 장치는 사람들의 경험에 대한 정보를 fMRI 뉴로피드백과 동일한 방식으로 제공했는데, 이는 경험에 사로잡힐 때와 경험을 내려놓을 때의 느낌에 대한 정보를 토대로 전자의 행동은 버리고 후자의 행동은 강화하는 데 도움이 된다.

궁극적으로 우리의 목표는 뉴로피드백과 앱 기반 훈련 프로그램을 결합해(즉 마음챙김 도구와 이런 도구의 적절한 사용을 위해 필요한 피드백을 함께 제공해) 사람들이 표준화되었으면서도 개인 맞춤형으로 설계된 증거 기반 훈련을 통해 습관을 바꿀 수 있도록 돕는 것이다.

　더 많은 갈증을 낳을 뿐인 단기적 보상의 소용돌이에 점점 더 다가가는 세상에서, 동일한 유형의 강화 과정을 활용하는 이런 도구는 음식, 돈, 명성, 권력 등의 좋은 것이 얼마나 많아야 만족할 수 있는지를 깨닫게 되는 기회를 제공하지 않을까? 이런 발견의 여정을 통해 우리는 더 오래 지속되고 더 만족스러운 보상을 발견할 수 있을 것이다. 그리고 마음챙김을 배움으로써 우리는 도파민 보상을 위해 무턱대고 레버를 누르는 대신에 모든 종류의 행동을 더 신중하게 결정하는, 더 깨어 있고 사려 깊은 삶의 길을 발견할 것이다. 이렇게 우리는 얄팍한 흥분만 가득한 삶이 아니라 더 행복하고 건강한 삶을 살게 될 것이다.

부록

마음챙김 성격유형

3장에서 우리는 보상 기반 학습과 관련된 극단적 성격장애에 대해 논의했다. 이는 더 넓은 의미에서 성격이 어떻게 형성되는지를 엿볼 수 있는 기회이기도 했다. 이 책 전체에 걸쳐 우리는 반복될 경우 습관이 되고 심지어 중독이 되는 행동의 구체적 사례들을 살펴보았다.

이런 극단적 행동이 연상학습을 통해 강화된다면, 일상적이고 평범한 행동은 어떨까? 우리의 많은 행동은 매력적이거나 유쾌하게 느끼는 것에 접근하고 역겹거나 불쾌하게 느끼는 것을 피하는 접근과 회피 경향으로 설명할 수 있지 않을까? 어쩌면 이것으로 우리의 (비병리학적인) 성격도 설명할 수 있지 않을까?

최근에 우리 연구팀은 5세기 불교 명상 설명서인 《청정도론淸淨道論》에서 상당수의(어쩌면 모든) 성격 특성을 '충실한/탐욕스러운', '분별 있는/혐오하는', '사변적인/망상적인' 유형의 세 범주 중 하나로 설명하는 것을 발견했다.[1] 이 설명서에서는 먹는 음식의 종류, 걸음걸이나 옷차림새 등의 일상적 특징에 따라 개인이 평소 속하는 범주를 알 수 있다고 말한다.

> 자세와 행동에 따라,
> 먹고 보는 것 등에 따라,
> 일어나는 마음 상태에 따라,
> 성질을 알 수 있다.

예를 들어 충실한/탐욕스러운 유형의 사람이 파티장에 들어가면 주위를 둘러본 후 멋진 음식이 차려진 것에 흐뭇해하면서 눈에 띄는 친구들과 신나게 어울리기 시작할 것이다. 반면에 분별 있는/혐오하는 유형은 가구가 잘 어울리지 않는다고 생각할 수 있으며, 자신의 이야기가 맞다면서 누구와 밤늦게까지 다툴지 모른다. 그런가 하면 사변적인/망상적인 유형은 흘러가는 대로 행동할 확률이 높다.

이 설명서의 저자들은 왜 이런 유형론을 수고롭게 정리했을까? 그 이유는 명상을 배우는 사람들에게 개인 맞춤형 조언을 제공하기 위해서였을 것이다. 어쩌면 이 설명서는 오늘날 개인 맞춤형 의료라고 부르는 것, 즉 개인의 표현형에 맞는 치료를 위한 최초의 안내서 중 하나일지 모른다.

최근에 이 분류 체계를 더 깊이 살펴본 결과, 우리 연구팀은 여기에 서술된 행동 경향이 현대의 연상학습 메커니즘인 '접근, 회피, 동결'과 일치하는 것을 발견했다. 우리는 약 900명의 지원자에게 43개 문항을 시험한 데이터를 바탕으로 누구나 이용할 수 있는 13개 문항의 '행동 경향 질문지behavioral tendencies questionnaire, BTQ'를 개발해 타당화 작업까지 마쳤다.[2] BTQ는 오늘날 현대인의 마음챙김과 생활양식을 예측하고 개인화하기 위한 도구로 평가받는다.

우리의 일상적 행동 경향을 더 명확히 보고 이해하면 내부·외부 세계에 대한 우리의 습관적 반응과 우리 자신을 더 잘 이해할 수 있다. 또한 가족, 친구, 동료들의 성격유형을 이해해 더 조화롭게 함께 살고 일하는 데도 도움이 될 것이다. 예를 들어 주로 충실한/탐욕스러운 유형은 마케팅이나 영업 분야의 일에 적합할 것이다. 분별 있는/혐오하는 유형에게는 높은 수준의 정확성과 세심한 주의가 필요한 프로젝트를 맡기면 좋을 것이다. 그리고 사변적인/망상적인 유형은 브레인스토밍 자리에서 창의적인 아이디어를 떠올리는 데 뛰어난 재능을 발휘할 것이다.

아래에 소개된 문항들을 살펴보면 자신이 어느 범주에 속하는지 대략 감이 올 것이다. 실제 점수 계산은 조금 더 복잡하다. 정확한 백분율 값을 얻으려면 매사추세츠대학교 마음챙김센터 웹사이트에 있는 퀴즈를 풀어보길 추천한다.

행동 경향 질문지(간이형)

(자신이 바람직하게 여기는 행동방식이나 어떤 구체적인 상황에서 취했을 행동방식이 아니라) 자신의 평소 행동방식과 가장 일치하는 순서대로 다음 항목들의 순위를 매겨라. 문항에 대해 너무 많이 생각하지 말고 떠오르는 대로 답해야 한다. 자신에게 가장 어울리는 답변에는 1, 두 번째로 선택한 답변에는 2, 가장 어울리지 않는 답변에는 3을 표시하라.

1. 만약 내가 파티 계획을 짠다면

A. 에너지가 넘치고 많은 사람이 오면 좋겠다. ( )

B. 특정한 몇몇 사람만 오면 좋겠다. ( )

C. 즉흥적이고 자유로운 형식의 파티가 될 것이다. ( )

2. 내 방 청소와 관련해 나는

A. 근사하게 정돈할 자신이 있다. ( )

B. 문제점, 불완전한 구석, 지저분한 구석 등을 금세 발견한다. ( )

C. 어질러져 있어도 눈에 띄지 않거나 신경 쓰지 않는다. ( )

3. 내 생활공간이

   A. 멋지면 좋겠다. ( )

   B. 잘 정돈되어 있으면 좋겠다. ( )

   C. 자유롭게 뒤죽박죽인 것이 더 좋다. ( )

4. 일을 할 때 나는

   A. 열정적이고 활기차게 하고 싶다. ( )

   B. 모든 것을 정확하게 하고 싶다. ( )

   C. 미래의 가능성을 고려하거나 최선이 무엇일지 궁리하는 편이다. ( )

5. 다른 사람과 이야기할 때, 나는

   A. 다정해 보일 것이다. ( )

   B. 현실적인 사람으로 보일 것이다. ( )

   C. 철학적인 사람으로 보일 것이다. ( )

6. 내 옷차림새의 단점을 꼽으라면

   A. 너무 화려하거나 사치스러운 점일 것이다. ( )

   B. 상상력이 부족한 점일 것이다. ( )

C. 어울리지 않거나 조화롭지 않은 점일 것이다.   (   )

7. 평소에 나는

   A. 낙천적으로 행동한다.   (   )

   B. 기운차게 행동한다.   (   )

   C. 목적 없이 행동한다.   (   )

8. 내 방은

   A. 장식이 많다.   (   )

   B. 깔끔하게 정돈되어 있다.   (   )

   C. 어질러져 있다.   (   )

9. 보통 나는

   A. 물건에 대한 욕망이 강한 편이다.   (   )

   B. 비판적이지만 명확하게 사고하는 편이다.   (   )

   C. 나만의 세계에 빠져 있는 편이다.   (   )

10. 학교에서 나는

   A. 친구가 많기로 유명한 편이다.   (   )

B. 똑똑하기로 유명한 편이다. ( )

C. 공상을 좋아하기로 유명한 편이다. ( )

11. 나의 평소 옷차림새는

A. 유행에 맞고 매력적이다. ( )

B. 깔끔하고 정돈되어 있다. ( )

C. 신경 쓰지 않고 편하게 입는다. ( )

12. 다른 사람에게 나는

A. 다정한 사람처럼 보인다. ( )

B. 사려 깊은 사람처럼 보인다. ( )

C. 얼빠진 사람처럼 보이다. ( )

13. 다른 사람이 무언가에 열광할 때, 나는

A. 얼른 함께하고 싶다. ( )

B. 회의적인 태도를 보일 것이다. ( )

C. 딴생각을 하거나 옆길로 샌다. ( )

이제 A, B, C 각 항목별로 숫자를 모두 더하면 대략적인 범주별 점수를 얻을 수 있다. 점수가 가장 낮은 범주가 자신의 가장 강한 성향에 해당한다. A=충실한/탐욕스러운 유형, B=분별 있는/혐오하는 유형, C=사변적인/망상적인 유형.

각 범주의 일반적 특징을 요약하자면 다음과 같다.

A. 충실한/탐욕스러운 유형: 이런 사람은 낙천적이고 다정하며 인기도 많은 편이다. 일상 업무를 처리할 때 침착하고 빠르게 사고한다. 감각적 쾌락에 끌리기 쉽다. 자신의 견해에 대한 신념이 강하며, 열정적인 성격 덕분에 다른 사람들에게 인기가 많다. 자신감 있는 자세를 취한다. 때때로 성공에 대한 탐욕을 보일 수 있다. 즐거운 경험, 좋은 인간관계, 풍성한 음식을 갈망하며 자만심에 빠질 수 있다. 피상적인 것들에 대한 욕망 때문에 때때로 불만에 휩싸이며, 최악의 경우 다른 사람들을 조종하려 할 수 있다.

B. 분별 있는/혐오하는 유형: 이런 사람은 명확한 사고와 분별력이 있는 편이다. 지성을 바탕으로 사물을 논리적으로 보고 사물의 결함을 잘 찾아낸다. 개념 이해와 일 처리가 빠르며 정리정돈을 잘하는 편이다. 세심한 주의를 기울인다. 자세가 뻣뻣할 수 있다. 때때로 다른 사람을 평가하려 들며 비판적이다. 특정 사람, 장소, 사물에 대해 강한 혐오감을 보이곤 한다. 일이 안 풀리는 날에는 까다로운 사람이나 완벽주의자처럼 보일 수 있다.

C. 사변적인/망상적인 유형: 이런 사람은 느긋하고 관대한 편

이다. 미래에 대해 성찰하고 무슨 일이 일어날지 추측하기를 좋아한다. 사물에 대해 깊이 철학적으로 사고한다. 자세가 삐딱하고 일정하지 않을 수 있다. 때때로 자신의 생각이나 환상에 쉽게 사로잡힌다. 공상을 하다 보면, 의심과 걱정이 많아질 수 있다. 생각에 잠긴 채 다른 사람이 하자는 대로 하거나 쉽게 설득당하기도 한다. 최악의 경우 무질서하고 안절부절못하며 얼빠진 모습을 보인다.

주

추천의 글

1 James Randerson, "How Many Neurons Make a Human Brain?" *Guardian*, February 28, 2012, https://www.theguardian.com/science/blog/2012/feb/28/how-many-neurons-human-brain; Bradley Voytek, "Are There Really as Many Neurons in the Human Brain as Stars in the Milky Way?" Scitable, May 20, 2013, www.nature.com/scitable/blog/brain-metrics/are_there_really_as_many.
2 내가 이 글을 쓰던 시기에도 이미 알려진 82개의 영역 외에 대뇌피질에서만 97개의 새로운 별개 영역이 《네이처》에 추가로 보고되었다.
3 Norman A. S. Farb, Zindel V. Segal, Helen Mayberg, et al., "Attending to the Present: Mindfulness Meditation Reveals Distinct Neural Modes of Self-Reference," *Social Cognitive and Affective Neuroscience* 2, no. 4 (2007): 313-22. doi:10.1093/scan/nsm030.
4 '불을 끄다'라는 의미의 진화extinguished는 부처가 사용한 팔리어 'nirvana(열반)'의 원뜻이다.

머리말

1 E. L. Thorndike, "Animal Intelligence: An Experimental Study of the Associative Processes in Animals," *Psychological Monographs: General and Applied* 2, no. 4 (1898): 1–8.
2 B. F. Skinner, *The Behavior of Organisms: An Experimental Analysis* (New York: Appleton-Century, 1938).
3 J. Kabat-Zinn, *Full Catastrophe Living: Using the Wisdom of Your Body and Mind to Face Stress, Pain, and Illness*, rev. ed. (New York: Delacorte, 2013), xxxv.
4 S. Batchelor, *After Buddhism: Rethinking the Dharma for a Secular Age* (New Haven, Conn.: Yale University Press, 2015), 64.
5 Ibid., 23.

1장

1 L. T. Kozlowski et al., "Comparing Tobacco Cigarette Dependence with Other Drug Dependencies: Greater or Equal 'Difficulty Quitting' and 'Urges to Use' but Less 'Pleasure' from Cigarettes," *JAMA* 261, no. 6 (1989): 898–901.
2 J. A. Brewer et al., "Mindfulness Training and Stress Reactivity in Substance Abuse: Results from a Randomized, Controlled Stage I Pilot Study," *Substance Abuse* 30, no. 4 (2009): 306–17.
3 J. D. Teasdale et al., "Prevention of Relapse/Recurrence in Major Depression by Mindfulness-Based Cognitive Therapy," *Journal of Consulting and Clinical Psychology* 68, no. 4 (2000): 615–23; J. Kabat-Zinn, L. Lipworth, and R. Burney, "The Clinical Use of Mindfulness Meditation for the Self-Regulation of Chronic Pain," *Journal of Behavioral Medicine* 8, no. 2 (1985): 163–90; J. Kabat-Zinn et al., "Effectiveness of a Meditation-Based Stress Reduction Program in the Treatment of Anxiety Disorders," *American Journal of Psychiatry* 149, no. 7 (1992): 936–43.

4   J. A. Brewer et al., "Mindfulness Training for Smoking Cessation: Results from a Randomized Controlled Trial," *Drug and Alcohol Dependence* 119, nos. 1–2 (2011): 72–80.

5   H. M. Elwafi et al., "Mindfulness Training for Smoking Cessation: Moderation of the Relationship between Craving and Cigarette Use," *Drug and Alcohol Dependence* 130, nos. 1–3 (2013): 222–29.

6   G. DeGraff, *Mind like Fire Unbound: An Image in the Early Buddhist Discourses*, 4th ed. (Valley Center, Calif.: Metta Forest Monastery, 1993).

7   B. Thanissaro, trans., *Dhammacakkappavattana Sutta: Setting the Wheel of Dhamma in Motion* (1993); available from Access to Insight: Readings in Theravada Buddhism, www.accesstoinsight.org/tipitaka/sn/sn56/sn56.011.than.html.

8   J. A. Brewer, H. M. Elwafi, and J. H. Davis, "Craving to Quit: Psychological Models and Neurobiological Mechanisms of Mindfulness Training as Treatment for Addictions," *Psychology of Addictive Behaviors* 27, no. 2 (2013): 366–79.

2장

인용문 출처. Nassim Nicholas Taleb, quoted in Olivier Goetgeluck's blog, https://oliviergoetgeluck.wordpress.com/the-bed-of-procrustes-nassim-nicholas-taleb.

1   C. Duhigg, *The Power of Habit: Why We Do What We Do in Life and Business* (New York: Random House, 2012); R. Hawkins et al., "A Cellular Mechanism of Classical Conditioning in Aplysia: Activity-Dependent Amplification of Presynaptic Facilitation." *Science* 219, no. 4583 (1983): 400–405.

2   B. F. Skinner, Science and Human Behavior (New York: Free Press, 1953), 73.

3   D. I. Tamir and J. P. Mitchell, "Disclosing Information about the Self Is

Intrinsically Rewarding." *Proceedings of the National Academy of Sciences* 109, no. 21 (2012): 8038-43.
4 D. Meshi, C. Morawetz, and H. R. Heekeren, "Nucleus Accumbens Response to Gains in Reputation for the Self Relative to Gains for Others Predicts Social Media Use," *Frontiers in Human Neuroscience* 7 (2013).
5 L. E. Sherman et al., "The Power of the Like in Adolescence: Effects of Peer Influence on Neural and Behavioral Responses to Social Media," *Psychological Science* 27, no. 7 (2016): 1027-35.
6 R. J. Lee-Won, L. Herzog, and S. G. Park, "Hooked on Facebook: The Role of Social Anxiety and Need for Social Assurance in Problematic Use of Facebook," *Cyberpsychology, Behavior, and Social Networking* 18, no. 10 (2015): 567-74.
7 Z. W. Lee, C. M. Cheung, and D. R. Thadani, "An Investigation into the Problematic Use of Facebook," paper presented at the 45th Hawaii International Conference on System Science, 2012.
8 M. L. N. Steers, R. E. Wickham, and L. K. Acitelli, "Seeing Everyone Else's Highlight Reels: How Facebook Usage Is Linked to Depressive Symptoms," *Journal of Social and Clinical Psychology* 33, no. 8 (2014): 701-31.
9 U Pandita, *In This Very Life: The Liberation Teachings of the Buddha* (Somerville, Mass.: Wisdom Publications, 1992), 162.

3장

인용문 출처. Alan Watts, *This Is It, and Other Essays on Zen and Spiritual Experience* (New York: Vintage, 1973), 70.
1 J. A. Brewer et al., "Meditation Experience Is Associated with Differences in Default Mode Network Activity and Connectivity," *Proceedings of the National Academy of Sciences* 108, no. 50 (2011): 20254-59.
2 M. R. Leary, *The Curse of the Self: Self-Awareness, Egotism, and the Quality*

of Human Life (Oxford: Oxford University Press, 2004), 18.
3 　Watts, "This Is It," in *This Is It*, 70.
4 　W. Schultz, "Behavioral Theories and the Neurophysiology of Reward," *Annual Review of Psychology* 57 (2006): 87–115.
5 　W. J. Livesley, K. L. Jang, and P. A. Vernon, "Phenotypic and Genetic Structure of Traits Delineating Personality Disorder," *Archives of General Psychiatry* 55, no. 10 (1998): 941–48.
6 　S. N. Ogata et al., "Childhood Sexual and Physical Abuse in Adult Patients with Borderline Personality Disorder," *American Journal of Psychiatry* 147, no. 8 (1990): 1008–13.
7 　S. K. Fineberg et al., "A Computational Account of Borderline Personality Disorder: Impaired Predictive Learning about Self and Others through Bodily Simulation," *Frontiers in Psychiatry* 5 (2014): 111.

4장

코넬 웨스트의 서문 인용문은 2011년 8월 25일 《뉴욕타임스》 사설 「킹 박사가 무덤에서 눈물짓는다」(www.nytimes.com/2011/08/26/opinion/martin-luther-king-jr-would-want-a-revolution-not-a-memorial.html?_r=0)에서 가져온 것이다. 셰리 터클의 서문 인용문은 2011년 7월 8일 《이코노믹 타임스Economic Times》 인터뷰(http://articles.economictimes.indiatimes.com/2011-07-08/news/29751810_1_social-networking-sherry-turkle-facebook/2)에서 가져온 것이다.

1 　B. Worthen, "The Perils of Texting while Parenting," *Wall Street Journal*, September 29, 2012, www.wsj.com/articles/SB10000872396390444772404577589683644202996.
2 　C. Palsson, "That Smarts! Smartphones and Child Injuries," working paper, Department of Economics, Yale University, 2014.
3 　J. L. Nasar and D. Troyer, "Pedestrian Injuries due to Mobile Phone Use in Public Places," *Accident Analysis and Prevention* 57 (2013): 91–95.

4   M. Horn, "Walking while Texting Can Be Deadly, Study Shows," *USA Today*, March 8, 2016, www.usatoday.com/story/news/2016/03/08/pedestrian-fatalities-surge-10-percent/81483294.
5   M. A. Killingsworth and D. T. Gilbert, "A Wandering Mind Is an Unhappy Mind," *Science* 330, no. 6006 (2010): 932.
6   J. A. Brewer, K. A. Garrison, and S. Whitfield-Gabrieli, "What about the 'Self' Is Processed in the Posterior Cingulate Cortex?," *Frontiers in Human Neuroscience* 7 (2013).
7   K. N. Ochsner and J. J. Gross, "The Cognitive Control of Emotion," *Trends in Cognitive Sciences* 9, no. 5 (2005): 242-49.
8   A. F. Arnsten, "Stress Signalling Pathways That Impair Prefrontal Cortex Structure and Function," *Nature Reviews Neuroscience* 10, no. 6 (2009): 410-22.
9   W. Hofmann et al., "Everyday Temptations: An Experience Sampling Study of Desire, Conflict, and Self-Control," *Journal of Personality and Social Psychology* 102, no. 6 (2011): 1318-35.

5장

이 장의 인용문은 사고에 대한 에크하르트 톨레의 관찰 모음집에서 가져온 것으로, 유튜브(https://www.youtube.com/watch?v=YtKciyNpEs8)에 게시되어 있다.

1   부속병원에서는 이를 전통적으로 가르침으로 위장한 통과의례나 가벼운 신고식으로 여겼다. 일반적으로 교수나 전공의는 의사들과 학생들이 모두 지켜보는 앞에서 방금 회진 중에 진료한 환자에 대한 진단이나 그 밖의 관련 지식에 대해 의대생에게 질문을 던진다. 이론적으로 이 질문의 목적은 지식을 시험(및 전파)하는 것이지만, 학생이 교수만큼 많이 알고 있을 가능성은 거의 제로에 가까우므로, 이것은 학생에게 상당한 스트레스가 되고 굴욕적인 상황으로 끝나는 경우가 대부분이다. 의학전문대학원 시절에 나와 친구들은 도서관이나 점심시간 때 만나면 이에 대한 고생담을 나누

곤 했다. "너 오늘 털렸냐? 아, 진짜 아팠겠다."

2   K. Spain, "T-P in Beijing: Lolo Jones' Hopes of Gold Medal Clipped by Fall," *New Orleans Times-Picayune*, August 19, 2008, http://blog.nola.com/tpsports/2008/08/lolo_jones_hopes_of_gold_medal.html.

3   S. Gregory, "Lolo's No Choke," *Time*, July 19, 2012, http://olympics.time.com/2012/07/19/lolo-jones-olympic-hurdler.

4   S. Nolen-Hoeksema, B. E. Wisco, and S. Lyubomirsky, "Rethinking Rumination," *Perspectives on Psychological Science* 3, no. 5 (2008): 400–424.

5   R. N. Davis and S. Nolen-Hoeksema, "Cognitive Inflexibility among Ruminators and Nonruminators," *Cognitive Therapy and Research* 24, no. 6 (2000): 699–711.

6   Y. Millgram et al., "Sad as a Matter of Choice? Emotion-Regulation Goals in Depression," *Psychological Science* 2015: 1–13.

7   M. F. Mason et al., "Wandering Minds: The Default Network and Stimulus-Independent Thought," *Science* 315, no. 5810 (2007): 393–95.

8   D. H. Weissman et al., "The Neural Bases of Momentary Lapses in Attention," *Nature Neuroscience* 9, no. 7 (2006): 971–78.

9   D. A. Gusnard et al., "Medial Prefrontal Cortex and Self-Referential Mental Activity: Relation to a Default Mode of Brain Function," *Proceedings of the National Academy of Sciences* 98, no. 7 (2001): 4259–264.

10   S. Whitfield-Gabrieli et al., "Associations and Dissociations between Default and Self-Reference Networks in the Human Brain," *NeuroImage* 55, no. 1 (2011): 225–32.

11   J. A. Brewer et al., "Meditation Experience Is Associated with Differences in Default Mode Network Activity and Connectivity," *Proceedings of the National Academy of Sciences* 108, no. 50 (2011): 20254–59.

6장

1 A. Aron et al., "Reward, Motivation, and Emotion Systems Associated with Early-Stage Intense Romantic Love," *Journal of Neurophysiology* 94, no. 1 (2005): 327-37.
2 H. Fisher, "The Brain in Love," February 2008, TED, https://www.ted.com/talks/helen_fisher_studies_the_brain_in_love?language=en#t-159085.
3 A. Bartels and S. Zeki, "The Neural Correlates of Maternal and Romantic Love," *NeuroImage* 21, no. 3 (2004): 1155-66.
4 K. A. Garrison et al., "BOLD Signal and Functional Connectivity Associated with Loving Kindness Meditation," *Brain and Behavior* 4, no. 3 (2014): 337-47.

7장

인용문으로 사용된 아인슈타인의 말은 카를 젤리히Carl Seelig에게 보낸 1952년 3월 11일 편지에서 가져온 것이다.

1 J. D. Ireland, trans., *Dvayatanupassana Sutta: The Noble One's Happiness* (1995), available from Access to Insight: Readings in Theravada Buddhism, www.accesstoinsight.org/tipitaka/kn/snp/snp.3.12.irel.html.
2 *Magandiya Sutta: To Magandiya* (MN 75), in *The Middle Length Discourses of the Buddha: A Translation of the Majjhima Nika – ya*, trans. B. Na – n. amoli and B. Bodhi (Boston: Wisdom Publications, 1995).
3 B. Bodhi, ed., *In the Buddha's Words: An Anthology of Discourses from the Pali Canon* (Somerville, Mass.: Wisdom Publications, 2005), 192-93.
4 G. Harrison, *In the Lap of the Buddha* (Boston: Shambhala, 2013).
5 Bodhi, *In the Buddha's Words*.
6 *Magandiya Sutta*.
7 B. F. Skinner and J. Hayes, *Walden Two* (New York: Macmillan, 1976 [1948]).
8 Hafiz, "And Applaud," from the Penguin publication *I Heard God*

Laughing: Poems of Hope and Joy, trans. Daniel Ladinsky (New York: Penguin, 2006), 5. Copyright © 1996 and 2006 by Daniel Ladinsky and used with his permission.

9　Anapanasati Sutta: Mindfulness of Breathing (MN 118), 2010.
10　평정심을 조작적으로 정의하자면 특히 어려운 상황에서 드러나는 정신적 평온함, 침착함, 차분한 성질이라 하겠다.
11　M. Oliver, "Sometimes," in Red Bird: Poems (Boston: Beacon, 2008), 35.

8장

서문 인용문 출처. William H. Herndon and Jesse William Weik, Herndons Lincoln: The True Story of a Great Life, vol. 3, chap. 14.

1　J. Mahler, "Who Spewed That Abuse? Anonymous Yik Yak App Isn't Telling," New York Times, March 8, 2015.
2　B. Na - n. amoli and B. Bodhi, trans., The Middle Length Discourses of the Buddha: A Translation of the Majjhima Nika-ya (Boston: Wisdom Publications, 1995).
3　J. Davis, "Acting Wide Awake: Attention and the Ethics of Emotion" (PhD diss., City University of New York, 2014).
4　H. A. Chapman et al., "In Bad Taste: Evidence for the Oral Origins of Moral Disgust," Science 323, no. 5918 (2009): 1222–26.
5　U. Kirk, J. Downar, and P. R. Montague, "Interoception Drives Increased Rational Decision-Making in Meditators Playing the Ultimatum Game," Frontiers in Neuroscience 5 (2011).
6　A. G. Sanfey et al., "The Neural Basis of Economic Decision-Making in the Ultimatum Game," Science 300, no. 5626 (2003): 1755–58.
7　S. Batchelor, After Buddhism: Rethinking the Dharma for a Secular Age (New Haven, Conn.: Yale University Press, 2015), 242.
8　T. Bhikkhu, "No Strings Attached," in Head and Heart Together: Essays on the Buddhist Path (2010), 12.

9장

1. M. Csikszentmihalyi, *Beyond Boredom and Anxiety: Experiencing Flow in Work and Play* (San Francisco: Jossey-Bass, 1975).
2. M. Csikszentmihalyi, "Go with the Flow," interview by J. Geirland, *Wired*, September 1996, www.wired.com/1996/09/czik.
3. J. Nakamura and M. Csikszentmihalyi, "Flow Theory and Research," in *The Oxford Handbook of Positive Psychology*, 2nd ed., ed. S. J. Lopez and C. R. Snyder, 195–206 (New York: Oxford University Press, 2009).
4. D. Potter, "Dean Potter: The Modern Day Adventure Samurai," interview by Jimmy Chin, Jimmy Chin's Blog, May 12, 2014. "BASE" is an acronym for "building, antenna, span, earth."
5. P. Jackson and H. Delehanty, *Eleven Rings: The Soul of Success* (New York: Penguin, 2013), 23.
6. Sujiva, "Five Jhana Factors of Concentration/Absorption," 2012, BuddhaNet, www.buddhanet.net/mettab3.htm.
7. M. Csikszentmihalyi, *Finding Flow: The Psychology of Engagement with Everyday Life* (New York: Basic Books, 1997), 129.
8. C. J. Limb and A. R. Braun, "Neural Substrates of Spontaneous Musical Performance: An fMRI Study of Jazz Improvisation," *PLoS One* 3, no. 2 (2008): e1679; S. Liu et al., "Neural Correlates of Lyrical Improvisation: An fMRI Study of Freestyle Rap," *Scientific Reports* 2 (2012): 834; G. F. Donnay et al., "Neural Substrates of Interactive Musical Improvisation: An fMRI Study of 'Trading Fours' in Jazz," *PLoS One* 9, no. 2 (2014): e88665.
9. T. S. Eliot, "Burnt Norton," in *Four Quartets*. In the United States: excerpts from "Burnt Norton" from Four Quartets by T. S. Eliot. Copyright 1936 by Houghton Mifflin Harcourt Publishing Company; Copyright © renewed 1964 by T. S. Eliot. Reprinted by permission of Houghton Mifflin Harcourt Publishing Company. All rights reserved. In the UK and the rest of the

world: published by Faber and Faber Ltd., reprinted with permission.
10 M. Steinfeld and J. Brewer, "The Psychological Benefits from Reconceptualizing Music-Making as Mindfulness Practice," *Medical Problems of Performing Artists* 30, no. 2 (2015): 84–89.
11 S. Kotler, *The Rise of Superman: Decoding the Science of Ultimate Human Performance* (Boston: New Harvest, 2014), 57.

10장

인용문 출처. Andrew Boyd, *Daily Afflictions: The Agony of Being Connected to Everything in the Universe* (New York: Norton, 2002), 89.
1 Lao Tzu, *Tao Te Ching*, trans. Stephen Mitchell (New York: Harper Perennial, 1992), chap. 59.
2 S. Del Canale et al., "The Relationship between Physician Empathy and Disease Complications: An Empirical Study of Primary Care Physicians and Their Diabetic Patients in Parma, Italy," *Academic Medicine* 87, no. 9 (2012): 1243–49; D. P. Rakel et al., "Practitioner Empathy and the Duration of the Common Cold," *Family Medicine* 41, no. 7 (2009): 494–501.
3 M. S. Krasner et al., "Association of an Educational Program in Mindful Communication with Burnout, Empathy, and Attitudes among Primary Care Physicians," *JAMA* 302, no. 12 (2009): 1284–93.
4 T. Gyatso (Dalai Lama XIV), *The Compassionate Life* (Somerville, Mass.: Wisdom Publications, 2003), 21.
5 Krasner et al., "Educational Program in Mindful Communication."
6 이 인용문은 1964년에 《뱅커스 매거진Bankers' Magazine》에 실렸으며, 윌 로저스Will Rogers의 말이라고도 한다.
7 B. Thanissaro, trans., *Dhammacakkappavattana Sutta: Setting the Wheel of Dhamma in Motion* (1993); available from Access to Insight: Readings in Theravada Buddhism, www.accesstoinsight.org/tipitaka/sn/sn56/

sn56.011.than.html.
8   S. Batchelor, *After Buddhism: Rethinking the Dharma for a Secular Age* (New Haven, Conn.: Yale University Press, 2015), 27; emphasis in the original.
9   Ibid., 125.
10 T. S. Eliot, "Little Gidding," in *Four Quartets*. In the United States: excerpts from "Little Gidding" from Four Quartets by T. S. Eliot. Copyright 1942 by T. S. Eliot; Copyright © renewed 1970 by Esme Valerie Eliot. Reprinted by permission of Houghton Mifflin Harcourt Publishing Company. All rights reserved. In the UK and the rest of the world: published by Faber and Faber Ltd., reprinted with permission.

맺음말

1   A. D. Kramer, J. E. Guillory, and J. T. Hancock, "Experimental Evidence of Massive-Scale Emotional Contagion through Social Networks," *Proceedings of the National Academy of Sciences* 111, no. 24 (2014): 8788–90.
2   M. Moss, "The Extraordinary Science of Addictive Junk Food," *New York Times Magazine*, February 20, 2013.
3   S. Martino et al., "Informal Discussions in Substance Abuse Treatment Sessions," *Journal of Substance Abuse Treatment* 36, no. 4 (2009): 366–75.
4   K. M. Carroll et al., "Computer-Assisted Delivery of Cognitive-Behavioral Therapy for Addiction: A Randomized Trial of CBT4CBT," *American Journal of Psychiatry* 165, no. 7 (2008): 881–88.

부록

1   A. Buddhaghosa, *The Path of Purification: Visuddhimagga* (Kandy, Sri Lanka: Buddhist Publication Society, 1991).
2   N. T. Van Dam et al., "Development and Validation of the Behavioral Tendencies Questionnaire," *PLoS One* 10, no. 11 (2015): e0140867.

감사의 말

편집 및 피드백을 포함해 그 외 다양한 방법으로 이 책을 완성하는 데 직접적으로 도움을 주신 모든 분들께 깊은 감사의 인사를 전한다. 특히 제니퍼 뱅크스Jennifer Banks, 케이티 홀Katie Hall, 제리 와인스타인Jerry Weinstein, 존 카밧진, 마리 레너드-플렉먼Mahri Leonard-Fleckman, 앨리스 브루어Alice Brewer, 트레이시 조지Tracy George, 다이앤 호건Dianne Horgan, 캐서린 크레임Catherine Krame, 니킬레시 자Nikhilesh Jha, 그리고 예일대학교 출판부에 감사드린다.

　마음챙김 수행의 여정에서 개인적으로 많은 도움을 준 명상지도사 지니 모건, 조셉 골드스타인, 타니사로 비구 그리고 나와 함께 수련했거나 나를 지도한 명상지도사들께 감사드린다.

습관 형성에 대한 우리 팀의 이해에 기여했고 우리가 고통을 완화하는 방향으로 나아가도록 도움을 준 과거와 현재의 연구팀과 임상팀 및 협력자들께 감사드린다. 특히 사라 보언Sarah Bowen, 윌러비 브리턴, 댄 브라운Dan Brown, 캐시 캐럴, 네하 차울라Neha Chawla, 존 처칠John Churchill, 토드 콘스터블Todd Constable, 제이크 데이비스, 가엘 데스보르드Gaelle Desbordes, 캐머런 델리오네Cameron Deleone, 수전 드러커Susan Druker, 하니 엘와피, 캐슬린 개리슨Kathleen Garrison, 제러미 그레이Jeremy Gray, 릭 헥트Rick Hecht, 숀 훌리한Sean Houlihan, 캐서린 커Catherine Kerr, 헤디 코버Hedy Kober, 사라 말릭, G. 앨런 말랫, 애슐리 메이슨Ashley Mason, 린다 메이스Linda Mayes, 싱크 맥팔레인-블레이크Cinque McFarlane-Blake, 캔디스 미닉스-코튼Candace Minnix-Cotton, 스테퍼니 노블Stephanie Noble, 스테퍼니 오말리Stephanie O'Malley, 알렉스 오사드치Alex Ossadtchi, 프라산타 팔, 제니오스 파파데메트리스, 로리 프버트Lori Pbert, 마크 플리거Mark Pflieger, 마크 포텐자Marc Potenza, 마오린 추Maolin Qiu, 라힐 로지아니Rahil Rojiani, 브루스 라운사빌Bruce Rounsaville, 안드레아 루프Andrea Ruf, 후안 산토요, 클리프 새런Cliff Saron, 더스틴 쇤버그, 포피 쇤버그Poppy Schoenberg, 라지타 신하Rajita Sinha, 에번 톰슨Evan Thompson, 토미 손힐Tommy Thornhill, 니컬러스 반 담Nicholas Van Dam, 렘코 반 루터벨트, 케이티 위트키위츠Katie Witkiewitz, 요헨 웨버Jochen Weber, 수 휘트필드-가브리엘리, 패트릭 워훈스키Patrick Worhunsky, 화 양Hua Yang에게 감사드린다.

또한 여러 면에서 많은 것을 배울 수 있었던 모든 분들께, 특히 브렛 알스트롬Brett Ahlstrom, 이오윈 알스트롬Eowyn Ahlstrom, 더그 알렉산더Doug Alexander, 비구 아날라요Bhikkhu Analayo, 리 바베라 Lee Barbera, 오웬 베커Owen Becker, 에밀리 블레이먼드Emily Bleimund, 리 브레이싱턴, 앨리슨 브루어Allison Brewer, 브렛 브루어Bret Brewer, 크리스 브루어Kris Brewer, 질 브로켈먼Jill Brockelman, 콜린 카메니슈 Colleen Camenisch, 로드리고 카날레스Rodrigo Canales, 빈센트 칸지아노Vincent Cangiano, 메그 창Meg Chang, 시람 초이Si-lam Choy, 캐시 쿠크라스Cathy Cukras, 릭 커티스Rick Curtis, 라마 수리야 다스Lama Surya Das, 팀 드가브르Tim DeGavre, 브렌다 핑골드Brenda Fingold, 도란 핑크Doran Fink, 필립 플렉먼Philip Fleckman, 마거릿 플레처Margaret Fletcher, 카를 풀와일러Carl Fulwiler, 가웨인 길키Gawain Gilkey, 모건 고빈단Morgan Govindan, 수샨트 고빈단Sushant Govindan, 패트릭 길모트 Patrick Guilmot, 타린 그레코Tarin Greco, 홀리 해펠레Holly Haefele, 하이디 하비슨Heidi Harbison, 댄 해리스Dan Harris, 닉 할레이Nick Halay, 찰리 하트웰Charlie Hartwell, 오스틴 허스트Austin Hearst, 네이트 헬먼 Nate Hellman, 그웨놀라 허벳Gwenola Herbette, 퍼트리샤 홀랜드Patricia Holland, 마이클 홀러런Michael Holleran 신부, 앤드루 호퍼Andrew Hopper, 유진 샤오Eugene Hsaio, 아리아나 허핑턴Arianna Huffington, 찰리 헌터Charlie Hunter, 제러미 헌터Jeremy Hunter, 대니얼 잉그램Daniel

Ingram, 밥 제이컵슨Bob Jacobson, 주얼Jewel, 라니 자Rani Jha, 샤일레시 자Shailesh Jha, 메이틀랜드 존스 주니어, 펠릭스 정Felix Jung, 테일러 킴벌리Taylor Kimberly, 캐서린 킹Katherine King, 피비 코흐Phoebe Koch, 린 코어벨Lynn Koerbel, 피터 코박Peter Kovac, 빌 크레임Bill Krame, 스콧 크리엔스Scott Kriens, 스타 레너드-플렉먼Star Leonard-Fleckman, 클레이턴 라이트풋Clayton Lightfoot, 콜먼 린슬리Coleman Lindsley, 콜린 리브시Colin Livesey, 리사 로크너Lisa Lochner, 파울로 마차도Paulo Machado, 줄리언 마셜Julian Marshall, 플로렌스 멜레오-마이어Florence Meleo-Meyer, 아론 밀러Aaron Miller, 트리시 미살Trish Missall, 리사 무글리아Lisa Muglia, 루 무글리아Lou Muglia, 카라 낸스Kara Nance, 반스 피더슨Barnes Pederson, 버지니아 피어스Virginia Pierce, 케이티 프레거Katie Prager, 빌 푸Bill Pugh, 하이디 라얄라Heidi Rayala, 알리시아 로메오Alicia Romeo, 조시 루만Josh Ruman, 팀 라이언, 샤론 샐즈버그, 사키 산토렐리Saki Santorelli, 피트 슈워츠Pete Schwartz, 론 세라노Ron Serrano, 질 셰퍼드Jill Shephard, 티미 설리번Timmy Sullivan, 마이클 태프트Michael Taft, 빅터 반 버켈Victor van Berkel, 제프 워커, 게리 웨버Gary Weber 및 그 밖에 많은 분들께 깊은 감사의 마음을 전한다.

찾아보기

ㄱ

가우타마, 싯다르타Gautama, Siddhātha(부처) 80, 84, 196, 205~207, 211, 215, 273~276
개리슨, 케이티Garrison, Katie 180
경계성 성격장애borderline personality disorder 121~129
골드스타인, 조셉Goldstein, Joseph 152, 227
공감 피로증empathy fatigue 266~271
구나라타나, 반테Gunaratana, Bhante 204
글래스, 아이라Glass, Ira 92, 96, 99
기본상태회로default mode network 15~16, 163~166, 168, 181, 248, 253
길버트, 댄Gilbert, Dan 143~144

ㄴ

《나는 왜 내가 힘들까The Curse of the Self》 110~111
내적 보상intrinsic reward 233, 238~239, 244, 248, 259
내측 전전두피질medial prefrontal cortex 147~148, 163, 165~166, 168
《네 개의 사중주Four Quartets》 19, 255, 281
놀런혹스마, 수전Nolen-Hoeksema, Susan 160
뇌파검사electroencephalography, EEG 169, 296
뉴런 9~10, 32, 117, 137~138, 140
니코틴 55, 58~60, 65~66, 226

ㄷ

데이비스, 제이크Davis, Jake 79, 231
《도덕경》 265
도파민 56, 59~60, 104~105, 117~118,

124, 126, 137~140, 144, 156~157,
166, 190~191, 193, 223, 297
동정심 10, 50, 268~270

ㄹ

라마, 달라이Lama, Dalai 268
라이언, 팀Ryan, Tim 293, 295
레이클, 마커스Raichle, Marcus 164~165,
169, 180
'RAIN' 71~72, 74~78
롬바르디, 빈스Lombardi, Vince 258
리, 잭Lee, Zach 101
리어리, 마크Leary, Mark 111
리원, 로슬린Lee-Won, Roselyn 100

ㅁ

마음챙김 10, 12~17, 19~20, 28~30, 42,
44, 46~50, 53, 63~66, 68~71, 74~78,
86, 204, 214~218, 230, 232, 234,
248, 270, 272~273, 276, 292~294,
296~297
《마음챙김 국가A Mindful Nation》 293
마음챙김 기반 스트레스
감소Mindfulness-Based Stress
Reduction(MBSR) 프로그램 15, 45,
47, 49, 64, 280
마음챙김 기반 재발 방지Mindfulness-
Based Relapse Prevention(MBRP)
프로그램 64~66
마티노, 스티브Martino, Steve 291
말랫, 앨런Marlatt, Alan 64, 66
말러, 조너선Mahler, Jonathan 223
맥도널드, 미셸McDonald, Michelle 71
머글리아, 루이스Muglia, Louis 26

멈퍼드, 조지Mumford, George 249
메시, 다르Meshi, Dar 94
메이슨, 말리아Mason, Malia 163, 165,
177, 180
모건, 지니Morgan, Ginny 204
몰입 16, 19, 240~259, 262, 269, 285
《몰입의 즐거움·Finding Flow》 251
미첼, 제이슨Mitchell, Jason 92
밀, 존 스튜어트Mill, John Stuart 232
밀그램, 야엘Millgram, Yael 161~162

ㅂ

《바로 이번 생에In This Very Life》 103
바우마이스터, 로이Baumeister, Roy 150
반추적 반응ruminative response 160, 181
배외측 전전두피질dorsolateral prefrontal
cortex 147
배철러, 스티븐Batchelor, Stephen 48~49,
234, 275~276
번뇌asava 79, 285
《법구경》 228
보니것, 커트Vonnegut, Kurt 131
보상 기반 학습 37~40, 42, 46, 48, 55~56,
59, 79~81, 83~84, 89~90, 97, 116,
118~120, 124, 127~129, 137, 139,
161, 182, 188, 205, 210~211, 218, 221,
225~226, 230~232, 238, 257, 259,
269, 285~286, 291, 296
보상 중추 117, 183, 192
복측피개영역ventral tegmental area
190~191, 193
불교 경전 77, 80, 82, 228
《불교 이후After Buddhism》 234, 275
불이不二 19

브라이언트, 코비Bryant, Kobe 249
브랙, 타라Brach, Tara 71
브리턴, 윌러비Britton, Willoughby 79

ㅅ
사야도, 마하시Sayadaw, Mahasi 72
《삶의 모든 것을 받아들이기Full
    Catastrophe Living》 27, 47, 195
샐즈버그, 샤론Salzberg, Sharon 152
《생각에 관한 생각Thinking, Fast and
    Slow》 147
샤이노스트, 더스틴Scheinost, Dustin 169
셔먼, 로런Sherman, Lauren 94, 180
소로, 헨리 데이비드Thoreau, Henry
    David 18~19, 39
소셜미디어 95, 98, 101, 105, 130, 150,
    222~225, 289
손다이크, 에드워드Thorndike, Edward
    35~37
《슈퍼맨의 출현The Rise of Superman》
    245, 258
슐츠, 볼프람Schultz, Wolfram 117, 137
스마트폰 20, 30, 34, 46, 135~136, 139,
    145, 150, 224~225, 230, 292
스키너 상자 37
스키너, B. F.Skinner. B. F. 13~14, 18, 37,
    39, 42~43, 55, 84, 90, 97~98, 211,
    223, 225~226, 228, 284~286, 288
스타인펠드, 맷Steinfeld, Matt 257
스토르게storge 194
스티어스, 마이리Steers, Mai-Ly 102
스페인, 케빈Spain, Kevin 158
승려 78~79, 153, 231, 260~262, 274, 280
시냅스 10

시뮬레이션 94, 108~112, 114, 117, 124,
    127~129, 141~143, 157, 185, 228

ㅇ
아가페agape 194~195
아론, 아서Aron, Arthur 190, 192~193,
    200
아른스틴, 에이미Arnsten, Amy 149, 151
《안반수의경Anapanasati Sutta》 214, 216
암스트롱, 랜스Armstrong, Lance 106,
    114~115
에로스eros 194
엘리엇, T. S.Eliot, T. S. 19, 255, 281
엡스타인, 론Epstein, Ron 270
연기설 80~84
오브라이언, 코넌O'Brien, Conan 224
오컴의 면도날Occam's razor 181
올리버, 메리Oliver, Mary 221
와이즈먼, 대니얼Weissman, Daniel 163,
    165, 177
와츠, 앨런Watts, Alan 115, 118
욕망 12, 73, 150, 194, 207, 213~214
우 판디타, 사야도U Pandita, Sayadaw
    103, 206
워던, 벤Worthen, Ben 135~136
워커, 제프Walker, Jeff 290
《월든Walden》 18, 39
《월든 투Walden Two》 18, 39, 41~42, 225,
    284~287
《위빠사나 명상Mindfulness in Plain
    English》 204
윈프리, 오프라Winfrey, Oprah 113
인스타그램 91, 94, 97~98, 157, 180
인지행동치료cognitive behavioral

therapy(CBT) 65, 70, 146, 292
일과성 발화phasic firing 137
《일레븐 링스Eleven Rings》 249

ㅈ
자각명상 167
자기공명영상fMRI 14, 91, 108, 164, 166, 169~171, 183, 190~191, 198~199, 219, 239, 253, 290, 296
자기애성 성격장애narcissistic personality disorder 120
자기참조적 사고 14, 163, 166, 192, 229
《자비로운 삶The Compassionate Life》 268
자아 80, 93, 108, 115~116, 118~119, 121~123, 126, 129~131, 150, 162, 182, 243, 246, 252~253, 258, 268, 271~272, 276~277, 282, 284~285
자애명상 75, 167, 197~200, 220
잭슨, 필Jackson, Phil 249
전측뇌섬엽anterior insula 233
《정신질환의 진단 및 통계 편람Diagnostic and Statistical Manual of Mental Disorders》 121, 134
제1차 세계대전 57
제2차 세계대전 57, 284
조던, 마이클Jordan, Michael 249
조작적 조건화operant conditioning 13~14, 37, 39, 49, 80, 123, 211, 276
존스 주니어, 메이틀랜드Jones Jr., Maitland 155
존스, 로리 몰로Jones, Lori "lolo" 158, 176
주관적 편향 39~42, 45~46, 48~49, 82, 108, 112, 114~115, 118, 126~127,
129~130, 141, 188, 225, 230, 233~234, 272, 276, 282, 285
주의수행 72
집중명상 197, 227, 229, 237

ㅊ
〈초콜릿〉 145, 148, 150
'촉발 요인-행동-보상' 34~35, 55, 89
측좌핵nucleus accumbens 93~95, 137, 156, 183
칙센트미하이, 미하이Csikszentmihalyi, Mihaly 19, 243, 247~248, 251~252, 256
친, 지미Chin, Jimmy 245
칠각지 214, 217, 250

ㅋ
카너먼, 대니얼Kahneman, Daniel 147, 163
카밧진, 존Kabat-Zinn, Jon 27, 47, 195, 293
칸트, 이마누엘Kant, Immanuel 232
캐럴, 캐시Carroll, Kathy 291~292
캔델, 에릭Kandel, Eric 33
커크, 울리히Kirk, Ulrich 233
코틀러, 스티븐Kotler, Steven 245
콘필드, 잭Kornfield, Jack 152
크래스너, 믹Krasner, Mick 270
크레이머, 애덤Kramer, Adam 287
킬링스워스, 맷Killingsworth, Matt 143~144, 165

ㅌ
타미르, 다이애나Tamir, Diana 92

ㅍ

파파데메트리스, 제니오스Papademetris,
　　Xenios 169~170
팔, 프라산타Pal, Prasanta 108~110
팔슨, 크레이그Palsson, Craig 135
페이스북 44, 88~91, 94, 97~98, 100~103,
　　105, 118, 124, 216, 271, 278, 287~288
포터, 딘Potter, Dean 245~246, 258
풋, 필리파Foot, Philippa 232
피셔, 헬렌Fisher, Helen 190~193, 200
필리아philia 194

ㅎ

하피즈Hafiz 212
행동공학behavioral engineering 39,
　　285~286, 288

《호커스 포커스Hocus Pocus》 131
호흡명상 167, 195
회복력resilience 262, 264~267, 271,
　　276~277
후대상피질posterior cingulate cortex
　　16~17, 147, 163, 166, 168, 170~180,
　　182, 192~193, 198~200, 219,
　　253~254, 290~291, 296
휘트필드-가브리엘리, 수전Whitfield-
　　Gabrieli, Susan 165~166, 171, 180
휴대전화 88~89, 132~134, 136, 151,
　　222~223, 226, 292, 294
흄, 데이비드Hume, David 232
흡연 35, 43, 58~61, 63, 65~71, 75~78, 82,
　　114, 118, 163, 226, 229, 264, 292
'흡연으로부터의 자유' 68, 74~76

중독은 뇌를 어떻게 바꾸는가

1판 1쇄 발행 2025년 9월 12일
1판 4쇄 발행 2025년 10월 29일

지은이 저드슨 브루어
옮긴이 최호영

발행인 양원석 **편집장** 김건희 **책임편집** 곽우정
디자인 형태와내용사이
영업마케팅 조아라, 박소정, 김유진, 원하경

펴낸곳 (주)알에이치코리아
주소 서울시 금천구 가산디지털2로 53, 20층 (가산동, 한라시그마밸리)
편집문의 02-6443-8932 **도서문의** 02-6443-8800
홈페이지 http://rhk.co.kr **등록** 2004년 1월 15일 제2-3726호

ISBN 978-89-255-7337-3 (03180)

※이 책은 (주)알에이치코리아가 저작권자와의 계약에 따라 발행한 것이므로 본사의 서면 허락 없이는 어떠한 형태나 수단으로도 이 책의 내용을 이용하지 못합니다.
※잘못된 책은 구입하신 서점에서 바꾸어 드립니다.
※책값은 뒤표지에 있습니다.